北京理工大学"双一流"建设精品出版工程

Lnnovation and Entrepreneurship Education

创新创业教育

马永霞 等 ◎ 编著

北京理工大学出版社
BEIJING INSTITUTE OF TECHNOLOGY PRESS

版权专有　侵权必究

图书在版编目（CIP）数据

创新创业教育 / 马永霞等编著. --北京：北京理工大学出版社，2022.5
　　ISBN 978-7-5763-1326-0

Ⅰ．①创…　Ⅱ．①马…　Ⅲ．①大学生–创业–教材
Ⅳ．①G647.38

中国版本图书馆 CIP 数据核字（2022）第 083102 号

出版发行 / 北京理工大学出版社有限责任公司	
社　　址 / 北京市海淀区中关村南大街 5 号	
邮　　编 / 100081	
电　　话 /（010）68914775（总编室）	
（010）82562903（教材售后服务热线）	
（010）68944723（其他图书服务热线）	
网　　址 / http://www.bitpress.com.cn	
经　　销 / 全国各地新华书店	
印　　刷 / 三河市华骏印务包装有限公司	
开　　本 / 787 毫米×1092 毫米　1/16	
印　　张 / 11.5	责任编辑 / 龙　微
字　　数 / 259 千字	文案编辑 / 宋　肖
版　　次 / 2022 年 5 月第 1 版　2022 年 5 月第 1 次印刷	责任校对 / 周瑞红
定　　价 / 58.00 元	责任印制 / 李志强

图书出现印装质量问题，请拨打售后服务热线，本社负责调换

前言 PREFACE

随着中国经济进入高质量发展阶段，经济结构亟待转型升级，创新创业活动成为经济社会发展的重要推动力。创新创业人才培养是我国创新型国家建设的重要智力支持，是实施科教兴国、人才强国、教育强国的根本所在。同时，随着高等教育进入普及化阶段，大学生就业创业问题是国家高度重视的工作之一。党的十九大报告强调，要提高就业质量，促进高校毕业生等青年群体多渠道就业创业。培养学生的创新精神、创业思维和创新创业能力，是高校应对新时代产业结构升级和职业结构改变的必然选择，也是建设创新型国家、提升国家全球竞争力的必然要求。近年来，随着各类创新创业政策的出台，创新创业已成为我国高等教育发展的理念之一，高校不断完善创新创业课程体系，改革教学方法和考核方法，强化创新创业实践，创新创业教育向更广范围、更深层次不断推进，在提高人才培养质量、促进就业创业方面取得积极进展。

本书立足新时代中国基本国情，依据教育学和创造学的基本原理，围绕大学生创新创业这一主题阐述创新创业的基本原理与实践路径，其最终目标为提升大学生创新创业意识，训练大学生创新创业思维和培养大学生的创新与创业能力。本教材分为三大部分，共9章，其中第一部分包括创新创业的基本概念、国际经验、创新创业政策与大赛的相关内容简介，其目标为激发读者的创新创业意识；第二部分以创新创业能力与创业者素质为核心内容，主要阐述创业者应具备的知识结构、思维、能力、素质等；第三部分为创业实践环节，包括创业机会的识别、创业团队的组建、商业计划书的撰写、商业模式的设计、创业资金的筹措等内容，为创业者实施创业提供行动指南。具体章节内容及如下。

绪论：主要介绍创新创业教育的基本概念。首先使读者了解创新创业教育的相关概念；其次介绍国内外创新创业教育的起源与发展；最后希望读者充分理解创新创业教育的目标与内容，并推荐了创新创业课程的学习方法。本部分由马永霞撰写。

第一章：主要介绍创新创业教育的国际经验。这一章分别详细阐述了美国、欧盟与新加坡创新创业教育的特点，并以斯坦福大学、巴黎中央理工大学、南洋理工大学为案例具体介绍了各个国家开展创新创业教育的现状和经验。本章由马永霞、王琳撰写。

第二章：主要介绍我国的创新创业政策、高校创新创业环境与创新创业大赛的相关情况。具体而言，创新创业政策可以分为国家政策与地方性政策，在高校层面，高校为大学生提供积极的创业环境。本章还重点介绍了我国各类创新创业大赛的概况和参与方式。本章第一、二节由武玮撰写，第三、四节由王颖撰写。

第三章：主要介绍创新创业能力的培养。首先对创新创业能力的概念和内涵进行了界定，并介绍了创新创业能力的经典理论模型；其次依据实证结果对我国学生创新创业的特点进行了具体分析（这部分是王颖和中国人事科学院撰写的调研报告成果）；最后对大学生创新创业能力培养的路径进行了解析。本章由武玮、马永霞撰写。

第四章：主要介绍创业要素与创业者基本素质。首先概括说明创业要素，并介绍创业要素的经典模型；其次阐述创业者基本素质的内涵与模型；最后通过创业者创业故事的案例分享对创业要素和创业者基本素质进行总体概况。本章由王颖撰写。

第五章：主要介绍创业机会。首先介绍了创业机会的概念和来源；其次介绍了创业机会识别的基本流程；再次介绍了创业机会评估的方法和工具；最后介绍了创业风险的评估与管理。本章由周玲撰写。

第六章：主要介绍创业团队。首先介绍了创业领袖的概念，并辨析了团队领导与管理概念；其次介绍了创业团队的作用、组成要素、团队角色、团队类型、组建原则与程序等；再次介绍了高效创业团队的特点和原则；最后介绍了创业团队的管理技巧与风险控制。本章由周玲撰写。

第七章：主要介绍商业模式的内涵和主要类型。首先介绍了商业模式的基本概念和商业模式演进的影响因素；其次介绍了商业模式的九大要素以及分析与设计商业模式的工具——商业模式画布；最后结合一些具体案例分别介绍了传统商业模式的类型、互联网商业模式的类型。本章由张晨宇撰写。

第八章：主要介绍商业计划书的主要内容和撰写技巧。首先介绍了商业计划书的定义、撰写的意义和主要的组成部分；其次介绍了商业计划书撰写的四大步骤；最后介绍了撰写一份优秀的商业计划书的五大技巧。本章由张晨宇撰写。

第九章：主要介绍创业融资，内容包括创业融资的渠道和创业融资的流程。一方面，介绍了创业融资的渠道，包括创业融资渠道类型和创业融资渠道选择；另一方面，具体介绍创业融资的流程，包括创业融资准备和实施创业融资需要注意的问题。本章由武玮撰写。

本书的特点：一是理论与实践相结合。第一部分和第二部分偏重创新创业教育的理论阐述，第三部分从创业环节出发，具有很强的实践性，整体内容较为系统化；二是内容上可读性强。本书的每一章节都运用了大量的案例、图表、思维训练和能力测试等，趣味性较强，适于学生阅读；三是具有很强的应用性。每章结尾都有讨论与问题，方便学生在章节结束后进行总结和思考，注重知识的应用和训练。

本书由北京理工大学马永霞教授教学团队经过三年的教学实践总结后拟定编写方案。在编写过程中，引用和参考了国家在创新创业方面的政策文件、国内外相关的研究成果以及创新创业的实践案例，在此对文献资料涉及的作者与单位表示诚挚的谢意！本书获批北京理工大学"十四五"规划教材，北京理工大学出版社学术出版中心给予了大力的支持和帮助，在此一并表示感谢！

本书配合创新创业教育课程使用，目前本课程已在"学堂在线"正式上线。该课程由创新创业教学团队共同完成，助教王琳博士维护，欢迎有需要的读者访问，访问地址https://www.xuetangx.com/course/bit12021004173/7769850？channel＝i.area.recent_search。

马永霞

2021 年 11 月

目 录 CONTENTS

绪论 ··· 001
第一节 创新创业教育相关概念 ·· 001
一、创新创业的基本概念 ·· 001
二、创新创业教育的基本概念 ·· 002
三、创新创业教育的意义 ·· 003
第二节 创新创业教育的起源与发展 ·· 004
一、国外创新创业教育的发展脉络 ·· 004
二、我国创新创业教育的历史由来 ·· 005
三、我国创新创业教育的发展现状 ·· 007
第三节 创新创业教育目标与内容 ·· 009
一、创新创业教育预期目标 ··· 009
二、创新创业教育的内容 ·· 009
三、创新创业课程学习方法 ··· 011
习题 ·· 012

第一章 创新创业教育的国际经验 ·· 013
第一节 美国高校创新创业教育 ··· 013
一、美国创新创业教育的主要特点 ·· 013
二、美国典型高校创新创业教育——斯坦福大学 ··· 016
第二节 欧盟创新创业教育 ·· 019
一、欧盟创新创业教育的主要特点 ·· 019
二、欧盟典型高校创新创业教育——巴黎中央理工大学 ··· 021
第三节 新加坡创新创业教育 ·· 025
一、新加坡创新创业教育的主要特点 ··· 025
二、新加坡典型高校创新创业教育——南洋理工大学 ·· 027
习题 ·· 030

第二章　创新创业政策与大赛 ………………………………………………… 031

第一节　国家创新创业政策 ………………………………………………… 031
一、国家创新创业政策背景 ………………………………………………… 031
二、国家创新创业政策演进 ………………………………………………… 034

第二节　大学创新创业环境 ………………………………………………… 036
一、大学创新创业环境背景 ………………………………………………… 036
二、大学创新创业典型高校 ………………………………………………… 037

第三节　大学生创新创业大赛 ……………………………………………… 038
一、大学生创新创业大赛的简介 …………………………………………… 038
二、著名大学生创新创业大赛 ……………………………………………… 039

第四节　大学生创新创业大赛案例 ………………………………………… 045
一、中国互联网＋大学生创新创业大赛案例 ……………………………… 045
二、"创青春"全国大学生创业大赛案例 …………………………………… 048
三、"挑战杯"大学生课外学术科技作品 …………………………………… 049

习题 …………………………………………………………………………… 050

第三章　创新创业能力培养 …………………………………………………… 051

第一节　创新创业能力 ……………………………………………………… 051
一、创新创业能力的概念 …………………………………………………… 051
二、创新创业能力的内涵 …………………………………………………… 051
三、创新创业能力的经典模型 ……………………………………………… 053
四、大学生创业能力的内涵要素 …………………………………………… 055

第二节　中国大学生创新创业特征 ………………………………………… 055
一、不同学历学生的创新创业特征 ………………………………………… 055
二、不同专业学生的创新创业特征 ………………………………………… 056
三、不同行业学生的创新创业特征 ………………………………………… 056

第三节　创新创业能力测试 ………………………………………………… 057
一、创新能力测试 …………………………………………………………… 057
二、创业能力测试 …………………………………………………………… 059

第四节　创新创业能力培养 ………………………………………………… 060
一、创新创业能力所需要的思维 …………………………………………… 060
二、大学生创业能力的培育路径 …………………………………………… 065
三、大学生创业初期的能力培养 …………………………………………… 066

习题 …………………………………………………………………………… 068

第四章　创业要素与创业者基本素质 …… 069

第一节　创业要素 …… 069
一、创业要素概念理论 …… 069
二、创业要素理论模型 …… 069

第二节　创业者基本素质 …… 073
一、成功创业者素质的 RISKING 模型 …… 073
二、创业及成功创业者"三位一体"素质 …… 073

第三节　案例分享 …… 074
一、新东方俞敏洪案例 …… 074
二、北京理工大学校友广东金发科技股份有限公司袁志敏案例 …… 077
三、优秀创业青年：陈熠舟和她的线上教学服务平台 …… 080
四、成功创业者应当具备的条件 …… 081

习题 …… 082

第五章　创业机会识别与评估 …… 085

第一节　创业机会来自哪里 …… 085
一、创业机会的概念 …… 085
二、创业机会的来源 …… 086
三、创业机会的影响要素 …… 088

第二节　创业机会识别的基本流程 …… 090
一、发现问题 …… 090
二、问题的描述、澄清和评估 …… 091
三、需求类型 …… 092
四、创业机会的分类 …… 093

第三节　创业机会的评估 …… 095
一、机会评估漏斗 …… 096
二、市场调查和分析 …… 096
三、创业机会评估工具 …… 098

第四节　创业风险的评估与管理 …… 099
一、风险识别 …… 099
二、风险评估 …… 100
三、风险应对 …… 101
四、风险监测 …… 102

习题 …… 103

第六章　创业团队组建 ……………………………………………………… 104

第一节　创业领袖 ………………………………………………………… 104
一、领导者与管理者 …………………………………………………… 104
二、领导者特质 ………………………………………………………… 107

第二节　创业团队 ………………………………………………………… 110
一、创业团队的作用 …………………………………………………… 110
二、创业团队的组成要素 ……………………………………………… 111
三、团队成员的角色划分 ……………………………………………… 112
四、创业团队的类型 …………………………………………………… 113
五、创业团队的组建 …………………………………………………… 115

第三节　高效创业团队 …………………………………………………… 116
一、高效创业团队的特点 ……………………………………………… 116
二、高效创业团队的原则 ……………………………………………… 117

第四节　创业团队的管理 ………………………………………………… 119
一、创业团队的管理技巧 ……………………………………………… 119
二、创业团队的风险控制 ……………………………………………… 119
三、创业团队的社会责任 ……………………………………………… 121

习题 …………………………………………………………………………… 121

第七章　商业模式的分析与设计 …………………………………………… 122

第一节　商业模式的概念与演进 ………………………………………… 122
一、商业模式的基本概念 ……………………………………………… 123
二、商业模式演进的影响因素 ………………………………………… 124
三、商业模式的核心要素与商业模式画布 …………………………… 126

第二节　传统商业模式和互联网商业模式 ……………………………… 131
一、传统商业模式 ……………………………………………………… 132
二、互联网商业模式 …………………………………………………… 135

习题 …………………………………………………………………………… 137

第八章　商业计划书的内容与撰写 ………………………………………… 139

第一节　商业计划书的主要内容 ………………………………………… 139
一、商业计划书的定义 ………………………………………………… 139
二、编撰商业计划书的意义 …………………………………………… 140
三、商业计划书的组成 ………………………………………………… 141

第二节　编写商业计划书的步骤与技巧 ………………………………… 144
一、商业计划书的编写步骤 …………………………………………… 144

二、商业计划书的编写技巧 147
　习题 148

第九章　创业融资 150

　第一节　创业融资渠道 150
　　一、创业融资渠道类型 150
　　二、创业融资渠道的选择 155
　第二节　创业融资流程 157
　　一、创业融资准备 157
　　二、实施创业融资 158
　习题 159

参考文献 160

绪　　论

在全球化时代，随着科学技术的快速发展与经济结构的转型升级，创新创业活动成为经济社会发展的重要推动力。创新创业人才培养是我国创新型国家建设的重要智力支持，是实施科教兴国、人才强国、教育强国的根本所在。高校创新创业教育是立足新时代中国基本国情，依据教育学和创造学的基本原理，培养和提高人的创新精神和创业能力的教育活动。

第一节　创新创业教育相关概念

一、创新创业的基本概念

1. 创新的概念

"创新"一词起源于拉丁语。原意有三层含义：一是更新；二是创造新东西；三是改变。经济学家熊彼特（Sehumpeter J.A）在《经济发展理论》中首次提出"创新"的概念，他认为创新就是"执行新的组合"。美国著名的创业教育研究机构考夫曼基金会（Kauffman Foundation）把创业定义为将创新转化成可持续并能创造价值的事业的过程。也有人认为创新是指以现有的思维模式提出有别于常规或常人思路的见解为导向，利用现有的知识和物质，在特定的环境中，本着理想化需要或为满足社会需求，而改进或创造新的事物、方法、元素、路径、环境，并能获得一定有益效果的行为。

创新是指人们根据一定的目的，针对所研究对象，运用新的知识与方法或引入新事物，产生某种新颖的、有社会或个人价值成果的活动。这种成果是以某种形式存在的创新成果，它既可以是一种新概念、新设想、新理论，又可以是一项新技术、新技术、新产品，还可以是一种新制度、新市场、新组织。这一定义是根据成果来判别创新性的，创新标准有两个，即成果是否新颖，是否具有社会或个人价值。"新颖"主要是指对现有的东西进行变革，使其更新，成为新的东西。"有社会价值"是指对人类、国家和社会的进步具有积极意义，如重大的知识创新、技术创新和产品创新等。"有个人价值"则是指相对于个体发展有意义。创新活动要素包括创新者、创新对象、创新方法与创新环境。创新的特性具有目的性、新颖性、价值性、先进性、变革性、发展性和层次性等。创新虽有大小和层次之分，但无领域和范围之限。从不同角度可以对创新做不同的类型划分。

根据创新的性质可将技术创新划分为三种类型，即原始创新、跟随创新和集成创新。

2. 创业的概念

创业是指创业者通过发现和识别商业机会，组织各种资源提供产品和服务，以创造价值的过程。有着"创业教育之父"称号的杰弗里·蒂蒙斯（Jeffry A.Timmons）认为创业是一种思考、品行素质，杰出才干的行为方式，需要在方法上全盘考虑并拥有和谐的领导能力；除此之外，蒂蒙斯在对创业进行研究时，其构建的创业模型中将创业要素分为创业机会、创业团队和创业资源，其认为创业者若想取得成功，则必须将三种要素做出最合适的分配，在创业过程中随着事件的发展而不断调整三者之间的关系以保持动态的平衡，特别强调三种创业要素之间的动态性、连续性和互动性。

创业机会是指形成新的手段、新的目标或者新的手段—目标关系，以达到引入新产品、新服务、新原材料、新的组织方式的可能性。创业团队是由创业者组建的，是指具有创业精神，能发掘机会、组织资源、研拟策略、提供市场新价值的事业催生者与创造者。创业资源主要包括创业资本、创业技术、创业人才和创业管理。按照不同的标准，可将创业分为不同的类型。从个人参与创业动机看，可将创业分为机会型创业和生存型创业；从对市场和个人的影响程度看，创业可分为创新型创业和保守型创业；从创办新企业类型看，创业可分为个人独资创业、合伙创业和公司创业。

3. 创新创业的概念

德鲁克（Peter Drucker）认为凡具有创新能力的人，都有机会成为一位成功的创业者。成功的创业离不开创新，成功的创新也往往在创业过程中产生。创新创业，是指基于技术创新、产品创新、品牌创新、服务创新、商业模式创新、管理创新、组织创新、市场创新、渠道创新等诸多方面的某一点或某几点创新而进行的现代企业创业活动。创新是创新创业的特质，创业是创新创业的目标。创新创业是基于创新基础上的创业活动，既不同于单纯的创新，也不同于单纯的创业。在"创业"的前面加上了"创新"二字，其实质是全面统领了创业的方向性，是创新型创业、机会型创业、高增长的创业，提高了创业的层次和水平。简而言之，创新强调的是开拓性、新颖性与原创性，而创业强调的是生存性、营利性与责任性。因此，在创新创业的概念中，创新应是创业的基础和前提，创业应是创新的体现和延伸。

二、创新创业教育的基本概念

1. 创新教育

目前，世界上关于创新教育的定义主要有两种：第一，创新教育是以培养创新的意识、精神、思维、创造能力或创新人格等创新素质以及培养创新型人才为目的的教育活动，这种定义认为它是一种理念和思想；第二，创新教育是为了使人们能够更好地进行创新行为的教育活动，也就是凡以培养人的创新素质、增强人的创新能力为主要目的的各种教育活动都称为创新教育。创新教育实际上是一种能力教育，也就是根据创新原理，以培养学生具有一定的创新意识、创新思维、创新能力以及创新个性为主要目标的教育理论和方法，重在使学生牢固、系统地掌握学科知识的同时发展他们的创新能力。

2. 创业教育

创业教育由英语中的 Entrepreneurship Education 翻译而来，是联合国教科文组织1989年"面向21世纪国际教育发展趋势研讨会"上提出的。大会指出：创业教育从广义上讲是为了培养具有开拓性的个人。创业教育通过开发、提高学生创业的基本素质和能力，使学生具备从事创业实践活动必需的知识、精神、能力和心理品质，是未来的人除了学术性和职业性的"教育护照"之外应该掌握的第三本"教育护照"。创业教育包含三层目标：一是通过学习了解创业；二是通过学习成为具有创业品质、精神和能力的人；三是通过学习成为经营企业的创业家。还有部分学者认为创业教育是一种培养学生从事工商企业活动的综合能力的教育，让学生从单纯的就业求职者成为职业岗位的缔造者，即创业者。创业教育不仅仅是一种纯粹的、单纯以营利为目的教育活动，更是渗透于人们生活的一种思维方式和行为理念。

3. 创新创业教育

创新文化与创业文化在本质上存在辩证统一性，创新教育和创业教育既相互区别又密不可分。创新创业教育既不等于分别独立的创新教育或创业教育，也不是创新教育和创业教育的简单叠加。不能将创新和创业割裂开来，也不能盲目地将创新和创业综合起来。创新教育是以培养大学生创新意识、创新思维、创新能力等为核心内容的教育，而创业教育是进行创业活动所需要的创业精神、创业知识、创业本领及其相应实践的教育，创新创业教育则是综合性、系统性的教育，基本价值取向既包括创新创业精神、创新创业思维的培养，也包括创新创业行为方式、创新创业人生哲学的塑造，还包括创新创业型生活方式、创新创业型生涯选择。创新是品质、是思维、是习惯，创业是素质、是行动、是成效。创新是创业的基础，是创业的核心竞争力，创业是创新的实践，是创新的可行性证明。高校创新教育的意义不在于"灌输"知识而在于"引爆"潜能，创业教育则为"引爆"潜能提供一个实现舞台。二者相互关联，相互依存，是密不可分的辩证统一体。

综上所述，高校创新创业教育是依据教育学和创造学的基本原理，培养和提高人的创新精神和创业能力的教育活动。新时代高校创新创业教育立足新时代中国基本国情，瞄准服务国家战略需求和经济社会发展，是我国高等教育领域中的一种全新价值追求。从国家维度，以实现创新驱动发展为目标，注重科技创新成果切实转化为高层次生产力；从高校维度，以教育供给侧改革推动经济发展变革为目标，为社会创新力提供思想基础和人才保障；从个体维度，以形成大学生创新创业基本素养为目标，提升大学生的创新能力和创业本领。

三、创新创业教育的意义

1. 面向国家战略需求

新技术发展与新商业模式更迭速度加快，创新创业活动呈现前所未有的复杂性、规模性和不确定性，具备创新思维、创业精神与创新创业能力的高素质人才是实现高质量发展的重要智力资源。据中国科协调查数据显示，63.0%的高校和54.8%的科研院所科技人员认为本单位缺少领军高层次人才，关键技术尤其是"卡脖子"技术领域中的创新创业人才不足仍然是我国社会经济高质量发展的掣肘。因此，培养创新创业人才是创新型国家建设的根本所在，创新创业人才培养模式改革、高质量培养创新创业人才是实现经济社会高质量发展的现实所需。

2. 实现高校人才培养目标

随着经济社会的快速发展与知识交叉融合的趋势，现代劳动工具已经转向了基于数据、信息、知识、价值和智能的智力工具，如何顺应时代的职业发展变革要求，满足现代社会人的全面发展要求，已成为高校人才培养的重要命题。近年来，我国高校持续扩招，强劲的人才需求拉动着我国的高校发展。培养学生的创新精神、创业思维和创新创业能力，审视当前人才培养模式并予以系统优化升级，是高校应对新时代职业结构变化的必然选择。不管是现在还是未来，高校的核心竞争力是学生的素质、创新创业精神以及能力。"双创"理念的贯彻恰恰能够解决人才供给的矛盾，增大高等教育与社会实际现状的契合程度，实现高校人才培养的职能。在未来的竞争中，各个高校必须找准自己的定位和优势，大力开展创新创业教育，培养大学生创新创业精神，提升自身的核心竞争力。

3. 满足大学生发展需要

随着高等教育进入普及化阶段，高校毕业生人数急剧增加。据统计，自1999年高校扩招以来，高校毕业生逐年增长，从1999年的90多万人到2019年的800多万人，每逢毕业季，就业问题仍被视作焦点和热点话题。在全国范围内，年龄在16~59岁的劳动人口已经接近9亿人，而全部的就业人口数是7亿多人。高校开展创新创业教育一方面满足个人作为完整的人的发展需要；另一方面也是解决学生个体就业问题的有效途径。高校开设创新创业课程的意义是激发学生的创新意识和创业精神，从而促进每位大学生更好地实现自我价值，实现自身的全面发展。

第二节　创新创业教育的起源与发展

知识经济时代，高等教育将深刻影响国际关系，国家的核心竞争力越来越表现为高等教育对人力资源和知识成果的培育、配置和调控。创新创业教育最早起源于美国，并发展成为一种世界性的高等教育追求，为世界诸多国家所接受。发展创新创业教育不仅是高等教育自我发展完善的需求，也是建设创新型国家、提升国家全球竞争力的必然要求。近年来，我国高校创新创业教育向更广范围、更深层次不断推进，创新创业教育体系不断完善、模式不断更新，在提高人才培养质量、促进就业创业方面取得积极进展。

一、国外创新创业教育的发展脉络

创新创业教育是一种世界性的高等教育理念。美国是最早将创新创业教育作为高等教育理念的国家。1947年，哈佛大学商学院设立"新创企业管理"，被认为是创新创业教育开始的标志。20世纪60年代，美国经济增速放缓，就业压力增大，在这种情况下中小企业创业者剧增,尤其是硅谷的异军突起,极大促进了创新创业的发展。经过几十年的发展,美国创新创业教育的理论先进、实践经验丰富,已经处在世界前列。20世纪90年代,美国已经有1 060所大专院校开设了与创新创业相关的课程,许多项目和专业也与创新创业教育相关。进入21世纪,美国的创新创业教育快速发展,目前,开设创新创业课程的院校已经有两千多所,与创新创业配套的制度、科研、科技孵化园等实践平台的搭建也逐步完善,并为创新创业服务。围绕创新创业的高等教育理念,美国的创新创业呈现出鲜明特点,以实践为主,课程体系丰富,注重创新能力的培养。例如,哈佛大学创业教育注重从实践出发,在课程设置上,与商业实践紧密联系,注重解决创新创业中的实际问题。在课程内容上,哈佛大学开设了与创新创业相关的众多课程,既有注重理论的基础课程,也有注重实践的技能课程。在教学方法上,哈佛大学以"案例教学法"出名,让学生针对实际问题,提出自己的见解和解决方案。

20世纪70年代中期,英国的高等教育理念逐渐发生变化,从培养研究生的知识能力拓展到激发研究生的潜质上来,为创新创业教育的发展提供了理念上的引导。1982年,斯特林大学的"创业项目"宣告了英国创新创业教育的启动。1987年,英国政府发起"高等教育创业"计划,该计划的宗旨是培养大学生的创业能力,强调一般知识的传授要与工作相关的学习相融合。

进入21世纪以来,英国创新创业教育的目标是培育创新创业文化和培养学生创新创业精神,相关政策及配套措施也逐渐完善,创新创业教育发展迅速,呈现多元化发展趋势。

20世纪80年代,创业成为日本高等教育的重要理念,其创业教育的主要目标是培育提升大学生的创业能力。20世纪90年代,创业见习制度在日本院校正式创立,为创新创业教育的开展打下了基础;随着科技立国政策的确立和《科学技术基本法》的制定,创新创业教育受到国家的重视,极大促进了高校创新创业教育的发展。21世纪以来,日本创新创业教育得以系统化和正规化,逐渐形成了产学研协同体制。

二、我国创新创业教育的历史由来

我国高等学校开展创新创业教育从20世纪90年代已经出现。纵观我国整个创新创业教育发展的历程,可以将其分为四个阶段,分别是创新创业教育的酝酿阶段、萌芽阶段、探索阶段和快速发展阶段。

第一阶段:酝酿阶段(1978—1998年)。1978年,党的十一届三中全会胜利召开,会上提出的科教兴国战略将科技和教育事业摆在了重要的位置上。1980年,上海交通大学开设了我国第一个创造学课程,标志着我国的创新教育拉开序幕。同济大学、复旦大学等高等院校也都纷纷效仿,开设相关课程。1989年,我国第一个大学生创新赛事"挑战杯"全国大学生课外学术科技作品竞赛的发起对我国科教兴国战略的实施与创新人才的培养起到了至关重要的作用。1993年,中共中央、国务院颁布的《中国教育改革与发展纲要》和1994年召开的第二次全国教育工作会议两次着重强调了重视培养学生的动手能力以及关注有特长学生的观点。1995年,江泽民主席在全国第二次科学技术大会上强调"创新是一个民族进步的灵魂,是国家兴旺发达的不竭动力。"

第二阶段：萌芽阶段（1998—2002年）。教育部1998年12月24日制订了《面向世纪教育振兴行动计划》，并在1999年1月13日由国务院批转。文件提出，加强对教师和学生的创业教育，鼓励他们自主创办高新技术企业，成为我国为创新创业教育发展提供政策支持的开端。1999年，中共中央制订的《关于面向21世纪教育振兴行动计划》中的一个重要内容是"整体推进素质教育，全面提高国民素质和创新精神。"2000年，教育部印发的《关于贯彻落实〈中共中央、国务院关于加强技术创新，发展高科技，实现产业化的决定〉的若干意见》中"允许大学生、研究生休学保留学籍创办高新技术产业，以培养学生创业意识和实践能力。"2002年，我国高等教育毛入学率首次达到15%，进入了大众化阶段。同年4月，教育部明确指出"高等学校一方面要不断提高人才培养的质量和社会适应性，同时也要加强对学生的创新意识、创新精神和创业能力的培养。"清华大学是我国较早探索创业教育的高校。1998年，清华大学举办了第一届"清华大学创业计划大赛"，后来在全国范围内的各个高校进行了推广。1999年，全国第一届"挑战杯"大学生创业大赛由共青团中央、中国科学技术学会、教育部、全国学联组织成功举办，标志着我国高校创新创业教育的开端。

第三阶段：探索阶段（2002—2010年）。2002年，教育部将清华大学、中国人民大学、北京航空航天大学、武汉大学、上海交通大学、西安交通大学、黑龙江大学、南京经济学院以及西北工业大学定为创业教育试点院校，标志着我国大学生创新创业教育的正式启动。在试点过程中，逐步形成了三种创新创业教育模式，第一种是以中国人民大学为代表的课堂教学模式；第二种是以北京航空航天大学为代表的以提高大学生创新创业意识、创新创业能力为目的教育模式；第三种是以上海交通大学为代表的将课堂教学、实习、政策支持和指导等整合在一起的教育模式。2008年，教育部通过"质量工程"项目，立项建设了32个创新与创业教育类人才培养模式创新实验区，取得较好的预期成果。

第四阶段：快速发展阶段（2010年至今）。2010年5月，教育部颁行《关于大力推进高等学校创新创业教育和大学生自主创业工作的意见》，这是第一个推进创新创业教育的全局性文件，正式使用"创新创业教育"这一概念，并明确地将其定义为"适应经济社会和国家发展战略需要而产生的一种教学理念与模式"。同年，教育部发布的《国家中长期教育改革和发展规划纲要（2010—2020）》中提出"加强就业创业教育和就业指导服务，提高人才培养质量；充分发挥高校在国家创新体系中的重要作用，鼓励高校在知识创新、技术创新、国防科技创新中做出贡献"。2014年9月，李克强总理在夏季达沃斯论坛上提出"大众创业、万众创新"的号召；2015年，两会报告中正式提出"大众创业，万众创新"的战略；2018年9月18日，国务院下发《关于推动创新创业高质量发展打造"双创"升级版的意见》。随着各类创新创业政策的出台，我国高校创新创业教育迎来了蓬勃发展，创新创业成为我国高等教育发展的理念之一。

我国大学生创新创业教育政策走过了一条政府驱动的快速发展之道，政策导向经历了从"以创带就"到"大众创业、万众创新"的拓展，大学生创新创业教育要调动各方参与积极性，提升教育本土适切性，使其成为驱动地方经济社会发展的动力引擎。

三、我国创新创业教育的发展现状

1. 国家提供有力的政策支持

国家战略的实施离不开公共政策的支持与引导。国务院办公厅 2015 年印发的《关于深化高等学校创新创业教育改革的实施意见》要求，要深入推进创新创业教育改革，以提高人才培养质量为核心，增强学生的创新精神、创业意识和创新创业能力。为有效落实创新创业，中央和地方政府出台了一系列公共政策。参照杜天宝等（2019）对政策的分类方法，相关政策可以被划分为创新创业教育政策、商务支持政策（市场准入、税费减免、行政性收费）、创业融资政策、创业环境政策四类。

（1）创新创业教育政策。2018 年 3 月，教育部办公厅《关于做好 2018 年深化创新创业教育改革示范高校建设工作的通知》强调，着力建设创新创业教育优质课程、着力提升教师创新创业教育能力、着力开展"青年红色筑梦之旅"活动，在更高层次、更深程度、更关键环节上深入推进创新创业教育改革。2018 年 11 月，教育部《关于做好 2019 届全国普通高等学校毕业生就业创业工作的通知》强调，要推动双创升级，着力促进高校毕业生自主创业，落实完善创新创业优惠政策、加大创新创业场地和资金扶持力度、加强创业指导与服务。

（2）商务支持政策。2019 年 2 月，为进一步支持和促进重点人群创业就业，财政部、人力资源和社会保障部、国家税务总局、国务院扶贫办联合发布《关于进一步支持和促进重点群体创业就业有关税收政策的通知》，提出高校毕业生如果持有就业创业证并从事个体经营活动，自办理个体工商户登记当月起，在 3 年内按每户每年 12 000 元为限额依次扣减其当年实际应缴纳的增值税、城市维护建设税、教育费附加、地方教育附加和个人所得税，限额标准最高可上浮 20%。

（3）创业融资政策。2018 年 4 月，财政部、人力资源和社会保障部、中国人民银行发布《关于进一步做好创业担保贷款财政贴息工作的通知》，提出降低大学生贷款申请条件、放款担保和贴息要求，同时对还款积极、带动就业能力强、创业项目好的借款个人和小微企业，可继续提供创业担保贷款贴息。

（4）创业环境政策。2018 年 9 月，国务院《关于推动创新创业高质量发展打造"双创"升级版的意见》中，要求着力促进创新创业环境升级，提升创业带动就业能力，增强科技创新引领作用，提升支撑平台服务能力，包括简政放权以释放创新创业活力、放管结合营造公平市场，鼓励和支持科研人员积极投身科技创业，强化大学生创新创业教育培训等内容。

2. 高校积极开展创新创业教育

创新创业教育对于提高我国整体的创新能力和创业能力，具有非常重要的现实意义。新时代，我国正处于知识经济和社会经济转型的深度调整期，人才因素对社会资源配置和经济发展方式的影响越来越明显。为适应社会经济的新常态发展，我国的创新创业教育进入新的发展时期，多所高校结合自身特点积极地探索创新创业理论，构建出独具特色的教育模式。

（1）深度融合创新创业理念的新型人才培养模式的教育理论体系、课程教学体系、创新创业实践体系、创新创业教育评价体系等，不断得到完善和丰富，以"挑战杯"全国大学生课外学术科技作品竞赛决赛为代表的重大创新赛事，在我国创新创业教育中起到了很好的示范作用。

（2）完善人才培养体系，在课程体系中增设创新创业教育课程，并将其设为通识必修课，在素质拓展教育平台增设创新创业教育模块，将大学生参与创新创业活动纳入素质教育学分等，通过多种方式引导大学生增强创新创业意识和能力。

（3）创新创业理论与实践相融合，提高学生创新创业水平，积极建立创新创业基地，为大学生提供一定的创业环境，配备专业创业导师辅导，促使创业项目更好地孵化，以适应市场发展。大数据时代，网络的广泛使用让信息传播渠道更为多样化。不少高校在线上及线下创建了创新创业信息交流平台，线上主要通过校园网和学校微信公众号，普及大学生创新创业知识与政策，为大学生提供创业咨询和相关信息等。线下则主要采取组织创业俱乐部，邀请创业经验丰富人士与学生进行创业交流，定期举办创业交流会等形式。

3. 企业和社会高度参与创新创业

企业参与创新创业活动，探索出了"建载体、搭平台、用资本、搞活动"等方式。

（1）建立企业孵化器、创新创业基地等企业孵化载体提供一系列服务支持，提高创业成功率，孵化创新创业项目，促进科技成果转化。中国科技企业孵化器的发展独具特色并开始呈现多种形态，正朝着形式多样化、功能专业化、投资主体多元化和组织网络化方向发展。不仅有综合性的创业中心，依托清华大学、上海交通大学、北京理工大学等高等院校建立了一大批大学科技园孵化器，也兴建了一批以中小型的软件开发企业为主要培育对象的软件园。

（2）建立创新投资基金和风险投资公司等创新投资基金，帮助初创企业快速发展，如平安创新投资基金重点投资包括金融科技、消费、医疗健康、新媒体等行业的早起创新企业，为企业给予充分的资本支持和先进管理经验方面的支持。联想投资有限公司重点投资于运作主体在中国及市场与中国相关的具有高成长潜力的中小创业企业。

（3）开展创新创业大赛、校企合作等活动，营造良好的创新创业氛围。2020年5月8日在青岛举行的"2020年青岛·全球创新创业大赛"，逐步构建起包括创投风投大会、科创母基金和创新创业大赛在内的科创三大新动力，促进各类资源之间的整合，形成不同要素之间的互动，起到了很好的示范作用。例如，华为分别与清华大学、华中科技大学、兰州大学等高校都签署了不同内容的战略合作协议，合作院系涉及计算机系、电子系、自动化系、工业工程系等院系，合作内容涉及信息与通信技术的各个领域。

4. 大学生参与创新创业活动

近年来，大学生参与创新创业的热情高涨，全球化智库（Center for China and Globalization，CCG）发布的《2017年中国高校学生创新调查报告》显示：一是对创新创业表示有兴趣的高校学生超过60%，工学、管理学和经济学专业学生对创新创业感兴趣的人数占比位居前三名；二是高校学生创新创业更加注重自身的成长与自我价值的实现，创业团队和个人能力被认为是最重要因素；三是高校学生更希望在大学阶段尝试创新创业，意向选择在大学三年学习时期开始创新创业的学生占 1/5；四是"二线"城市是高校学生意向创新创业的首选区域，选择创业领域时"兴趣"为先，高科技行业最受青睐；五是高校学生认为缺乏资金是创新创业过程中的主要困难，向学校和政府申请资金扶持是高校学生创新创业考虑的主要资金来源；六是高校学生中实际开展创新创业活动的不多、高校对于创新创业教育的投入不足和缺乏创新创业课程是当前阻碍高校创新创业教育发展的主要问题。目前，大学生创新创业成为校园热点话题，各级大学生创新创业训练计划项目和比赛在高校全面铺开，以训练项目和比赛为依托，调动学生开展创新创业的主动性、创造性，完善高校创新创业教育体系。虽然我国已经对大学生创新创业活动采取了一系列积极措施，但仍然处于初级阶段，高校在创新创业教育方面还处在探索阶段，教学方式无法脱离传统课堂的影响，课程建设缺乏系统性。仅靠单一的课堂学习无法满足大学生的实际创业需求，缺乏实践教学。大部分学生在校期间很少参加企业实习或者社会实践活动流于形式，导致大学生缺乏创新创业经验和相关知识的积累。

第三节 创新创业教育目标与内容

一、创新创业教育预期目标

形成大学生创新创业基本素养。通过创新创业教育，帮助大学生拓宽职业生涯发展思路，转变择业观念，树立创新意识、强化创业精神。帮助大学生塑造创新型人格，养成敢于冒险、富于幻想、勇于突破行为惯性和克服困难、直面挑战、不惧风险的心理素质。帮助大学生积累实践经验，增强实践能力，掌握创业方法，为成长成才奠定扎实的基础。

以教育供给侧改革推动经济发展变革。瞄准创新型国家建设需求，加大创新创业教育投入，加快创新创业教育事业发展，推动创新创业教育的供给侧改革，开展分层次、个性化的教育培养，将创新理念贯穿教育教学全过程。充分统筹高校、企业、社会等各方资源，调动主动性和积极性，形成育人合力，打造一支规模宏大、结构合理、素质优良的创新创业队伍，塑造一批朝气蓬勃、富有前景的大学生初创企业，为经济发展变革增添活力。

实现创新驱动发展。将高校创新创业教育纳入国家面向未来发展、迎接科技革命、促进产业变革的创新布局中，面向世界科技前沿、面向国家重大需求、面向国民经济主战场。加强创新成果转化落地，不断壮大创新型人才队伍，不断提升科学、技术、工程、产业等的原始创新能力，促进经济转型升级、民生持续改善和国防现代化建设。

二、创新创业教育的内容

1. 创新创业意识熏陶

创新创业意识是指创业者在创新创业过程中起着动力作用的个性倾向，包括需要、动机、兴趣、思想、信念和世界观等心理成分。创业意识支配着创业者的态度和行为，规定着态度和行为的方向、力度，它具有强大的选择性和能动性，是创业素质的重要组成部分。创业意识是大学生从事创业活动的强大内驱动力，是大学生创业素质系统中的驱动系统，包括创业需要、创业动机、创业兴趣、创业理想等要素，主要表现为大学生个体对创业实践活动的个性意识倾向。意识是行动的先导，创业意识是引导大学生关注创业的心理元机制，是大学生了解创业行为的切入点，支配着大学生对创业素质培育活动的认识态度和学习行为。创业需要是创业活动的最初诱因和动力，当需要上升为动机时，标志着创业活动即将开始。创业兴趣可以激发创业者的潜力和坚强意志。创业理想是创业者对未来奋斗目标的追求，在对目标的追求中形成信念。创业信念是创业者的精神支柱，是创业意识的最高层次。

培养大学生创新创业意识，可以缓解毕业生的就业压力问题，激发大学生的潜在能力，为相关专业的毕业生提供就业岗位，对国家的经济发展和社会进步有着推动作用。青年时期是开展创新创造的"黄金期"。大学阶段正是为这段"黄金期"打基础的关键期，高校要建立行之有效的大学生创新精神培养体系，帮助学生树立创新意识。创业意识受到大学生认识自我价值程度的影响，认识自我价值程度越深刻，大学生的创业意识越清晰强烈。在高等院校进行创新创业教育，实施创新创业意识的培养，学生能够更好地进行自我的完善，在大学生期间不断充实自我，提升自我专业能力和提升职业品德素养，从而实现自我价值。

2. 创新创业知识学习

创新创业知识是指大学生根据未来发展定位，满足自身创业需求的知识系统，主要包括专业知识、经营管理知识、综合性知识等。创业能力是指大学生在创业活动中能够胜任本职工作的各种能力，也是大学生从事创业活动的内在依据。提升大学生的创新创业素养是创新创业课程的核心目标。创业是艰辛的过程，对创业者的素质要求很高，尤其要具备相关的知识和经验。大学生在进行创新和创业活动时，常常因为缺乏相关知识而遭遇失败。

建立合理的知识结构，是创业的必要条件。创业者要想成功创业，必须具备相应的专业知识，尤其是以新技术、新发明为基础的创业更要以专业知识为基础。除了专业知识以外，由于企业需要管理和运行，必然出现产业技术以外的问题。因此，创业者还要学习管理知识并能够灵活应用。同时，创业者进行创业必须具备法律知识和市场营销等其他专业知识。

3. 创新创业能力强化

创新创业能力是知识维度、操作维度、态度维度三方面的综合，是从事或胜任创业实践活动的综合能力体现。创业能力是指大学生在创业活动中能够胜任本职工作的各种能力，也是大学生从事创业活动的内在依据。创业能力包括学习能力、人际交往能力、资源整合能力、机会发掘能力、解决问题能力、组织管理能力等要素。创业能力是当代大学生创业素质培育的落脚点，要使当代大学生树立终身学习的理念，重点培养他们的学习能力、人际交往能力、资源整合能力、机会发掘能力、解决问题能力、组织管理能力。大学生创业教育是培养大学生创造性、实践性、综合性能力的过程，创业能力培养是创业教育的核心和关键，也是创业意识转化为创业实践的必要条件，实现这一目标需要从以下三种能力培养着手。

（1）专业知识技能的培养。未来企业的竞争归根结底是人才的竞争，人才知识技能水平决定了企业发展的规模和上限，扎实的专业知识技能是大学生创业成功的前提。高校应开设多学科融合的创业理论课程，将专业知识与创业教育有机结合，不断提升大学生的专业技能水平，为大学生提供创业实践模拟的机会和平台，提升实践操作能力。

（2）工作能力的培养。工作能力是大学生创业能力的基础，是解决创业过程中遇到问题和困难的能力素质，具体包含决策分析能力、组织协调能力、市场拓展能力、问题分析解决能力等。在大学生创业教育中，实践环节是提升工作能力的重点，高校应结合各自实际为大学生创业实践提供良好的平台，如通过鼓励大学生参加各类创业项目和大赛，提升大学生实际操作能力，通过创业模拟软件的开发与应用实施虚拟创业体验教学，引导大学生入驻创业园、孵化器，以及参与教师科研项目等强化大学生动手操作能力，为解决将来创业过程中可能遇到的各类问题积累宝贵经验。

（3）社会交往能力的培养。创业离不开人与人之间的交往，仅凭一个人的力量是无法完成的，具备良好的社会交往能力是大学生创业的关键能力要素。社会交往能力包括沟通表达能力、团队合作协调能力、抗挫折能力等。大学生创业过程中，需要积极鼓励大学生发展人际关系，引导大学生参加各类创业社团，参加校内外的文化活动，提高自身的社会交往能力，培养积极乐观、坦然面对困难的良好心态，积极投身于创业实践之中。

综上所述，创业能力涵盖的三个方面既相互独立又相互联系，在培养大学生创业能力过程中，需要综合考虑，构建立体综合的创业能力网络，实现创业能力的有效提升。

三、创新创业课程学习方法

创新创业教育的目的是激发学生创新创业意识，提升学生创新创业素养，使学生充分发挥个人潜能，并最终将创新想法应用于实践，将创业精神转化为行动。在本门课程中，学生通过真实案例了解创新与创业最新动态，激发创新意识和创业精神；通过创新创业相关知识学习创新方法，了解创业流程，培养创新思维，提高创新创业素养；通过创新创业实践锤炼创新创业能力，进而提高未来创新与创业的成功率。

在创新创业学习过程中，首先要有正确的创新创业的理念和态度。创新创业精神并非人生来就有，也不是一瞬间的灵光乍现，学生要发挥主动精神，树立融入社会的坚定信心，磨炼面对现实挑战的坚强意志，养成自主探究的良好习惯，保持好奇心和求知欲，学会独立思考，提升创新创业的自信心和想象力；同时，要提高心理调适能力，创业过程不免遇到挫折，要做好心理准备，增强抗挫折能力，处理好与环境、人际、职业、道德、情绪等的关系。

创新创业认知是培养创新创业素养的基础。本课程的内容涵盖创新思维、创新方法、创业流程、创业专业知识等，学生可以提高认知水平，为今后开展创新创业活动进行知识储备。在学习过程中，首先，要有扎实的专业基本功，注重对金融知识、企业管理和行业选择等创业知识的把握，不断丰富个人知识结构；其次，要树立终身学习的理念，创新创业素养不可能短时间内形成，在整个学习生涯乃至人生过程，要学会不断积累知识和经验，为成功做准备。

同时，对于大学生来说，创新创业能力通过学校课程学习、交流学习以及实践学习等途径得到提升。除了学习课本知识以外，学生积极参与各种创新创业实践活动，例如大学生创新创业大赛、大学生创新训练项目、企业孵化模拟、创新创业实训等，在真枪真刀的实战中锻炼自己；也可以在课余时间参加一些社会实践，提高自己对社会的了解和适应能力；同时要学会观察生活，积极思考，发现社会中和本专业内的新问题、新困难，并尝试用创新方法解决问题，考虑能否在问题中开发创业机会，将创新创业思维真正发挥到实践中去，做对个人有益、对社会有价值的事。

习　　题

1. 创新活动要素包括_____。
A. 创新者　　　　B. 创新对象　　　　C. 创新方法　　　　D. 创新环境

参考答案：A、B、C、D

2. 创业活动的要素包括_____。
A. 创业技术　　　B. 创业机会　　　　C. 创业资源　　　　D. 创业团队

参考答案：B、C、D

3. _____年_____月，在北京召开的面向 21 世纪教育国际研讨会上，联合国教科文组织提出"创业教育"这一概念，标志着创新创业成为世界高等教育的一个重要理念。

参考答案：1989　11

4. 1947 年，_____商学院设立"新创企业管理"，被认为是创新创业教育开始的标志。

参考答案：哈佛大学

5. 请简述开展创新创业教育的意义。

6. 请简述你准备如何学习本门课程。

第一章
创新创业教育的国际经验

自创新创业教育在美国产生以来，世界各国也纷纷开展创新创业教育，目前高校创新创业教育已经从尝试探索阶段发展到细化分层、多元发展的新阶段。美国、欧盟、新加坡的创新创业教育在指导理念、运作模式、课程体系等方面具有各自鲜明的特点，对当前我国探索出切实有效的创新创业教育促进机制、构建高校创新创业人才培养模式有一定的借鉴意义。

第一节 美国高校创新创业教育

美国作为最早提出并开展创业教育的国家，其创业教育理论和创业教育实践最为完善。美国具备丰富完善、覆盖面广的创新创业教育课程体系，多元化的教学方式和丰富多彩的第二课堂，具有"专职+兼职相结合"的跨学科师资队伍，并构建了"内外部相结合"的创新创业教育保障体系。斯坦福大学作为世界一流大学，是全世界公认的创业教育实施的典范代表之一。斯坦福大学依靠一直秉承的创新精神和毗邻硅谷的优越条件，形成了重视应用导向和产学研结合的创业教育特色。

一、美国创新创业教育的主要特点

（一）丰富完善、覆盖面广的创新创业教育课程体系

美国高校创新创业教育经过长期的发展，现已呈现出全程化、系统化和模块化的特点，美国高校为学生提供贯穿整个人才培养过程的教学规划，并结合不同年级以及专业的特点安排教学内容。美国创新创业课程具有以下几个方面的特征：

从时间上来看，自美国开始设置创新创业课程以来，创新创业课程逐渐趋于丰富和完善，从 1975 年全美有 104 个本科创业教育项目，到 2006 年已超过 500 个；1985 年美国大学提供的创业课程约为 250 个，至今美国高校已经开设了超过 5 000 门的创业课程。

从课程开设的高校数量上来看，美国目前已有 1 000 所以上的高校开设了创新创业课程，并且高校正在不断丰富完善本校的创新创业课程。

从课程的维度来看，美国高校创新创业教育课程逐渐系统化、多元化。

(1）美国高校开设多层次的创新创业课程。创新创业课程类型多样，根据不同层次的学生开发多个侧重点的课程，使学生能够根据自己的知识经验以及能力需求选择相应课程，主要包括通识类课程和进阶课程。马里兰大学和斯坦福大学是通识类课程的典型代表，其课程内容完全符合通识教育宽口径、各学科互通、知识相关的理念，面向全校本科生的需求开发创新创业课程，从而使大学生的创新创业教育更注重实效，实现本科生知识面广、高效学习、知识融会贯通的高等教育目标。进阶课程主要是美国高校创新创业教学模式中注重理论与实践的结合，学校会吸收一些既有深厚学科背景，又具有创业经验的人士担任教职工作。例如，斯坦福大学开设的"创业管理"课程，是由学校专任教授和兼职教师共同开设。

（2）美国创新创业课程设置针对性强，不同高校会根据自身的实际情况来设置课程，侧重点不同。如斯坦福大学、百森学院、哈佛大学商学院等学校设立的创业教育计划都属于综合类的；麻省理工学院、加州大学伯克利分校、伦斯勒理工学院等高校的创新创业课程则注重高科技创业；印第安纳大学 Bloomington 分校、Syracuse 大学、科罗拉多大学 Boulder 分校等高校创新创业课程注重新企业的创立和创新；路易斯安那州立大学 Baton-Rouge 分校等高校注重家族企业、连锁经营和女性创业；华盛顿大学圣路易斯分校的创新创业课程注重生命科学应用、大型机构创新和创业。

（3）美国高校开发了主修课程与辅修课程相结合的跨学科课程体系。美国高等教育研究学会指出，跨学科的创新创业教育模式是创新创业能力培养的主要途径。斯坦福大学在开展创新创业教育的过程中，始终坚持"文理结合""教学与科研结合"等基本原则。基于此，斯坦福大学为培养学生的跨学科思维，在一年级开设的导读课程中包含"人文学科导论""科学数学和工程核心""写作和修辞""思考"等，并在此基础上设置了一年级、二年级探讨班，三年级对话课，其中 1/3 为通识课程。为改善学生的思维结构和知识结构，康奈尔大学工程学院和宾夕法尼亚大学文理学院更是联合为学生提供了 12 个跨学院辅修科目。

（二）多元化的教学方式和丰富多彩的第二课堂

在课程实施方面，美国创新创业课程的实施方式众多，包括案例教学法、项目教学法、探究式教学法、问题中心教学法、模拟创业、讲座、在线课程等多种方式。探究式教学法强调从创业教育理念出发，注重教师、学生与媒介等因素的整合，有利于形成强化学生主体意识和发挥主观能动作用的创业教育环境。在这种整合中，课程变成一种动态的、生长型的教学生态环境，教学变成各教学要素之间持续互动的动态过程。案例教学法强调以现实创业环境的状况作为教学的切入点，自始至终把典型的创业案例分析贯穿在整个教学过程中，帮助学生从案例中感悟创业理念，理解创业规律，激发创业热情，培养创业能力。虚拟创业则是为了让学生对创业有所体验所采取的虚拟创业的方式。在美国不同高校中，所采取的教学方式也有所不同，斯坦福大学商学院采取"项目开发式"的创业教育方式，让学生在课程中尝试起步创业项目；加州大学伯克利分校创业技术中心聚焦人工智能、大数据分析等新兴领域，在课程和专设项目中将新兴领域的知识学习与创业项目设计同步展开。马里兰大学商学院开发的创业课程，在课堂上指导学生体验创业行动中项目计划、设计、实施、评价的全过程。麻省理工学院的创业教育公开课"供应链管理专题"是以授课与讨论的形式进行，同时邀请公司主管作为演讲嘉宾进行教育教学活动。康奈尔大学的"社会创业法"课程则采用案例研究法和课堂活动教学。

（三）具有"专职+兼职相结合"的跨学科师资队伍

美国高校创新创业教育师资队伍有三个典型特点：① 专兼职相结合。美国创新创业教育师资是由专职教师和兼职教师共同组成。美国高校积极引进具备创业经验和专业学术背景的人来进行教学和科研工作。在专职教师中，超过一半的教师具有创业经验或者企业任职经历，而在兼职教师当中，绝大部分教师都具备创业经验。同时，美国高校鼓励专职教师和兼职教师之间的合作和交流，在交流互动中促进彼此的发展。② 具备跨学科的师资队伍。创新创业教育主要在于培养学生的创新精神和创业能力，因此仅仅依靠单一学科无法实现预期目标，需要融合多学科的知识与技能。基于此，美国高校积极构建跨学科师资团队。跨学科师资队伍主要分为两个部分：一部分是教师自身知识结构呈现跨学科的状态，知识储备丰富，协同能力较强；另一部分是不同教师之间的跨学科，即个体间具备不同的学科知识、为完成创业教育的使命而组成的跨学科教师队伍。③ 注重教师培训。美国高校会定期组织教师进行培训，参加创业模拟活动、对教师进行专门化培训、案例示范教学和举办讨论会，并组织教师参加各种学术会议。通过对教师进行培训、轮训以及交流，丰富教师的创新创业知识，培养教师的创业意识和创业能力，并选派优秀的专业教师参与国际师资培训，拓宽教师的国际化视野。同时高度重视大学科技园、创业园在创新创业人才培养中的作用，依托政府和企业资源，加强创业实践基地建设，为教师提供创业实践平台，不断提高教师的教学科研能力以及创新创业实践能力。

（四）构建"内外部相结合"的创新创业教育保障体系

美国政府、社会和高校依据高校创业项目的阶段和领域打造了相互衔接、各有侧重的"内外部相结合"的保障体系。从内部来看，美国高校主要提供设施保障、师资保障以及资金保障。设施保障是指高校通过提供创业孵化项目与创业教育中心来促进创新创业教育的发展。例如，马里兰大学内部就有创客空间、科技进步项目、国际创业孵化器、技术验证项目、企业加速项目等五项孵化项目和创业教育中心；师资保障是指高校通过培养和选聘两种方式来构建高水平、综合化的创新创业教育师资团队；资金保障是指高校通过设立创业"种子"基金，并将其纳入学校预算。而从外部来看，政府和社会是支撑美国高校创新创业教育的两大重要支柱。在政府层面，主要提供政策保障、资金保障。政策保障是指联邦政府不仅制定知识产权保护和技术转移等相关法律，还专门成立管理机构为创业者提供资金、渠道、教育、咨询等方面的服务。资金保障是指政府从各种渠道为高校提供创新创业教育资金。据美国国家科学基金会 2016 年报告显示，在过去的 10 年里，高校从商务部、教育部、农业部、劳工部、能源部、国防部、州政府、国家开发署和国家科学基金会等诸多机构获得资金和援助，成为获联邦研发拨款最多的组织。在社会层面，主要提供资金保障、设施保障。资金保障是指美国知名企业以及个人为具有创业意愿和创业实力的学生提供良好的平台以及资金支持。例如，某些企业每年为在创业设计大赛中获胜的学生提供实习机会、实践平台以及启动资金。设施保障是指美国通过成立加速器、科技孵化器、虚拟孵化器等专业化、细分化的服务模型来为创业者提供创业设备、管理技能、专家指导等服务。

二、美国典型高校创新创业教育——斯坦福大学

（一）斯坦福大学创新创业教育产生的背景

斯坦福大学是全美范围内较早创设创业教育的高校之一，其创业学习作为受到全世界公认的创业教育实施的典范代表之一。20世纪50年代初期，斯坦福科技园正式成立，极大地推动了大学高水平科研活动和校企科研合作的发展，也成为硅谷发展的基础，因此斯坦福大学也被誉为"硅谷的摇篮"。根据2016年《美国新闻与世界报道》公布的美国大学本科教育质量排名显示，其创新创业教育依然发展卓著。

1967年，斯坦福大学商学院为MBA学生开设第一门创业课程；1996年，成立了创业教育研究中心。到20世纪90年代中后期，整个商学院的创业教育课程体系趋于成熟，工学院、医学院、地球与科学学院、教育学院、法学院、文理学院等其他院系也相继开设面向非商学院学生的创业课程。作为著名的理工科大学，斯坦福依靠学校一直秉承的创新精神和毗邻硅谷的优越条件，发展出了独特的创业教育特色，即重视应用导向和产学研结合。

（二）斯坦福大学创新创业教育体系

1. 办学目标

斯坦福大学的教育目标是为学生的成功做好准备，让学生在校园中接受的教育发挥实际效用，并且通过创新创业教育，激发学生的创新创业动力与灵感，提升学生的创新创业素质，使其成为新思想、新技术、新商业等的领袖。正因为此，斯坦福大学培养出一大批优秀的创新创业人才，诞生了谷歌、雅虎等世界级巨型企业。

斯坦福大学创建时正值高等教育改革和美国产业革命蓬勃发展之机，学校的办学理念具有务实、创业的时代精神。在建校之初就有了这样的理念：使所学的东西都对学生的生活直接有用，帮助他们取得成功。"自由之风劲吹"是斯坦福大学的校训，代表着斯坦福大学自成立初始就保持着创新创业精神，激励学生为实现梦想付出勇气。斯坦福大学鼓励师生创新创业，推崇创新、鼓励冒险，营造宽松自由、宽容失败的创业环境，激发了师生的创新意识和创业欲望，在校园中形成了浓郁的创新创业文化氛围。在斯坦福大学，创业精神就在空气里（Entrepreneurship is in the air），激发斯坦福人的创业欲望，大批师生投入到创业行列。斯坦福大学创新创业教育思想是：通过创新创业教育将创业者的经验、知识、技能以及对创业的理解传递给学生；不管他们的专业，所有学院的学生在一个强大的博雅教育环境的背景下接受教育，给他们广泛的世界观，需要他们成为明天的创新者和领导者，使创新创业成为学生的一种思维和生活方式。

2. 创业支持途径

斯坦福大学通过三种途径支持学生创新创业：第一，宽松的学籍管理政策，学生可

以休学创业，多种资金资助学生创新创业；第二，设置专门机构——斯坦福大学技术授权办公室为学生创新创业提供条件；第三，专利转让充分考虑学生利益，通过学校转让只收取 10%～15%的知识产权收益。优厚的政策为学生提供了可观的资金、技术上的支持，解除了后顾之忧，增加了学生创业的积极性与成功率。

3. 课程体系与制度

斯坦福大学内共有 7 个学院，其创业课程主要是由下设的商学院引领其他 6 个学院开展进行的，主要课程类型都是依据各自专业特征结合创业课程而设置。课程大多体现了全方位、多层次、跨学科的属性，主要可以划分为三大方面：理论类、专业类以及实践类。斯坦福大学重视通识教育，各学科专业课程设置上坚持多学科交叉、文理科结合、理论和实践并重的基本原则。

斯坦福大学工程学院、商学院主导开设的一些课程面向全校学生开放。斯坦福大学始终认为不管学生来自什么专业，学生都应在一个强大的人文艺术环境背景下接受教育，使他们具有成为未来创新者和领导者的全球眼光。学校鼓励跨学科和跨院系的网络和协作，提供机会来验证他们的想法，鼓励学生参与研究并将想法现实化。

斯坦福大学商学院通过创业研究中心和斯坦福大学创业工作室开展创业教育，为学生提供探索创业和提高创业技能的场所。斯坦福大学工程学院的课程是通过斯坦福大学"科技风险投资项目"、哈索普列特纳设计研究所等实体机构来进行。专享课程如斯坦福大学的梅菲尔德计划针对有天赋的本科生或硕士生提供创业指导和支持活动。该学习计划提供了一个深度集中的为期 9 个月的工作或学习经历，每年甄选 12～15 名优秀的科学与工程学生参加。斯坦福大学创业教育的核心方法是在课堂中汇集最新前沿理论和现实世界的专业知识。具体来看，斯坦福大学的创业课程结构主要分为第一课堂创业课程和第二课堂创业实践活动（图 1–1）。

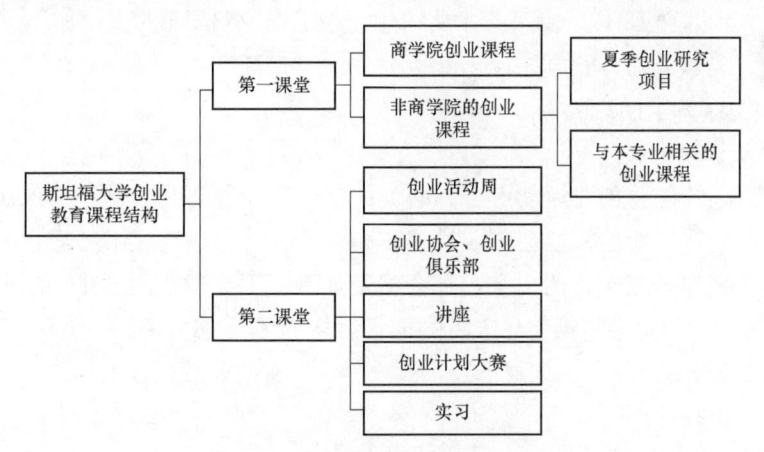

图 1–1　斯坦福大学创业课程结构

其中，第一课堂又因学院不同而被划为商学院创业课程和非商学院创业课程，两者之间都主要以夏季创业活动和本专业的创业课程为主。在非商学院中，斯坦福大学不仅巧妙地将专业知识与创业发展相结合，更致力于创业实践能力提升的课程安排。在工学院中，除了理论性知识培养，更多的则是关注于科技、社会、创业三者发展中的现实问题。同时，在学生进行创业的前期阶段，就相当注重创业领导力、创业道德这些创业过程中必备的能力训练，为学生未来创业道路的发展奠定了坚实的基础。斯坦福大学的第二课堂也开展得相当出色，其中囊括了创业协会、创业实习、创业俱乐部等在内的以促进学生创业能力为主要目标的创业活动。

斯坦福大学在关注创业课程的内部设置与专业融合的同时，也在纵向层面为学生创业知识的提升做出了显著的贡献。在本科生阶段，创业课程主要是为了让学生能够全面认识、了解创业过程中的实际知识与能力，激发学生对于创业发展的积极性。而在研究生阶段，创业对于学生而言意味着是"实战性"训练。在这一阶段，课程的目标有所变化，更加倾向于学生在未来创业过程中对实际能力以及相关技巧的把握，在激发了学生创业热情之后，不断满足其对于创业的渴望与追求。

4. 资源网络

斯坦福大学为充分调配创新创业教育资源，组建了斯坦福创业网络，将创业研究中心、社会创新中心和技术许可办公室等机构全部囊括进去，统筹管理创新创业教育工作。

斯坦福创业网络（Stanford Entrepreneurship Network，SEN）是斯坦福大学校内20多个创业相关组织的联合，旨在为斯坦福大学的各种创业项目提供一个共同的平台组织，为斯坦福大学师生、斯坦福社区、硅谷以及世界范围内与斯坦福创业有关的人员以及组织学习和探索创业的各个方面提供服务。另外，斯坦福大学校友会非常成熟，为斯坦福大学创新创业的发展做出极大贡献。

5. 师资队伍

斯坦福大学师资力量雄厚。现在职教工中有诺贝尔奖得主20位、普利策奖得主4位、国家科学奖得主18位、国家技术奖得主1位、国家科学院院士163位、国家工程院院士107位、美国人文与科学院院士286位、医学院院士71位、美国哲学学会会员48位和总统自由勋章得主2位。

6. 创新创业活动

斯坦福大学的创新创业活动可分为两类：创新创业竞赛类活动和学术研讨类活动。斯坦福创业挑战赛、斯坦福社会创业挑战赛和斯坦福社会运动挑战赛赢得了全校学生的青睐，汇聚了来自教育学、历史学、社会学及众多理工类专业的学生。创业教育圆桌会议、创业周等学术研讨会每年都会定期举办，为学生提供了良好的学习平台。创业俱乐部和创业投资俱乐部等更是与学生打成一片，每一个对创新创业感兴趣的学生都能在此获得各自所需的支持和服务。

7. 大学科技园

斯坦福大学和企业之间首创了互利共赢的"科技工作园区"模式。在企业层面，学校鼓励内部研究人员将科研成果进行商业化，并根据企业的实际需求提供不同类型的教育培训，从而为企业培养高水平的技术型人才。同时，企业通过斯坦福大学引入最新的科学研究成果以及高端技术人才，使企业效益得到进一步扩大。在高校层面，学校可以得到企业的支持，从而更好更快地完成科学研究项目，从而促进高校科研的高速发展。

第二节　欧盟创新创业教育

欧盟作为一个由 27 个经济发展水平和社会传统文化相异的成员国组成的超国家层面的政治经济联盟，其创新创业教育在实施过程中制定了宏观层面统一的教育模式，得到了各成员国的一致配合和支持。然而，由于各国存在的差异，欧盟允许各成员国制定自己的创新创业教育发展战略。欧盟各国普遍重视对学生创业意识的培养，并积极促进创新创业教育与中小学课程大纲融为一体，重在培养学生的创新精神和创业能力，并通过创业能力的塑造和培养提高学生的就业能力。

一、欧盟创新创业教育的主要特点

（一）结合各国高校体系，建立统一的教育模式

欧盟创业教育为典型的"政府驱动模式"。2006 年，欧盟在奥斯陆召开"创业教育会议"，最终形成《奥斯陆创业教育议程》，在构建高校创业教育发展的战略性框架方面达成以下共识：① 各国需保证创业教育获得最高层次的政策支持；② 将创业教育更好地整合到里斯本追踪进程，通过采用特殊指标更加有效地评估成员国在创业教育方面的进展；③ 设立全欧盟范围的发展目标以及一整套适当的评价机制；④ 各国发起创业教育战略，制定明确的发展目标；⑤ 在欧盟和各国成立指导小组，吸引不同利益相关者的参与；⑥ 提升地区性的创业教育；⑦ 将创业教育纳入博洛尼亚进程，通过鼓励教师的跨国和跨机构流动，提升创业教育者的地位；⑧ 增加欧洲资助项目对创业教育项目和活动的支持；⑨ 协调欧洲范围内创业教育项目和活动的评价，以保证结果的可比性。欧盟在达成共识的基础上，形成了系统的创业教育体系，主要包括以下几个方面：从政府层面，欧盟敦促成员国政府构建全国性的创业教育战略，制定政策简化创业程序，营造适合创业的氛围；从企业层面，欧盟鼓励商界人士充分发挥其教育才能，一方面鼓励其参与高校创业教育中来，另一方面支持欧盟潜在创业者的发展；从社区层面，欧盟提倡构建以培育创业意识为使命的学习型社区，建立地方的创业中心，协助学校和教师开展创业教育，发展教育机构和公司的联系，促进创业者和商界人士参与学校和大学的创业项目。

（二）制定专门的创新创业教育发展战略

欧盟各国根据自身发展情况制定专门的创新创业教育发展战略，采取自上而下的方式推动创新创业教育的发展。在这个过程中，中央政府机构利用其自身所具有的权威性来协调不同政府层面的实施。目前，制定专门创新创业教育发展战略的国家有瑞典、丹麦、挪威、比利时、荷兰等国。荷兰、比利时（荷兰语区）、丹麦、瑞典分别于 2007、2009 和 2011 年制定了创新创业教育发展战略，匈牙利、葡萄牙和罗马尼亚的创业教育发展战略正在政策讨论阶段，但是未来几年之内颁布创业教育的国家战略已

经成为趋势。例如，丹麦政府于2009年颁布的"创业教育与培训战略"就是由科学、技术与创新部、文化部、教育部、经济与企业事务部等多个行政职能部门共同制定的结果，该战略特别强调了创业教育的资金支持问题，通过制定创业教育投资年度预算和其他配套的创业资助项目推动创业教育在丹麦整个教育系统中的开展。相比而言，丹麦创业教育的发展战略更加注重了制度性力量在推动创业教育长期有序发展中的作用。

（三）将创业意识培养纳入终身学习计划

由于欧盟中许多国家属于高福利社会，自上而下的管理方式也往往注重对资源的人为配置，国家、贸易联盟、行业协会、大企业在整个经济社会发展中起着重要作用，个体的创业活动并没有被看作是非常重要的。在这种情况下，欧盟国家创业教育目前的战略重心则必然是唤醒公众的创业意识，促进全社会对创业态度的认知转变。尽管过去欧盟制订了大量的创业计划和创业项目，但目前仍没有实现这些目标，在欧盟年轻人群体中普遍缺乏创业意识和创业技能。基于此，2006年年末，欧盟理事会发布《关于终身学习所要求的关键技能建议》，重新梳理欧盟高校创业联盟的发展内容。并提出建议，认为终生学习应该具备8项能力，其中包括创业能力，即个人能够把想法付诸行动的能力，另外还包括创造性、创新性以及规划和管理项目的能力。在此基础上，欧盟国家普遍重视对学生创业意识的培养，并通过各种渠道将创业意识培养纳入终身学习计划，从而激发学生的创业意识。

（四）将创新创业教育融入课程大纲当中

早在2006年，欧洲议会和欧洲理事会就在欧盟终身学习战略中列出了个体在未来知识社会中所必须具备的8个关键能力，其中创业能力就被视为实现个人全面发展以及自我实现的主要能力。欧盟长期以来一直认为要促进创新创业教育的发展，提高学生的创业能力，就应该在学校教育的不同阶段进行创新创业意识、知识和技能的传授，将创新创业教育与学校中现有的专业知识和技能的培养相结合。基于此，越来越多的国家把创新创业教育与课程大纲融为一体。在基础教育的小学阶段，主要是为学习者注入一种创业的意识和理念；在中学阶段，既有单独的创业课程，也有把创业教育课程与其他学科整合在一起，更多的是社会科学、经济学和工商企业管理的整合；在高等教育阶段，一些国家和学校把创业教育作为单独的课程并列为必修课程。在丹麦等国家，创新教育已经成为国家课程大纲的一部分。

（五）提供全面有效的支持保障体系

欧盟为创新创业教育的发展提供全面有效的支持，主要包括资金保障、跨部门合作、构建伙伴关系、吸收各方参与、注重师资培养等方面。其中，资金支持分为直接资金和间接资金。直接资金如Eramus+项目，主要是为学生的跨国留学、交流所提供的奖学金，由此可以丰富学生的背景经历。间接资金主要是欧盟社会基金，该基金是欧盟结构和投资基金的一部分，旨在为全欧盟的公民提供公平的工作机会，通过对欧洲人力资本的投资，让更多的年轻人找到工作机会。跨部门合作主要是欧盟成员国在政府层面的各个部门之间达成共识和愿景，为了创业教育的发展而共同努力。另外，欧盟认为创业教育还应该与青年教育、终生学习结合在一起，政策的制定和出台要能够体现出对企业家或创业家精神的肯定以及对中小企业发展的支持策略等。在各国的跨部门行动中，原则上教育部门负责创业教育大纲，确定学校可以开展的创业教育项目实施细则，对师资提出标准要求，提供教学资料，确定学习效果等。创新创业教育发展需要社会各方力量的支持，包括社会中介组织、非政府组织、私人企业等。在师资培训方面，政府积极帮助教师提高创业教育教学所需要的技能，帮助教师打破传统教学方式，为理论与实践的结合、学校与外部世界的联系创造条件。

二、欧盟典型高校创新创业教育——巴黎中央理工大学

（一）巴黎中央理工大学概况

巴黎中央理工大学（Ecole Centrale Paris）创办于1829年，前身是巴黎中央高等工艺制造学校，隶属于法国中央理工大学集团（巴黎、里昂、南特、里尔和马赛5所中央理工大学校），是一所著名的高等工程师大学校。2020年，QS世界大学综合排名中位于第139位，机械工程专业排名在第101～150位。很多法国工业史上的著名人物和商业大亨如居斯塔夫·艾菲尔、安德烈·米其林等都是该校的校友。经过将近200年的发展，巴黎中央理工大学发展成为拥有11个专业学院，13个职业发展方向，1 789名在校学生工程师，以培养具有高科技素质的通用人才、能够领导创新项目的专家以及具有广阔文化视野的"国际人"为目标的知名工程师学校，该校的通用工程师培养模式在国际上享有盛誉，2015年，该校与另一所著名的高等工程师大学校——法国高等电力大学校完成合并，组建成为新的Centrale Supélec高等工程师大学校联盟，进一步集聚地区资源优势。

（二）巴黎中央理工大学创新创业教育体系

1. 巴黎中央理工大学创新创业教育模式

巴黎中央理工大学工程师教育的学制为5年，前两年为预科班，预科班考试通过后开始进入专业学习。在三年的专业学习中，学校在教学中着重强调以下几个能力的培养：科学素养，即作为工程师所必备的基础科学与工程技术知识的学习；管理者素养，熟悉一个企业或项目的全部运营知识，并深化自身的创造力和管理能力；开阔的眼界和社会使命感，通过"挑战者项目"锻炼学生应对21世纪社会和科技挑战的能力；个人职业发展，提供多种职业发展轨道，促使学生开发自身独特的能力，成为富有国际影响力的领导者和创新者。这四种能力完美地融入进其"做中学"的教学方法，以"项目"为单位由浅入深，逐渐深化学生的"团队意识、顾客意识、解决问题的能力、创新意识和专业化技能"。整个教学安排可以看成是"漏斗形"，由通用知识的掌握逐渐向某一方面进行聚拢。从学生的个性化发展来看，学校充分尊重学生的个人意愿，鼓励其根据自己的兴趣选择课程，进而自主设计自己的职业发展轨道，同时也提供了几种"选项"以供参考，创业方向就是其中之一。

（1）创业教育模式的设计原理

根据工程师创业教育的多学科属性和理工知识创业教育系统化构建的思路，巴黎中

央理工大学创业教育模式设计遵循了以下原理。

① 整体规划、分层设计原理。创业教育作为整个大学教育的子系统服从学校系统的整体规划，其子系统的目标契合了该校培养"创新专家型"工程师的总体目标。另外，创业教育的设计是分层的，从创造新产品到研究生阶段深入到两个专业方向深造，学校为处于不同层次和水平的学生提供了多样化的选择。

② 功能、要素有机关联设计原理。创业教育应与大学体系的资源和环境充分融合，该校的创业教育体系与工程师教育体系整体呈"并行开放"关系，学生可以在任意时间点进入创业教育体系进行学习，同时借助"企业讲座"等其他课外活动对传统的课堂教学进行补充。

③ 注重能力训练和实践锻炼原理。该校的创业教育充分采用了工程师教育的"做中学"和"产学研合作"的教育模式，在课时的安排上，创业能力的训练与动手实践的时间远大于知识的传授。

（2）创业教育的内容与结构分析

理工知识创业教育的内容分为企业家精神与创业品格培养、创业知识学习、创业能力训练和创业实践锻炼四个核心要素，并根据四者的实际组合和排列，概括出创业教育由一般普及到专业化培养的三个层次，即基础模式、强化模式和高级模式。通过分析发现，巴黎中央理工大学的创业教育是基础模式与强化模式的混合模式，既包含了面向全体学生工程师的创业意识、精神和能力的基础培养，也有在此基础上对那些具备创业潜质和意愿，想要进一步进行创业训练的学生工程师或研究生开设的专业性较强的学位课程。同时，在整个创业教育实施的过程中，两者都可以利用学校提供的开放创造实验室（Fab-Lab）和科研实验基地等资源。

（3）创业教育课程与创业专业方向分支举例

① 职业发展与领导力研修班（Workshops on Professional Development and Leadership），该课程在创业教育第一年的两个学期开设，属于整个创业方向的基础课程，主要内容见表1-1和表1-2。

表1-1 职业发展与领导力研修班课程内容介绍（第5学期）

课程目标合格要求	发展一整套成为创新型工程师的技能
	构建个人学术与职业计划；从学校范式向职业生涯转变；有效的团队协作；掌握基础的沟通与书面表达技能；掌握基础的解决问题的技巧；构建个人职业计划
课程内容	发展一整套成为创新型工程师的技能；团队协作（组织与领导）；沟通与书面表达（总结与演讲）；解决复杂问题；创造力思维；构建个人学术与职业计划；从学校研究范式向职业生涯转变（确定到不确定，个人到团队，理解到应用）
课程组织形式	在2名教授的指导下进行持续2天半的40人组成的3次研讨会,含特定受邀人员；授课形式包括实验、案例研究、小组讨论和团队项目
考评	根据口头和书面汇报情况进行形成性评价

表1-2 职业发展与领导力研修班课程内容介绍（第6学期）

课程目标 合格要求	帮助学生：发展自身的领导力以及创新与创业能力；构建学术与职业生涯；能够运用基本的领导、创新与创业技巧
课程内容	发展自身的领导力以及创新与创业能力（创新过程与商业计划书设计）；构建学术与职业生涯（求职简历、面试书写）
课程组织形式	在2名教授的指导下进行持续1天半到2天半的40人组成的2次研讨会，含特定受邀人员。授课形式包括实验、案例研究、小组讨论和团队项目
考评	根据口头和书面汇报情况进行形成性评价

② 创业专业方向分支项目。在工程师教育创业方向的第三年，所以学生都可以再选择一个小方向，接受为期一年的更为深入的创业训练，且在研究生教育阶段，学校还提供了创业者专业硕士学位，两者的内容设置见表1-3。

表1-3 工程师教育第三年的创业分支项目

项目名称层次和时长	巴黎中央理工大学创业者项目，工程师教育第三年（15个月）	商学院联合创业者项目，专业硕士（1年）
面向群体	具体创业项目的持有者，希望了解创业活动运行流程的学生	青年毕业生（工程师文凭、商校、管理等）、专业人士以及青年管理者
培养目标	帮助学生掌握在职业生涯和创业过程都至关重要的一些行为要素，如独立、人际关系、自我定位、自我管理、不确定性下决策、创新的严谨性等	在学生企业创立、并购和联合中基于支持，帮助学生掌握在成长型企业的管理中所需要的核心技能（创业型企业、中小型企业、内部创业组织）
课程安排	6周的主题课程：创业者见面会、财务分析、市场营销战略、商业计划书、运营管理、收购与谈判；创业实践；根据课程所学，以个人或团队为单位自主模拟创业过程，包括潜在客户调研、供应商接洽等	500学时内课堂或校外实践课程（每月5~6天），内容包括销售、商业谈判、财务、市场营销、团队组建与管理、法务、成本计算、知识产权保护、项目管理、战略管理等；在商业计划书的指导下进行创业任务（创业型企业或中小型企业），由两所学校组成的小组进行评估；一周的学业旅行（参观）
结业方式	创业项目展示，由专业评委进行评判作为结业成绩，并根据项目情况给予实用的改进意见	

（4）CPI创意产品开发教育项目

2004年，巴黎中央理工大学联合另外两所巴黎地区著名的大学校ESSEC高等商学院和斯特拉斯设计学院（Strate Ecole de Design）创立了面向拥有创意想法的在校学生与企业的CPI（Création d'un produit innovant）创意产品或服务开发教育项目。来自上述三所学校的学生可以从第二年开始进入体验，时长为1年。项目由来自三所学校的30位教授进行联合管理和指导。截至2012年，该项目已经吸引了50家法国知名企业，完成了 135 个创意产品项目的开发。CPI 创意产品开发教育项目不仅仅是为了设计创意产品或服务，它旨在打造一种创新文化和氛围，培养学生和企业运用设计性思维，在一个共享的多文化、跨学科、合作性和创造性的生态系统中，跳出思维和行动的"舒适圈"，形成新的"思考"和"行动"的模式。有了这样的教学指导要素，那些有创新想法的学生工程师、商业人才和设计师们与具备资金基础的企业进行合作，完成创意产品或项目的设计和实施。一方面为未来的法国培养了一批年轻创新者；另一方面也为企业寻找到了合适的人才资源。

2. 巴黎中央理工大学创业支持平台

创业教育作为整个创业生态系统的一环，其重要性虽然不言而喻，但若缺少了与企业界和社会力量的互通和支持，创业教育的效果将会大打折扣，整个创业生态系统也将是不完整的。巴黎中央理工大学在打造自身的创业系统时充分考虑到了这一点，将创业教育与创新研究、企业合作有机融合起来，实现了由创意思维开发、创业技能培育到创业企业创办的完整链条。

（1）CentraleSupélec 孵化器中心

2001 年，巴黎中央理工大学孵化器中心成立（与 Supélec 合并后为两校联合共有），结合学校工程师教育的特色，该孵化器中心主要面向科技创业型企业，并以应对未来社会在能源、健康、通信、环境、纳米科学等 7 个领域的巨大挑战为使命，吸引在上述领域有技术创新维度和经济增长潜力的企业入驻。截至 2014 年，该中心共孵化了 70 家新企业，创造了 541 个就业岗位，孵化率达到 78%，离开孵化器后企业的生存率达到 88%。在企业孵化的操作层面，该中心为每个项目团队配备了一名专业的"教练"，为其提供关于企业运营和管理方面的具体指导和训练，使创业项目完成向真正企业的转变。这种训练不单单是创业知识的单向输入，而是一种将被无数成功创业者实践证明是正确的经验和项目持有者的个体行为相联系的方法，使创业者看到自身的弱点并最终走向独立的过程。除了提供一般性孵化基地都具备的硬件设备支持和人力资源方面的专业培育服务，为了满足一些创业者进行科学实验的需要，中心将两校共 14 个研究实验室的资源整合进来，创业者可以随时使用它们并和学校的科研专家进行优先交流。

（2）La Fabrique 开放创造实验室（Fab-lab）

2012 年，为顺应知识社会以用户为中心的应用创新模式的变革，巴黎中央理工大学成立了 La Fabrique 开放创造实验室（Fab-lab）。该实验室试图构建以用户为中心的，面向应用的，融合从单个产品的设计、建模、制造到整体工业化生产各个环节的创新制造环境。在这个开放的技术创新环境中，包含学生工程师、研究人员、尚处于孵化器中创业企业的负责人以及创新产品用户在内的主体可以共同创新，进而充分调动社会参与科技创新的热情。

（3）Instituted Innovation 创新学院

2014 年 6 月成立的 Instituted Innovation 创新学院是巴黎中央理工大学为促进创业企业（Start-up）和大企业间的协同合作，并为两者的需求提供精准服务和培训的又一成功尝试。Instituted Innovation 的职能大体上可分为理论和实践两方面。理论方面主要包括实证研究和培训，研究指的是在开放创新的全球背景下通过案例分析大企业和创业企业间的关系，并定期发布研究报告；培训指为有创新需求的大公司和创业企业提供创新企业文化构建、创新管理、知识产权保护等与开放创造相关的培训。实践方面则包括为大企业会员量身打造商业加速器项目和专业的创新咨询服务，以及帮助创业企业寻求与大企业进行合作的潜在增长点，进而使双方都收益。

（三）巴黎中央理工大学创业教育的特点

1. 打造创业生态系统

在统一的教育目标下打造创业生态系统，将创业教育充分融入工程师教育中，使其成为整个系统的有机组成部分。学校一直秉承的教育目标是使培养出的工程师能够应对未来社会的巨大挑战，因此在进行创业教育的设计时注重科学技术的创新，着力培育在环境、能源、医疗等方面有发展前途的高科技创业型领域的人才。

2. 系统的创业教育体系

巴黎中央理工大学提供多种发展路径的创业教育培养体系，强调以学生的个人发展意愿为中心，灵活安排课程，因材施教。

3. 产教融合密切合作

始终与企业界保持密切合作，积极吸纳大企业构建学校的社会网络，实现人才和物质资源的共享，特别是师资方面，邀请具有创业经验的专业人员进课堂，共同推进创业教育。

4. 强调基于创新的创业

注重创新创业原理的研究，从而对实践进行指导；建立开放创新实验室和创意产品开发项目，由创新意识的开发和挖掘延伸至创业活动，保证创新源头的活跃。

第三节 新加坡创新创业教育

新加坡是亚洲地区开展创新创业教育较早的国家，也是实施创新创业教育较为成功的国家。新加坡创新创业教育在长期的教育实践中积累了丰富的经验，具有完善的创新创业保障体系，实现了产学研深度融合，注重培养企业家精神，强调创新创业教育国际化发展。南洋理工大学是新加坡创新创业教育的典型代表，立足学校发展情况和学科特点形成了一套系统完善的创新创业课程，并通过南洋理工大学技术转移中心（NTUitive）促进科技成果转化和企业孵化落地。

一、新加坡创新创业教育的主要特点

（一）完善创新创业支持保障体系

新加坡政府从以下四个方面打造创新创业教育支持保障体系：① 政策支持。新加坡政府为了促进创新创业教育成果转化以及方便进行专利申请，制定了《知识产权法》，并在此基础上开展了智慧国家计划和创业准入计划。此外，新加坡政府还设立了"研究、创新及创业理事会"，为创新创业教育的发展提供政策保障。② 经费支持。新加坡政府、社会企业、国家基金会从不同渠道为高校创新创业教育发展提供大量经费。新加坡政府通过设立专项资金，用于风险投资和技术转移。新加坡国家研究基金会（National Research Foundation）设立了大学创新基金（University Innovation Fund，UIF），帮助高校开展创新创业教育活动。③ 专业指导支持。新加坡义安理工学院要求学生大学二年级时每人都要参加一项创新创业项目的设计，学生组成3～5人的团队，由专业教师指导，进行市场调研、制作模型、撰写商业计划等。对于优秀的创新创业项目，学校会给予创业资金扶持。新加坡国立大学于2006年举办的"产生想法"（Idea to Produce）竞赛，为创新创业团队获得企业与政府的指导提供了途径。新加坡国立大学设立的"企业培育所"实行对外开放，允许知名企业在培育所设立办事处，以便该校师生获得知名企业的经验指导，建立合作关系。④ 场地支持。新加坡国立大学的"企业培育所"同时也为该校师生提供完善的创业环境，包括创新创业所需的基本设施和专业管理服务等。2001年，南洋理工大学和新加坡政府经济发展局合作创办了科技创业中心，面向全社会开设创新创业硕士课程，举办创业主题系列讲座，邀请新加坡知名企业创始人、海内外知名企业家、杰出创业者等到中心演讲，向学生提供面对面的经验交流与分享。

（二）实现产学研深度融合

新加坡创新创业已经形成了校企深度合作、互利共赢的产学研合作机制。例如，新加坡国立大学建立了企业孵化中心，推动大学研究成果转化为商业产品并最终形成产业。新加坡南洋理工大学与一些国际大型企业建立合作关系，如劳斯莱斯汽车公司、德尔塔电子公司、新加坡地铁公司、新加坡科技工程有限公司和新加坡电讯有限公司，通过技术创新，开发新的工具，将企业吸引进校园，既为工业发展培养人才，又带动高校开展创新创业教育。2018年2月28日，南洋理工大学同阿里巴巴集团签署合作备忘录，成立联合研究院，在人工智能领域开展全方位的合作。联合研究院将南洋理工大学的人工智能技术同阿里巴巴领先世界的科学技术相结合，进一步探索人工智能技术前沿。

（三）注重培养企业家精神

新加坡创新创业教育全程注重培养学生的企业家精神。新加坡高校通过开设创新创业课程，搭建创业实践平台，为学生提供与企业家、风险投资者、知识产权律师直接对话的机会，有利于培育学生的企业家精神，提高学生的开拓性，开发学生的创新思维。除此之外，新加坡创新创业教育旨在培育学生的社会责任感，鼓励通过创新创业解决环境、生态、交通等社会问题。南洋理工大学设有空中交通管理研究所（Air Traffic Management Research Institute），通过研发工作，与国际航空发展相协调，为新加坡空中交通管理的现代化作出贡献。此外，该校还设立了南洋环境与水源研究院，利用仿生滤水科技和处理工业废水等科技来节约水资源。

（四）强调创新创业教育国际化

新加坡创新创业教育强调国际化，主要表现为以下三点：① 课程国际化。新加坡高校开设的创新创业课程主题广泛，不仅涉及本国创新创业发展话题，还涉及国外创新创业教育的内容，邀请国外知名学者和企业分享国外创业经典案例和经验，要求学生从心态、技能和应用方面了解全球化。② 创业人才国际化。新加坡高校注重从世界范围内吸引和聘请具有丰富创业经验和创新精神的师资。新加坡国立大学专门设立师资招聘办公室，派人前往世界各地知名大学遴选卓越人才，该校外籍教师占教师队伍的50%以上。同时，积极派遣教师参加学术人员交换计划，选派本国优秀教师到世界顶尖大学深造。南洋理工大学每年都会选派20%的教师到国内外高校、企业进行深造，以掌握前沿先进技术。③ 创业平台国际化。新加坡高校大力加强同世界知名企业的合作关系，吸引企业入驻校园。并同海外知名学府共同创办海外校园，将师生的创新创业项目和成果输送到海外高校，为学生借鉴海外创新创业经验提供途径。

二、新加坡典型高校创新创业教育——南洋理工大学

南洋理工大学是新加坡创新创业教育的典型代表，其创新创业教育的起步较早，位于亚洲地区的前列。经过多年的发展，南洋理工大学的创新创业教育已经趋于成熟，形成了比较完善的课程体系和支持体系。

（一）制定与实施系统创新创业课程

南洋理工大学立足学校发展情况和学科特点，依据企业创建过程，形成了一套系统完善的创新创业课程，实现了教学、传承、生产和应用的完美衔接，极具国际性和前瞻性。创新创业课程贯穿本科和硕士阶段，课程种类丰富，满足了不同类型学生的实际需求。

1. 开发本科生创新教育课程

本科生的副修课程包括创业与企业会计、企业营销与融资、企业管理、企业模拟竞赛、企业研讨会、工作坊等；选修课程包括创业学入门、创新和科技管理、生物创业、电子商务等。此外，针对所有工程及科学系的学生普及创业和科技成果产业化的基本知识，把设计思维、创业模拟等嵌入设计和创新相关的主课程。

2. 开发契合企业成长发展的硕士课程

针对企业初创阶段的课程包括创业运筹及商业计划的撰写、新创企业营销、知识产权、技术评估和产业化、企业会计、人事管理；针对成长阶段的课程包括企业战略管理、商业计划的实施、技术创新与设计；针对成熟阶段的课程包括可持续领导力与战略创新、公司财务、兼并与收购、发展新技术商业化的模式等。此外还有企业特别话题系列讲座，并安排学生完成创业案例分析。

3. 量身定制开发"考夫曼创业快捷课程"

2008年，南洋理工大学与全球最大的创业基金会——考夫曼基金会签署协议，建立全球首个、目前唯一在美国本土以外的"考夫曼校园"，授权南洋科技创业中心量身定制开发"考夫曼创业快捷课程"，旨在提升中小企业管理人员对最新管理知识的综合认知，同时培养他们对商业机遇和挑战的战略眼光，以增强企业的竞争力。

4. 设计并实施学生创业全球浸濡计划，打造全球创业家生态圈

南洋理工大学提出"全球浸濡计划"（Global Immersion Programme，GIP），旨在培养全球化的领袖人才，提升学校国际化水平。依靠政府牵头和自身外联，南洋理工大学目前已与麻省理工学院、斯坦福大学、伦敦帝国学院等200多所国际知名高校合作，学

生通过在美国、中国、印度和欧洲等地著名高校学习或工作一年，拓宽视野并获得国际化经验。南洋科技创业中心的课程设计突出体验式教学的特点，采用案例分析、拓展训练、角色模拟、分组讨论、计算机模拟实战、企业课堂、制定商业计划、模拟融资和迷你论坛等手段，将学生直接导入创业环境。为学生打造多平台、多渠道、多视角的实践训练机会，促使其自主思考创业项目并尝试运作，创业成果与课业成绩挂钩，实现了理论学习与模拟实践相结合，让学生吸收创新理念，掌握创业技能，培养团队协作能力，提高逆商指数。

（二）科技成果的转化

NTUitive 是南洋理工大学技术转移中心，服务于南洋理工大学师生和校友的创业项目的落地、新加坡学生在企业的实习以及校企间产学研合作项目的对接。NTUitive 为创业者提供探索创意发明的平台和知识产权保护，提供技术商业化策略，为项目孵化提供支持和资助，引领创新创业教育，提高创业成功率，有效扩大南洋理工大学的影响力。

1. NTUitive 的组织架构与分工

NTUitive 实行董事会制度，董事会成员包括新加坡前议员、著名企业家、大学校长、律师等，执行总裁负责，全面谋划和管理南洋理工大学知识产权、大学与产业的互动、孵化和培育创业者和初创企业的各种方案。NTUitive 的专业团队汇集技术研发、知识产权、金融业务、成果产业化、创立企业以及法律和商业方面的顶尖人才，为各知识领域及广泛跨行业领域的创新创业提供支持。NTUitive 的导师团队专业背景强、行业阅历深，并且坚持严格的保密承诺，致力于指导年轻企业家和初创企业发展。其中有股权融资、并购和私募融资方面的专家，擅长公司法和技术转让的执业律师，IT、移动通信、互联网行业的资深顾问，专注于科技创业和投资咨询的专家。

2. 知识产权保护与技术商业化策略

在发明信息披露方面，教师及发明人向公司提交其技术发明信息后，NTUitive 即组织开展一系列服务：指定一个文件编号记录该发明创造、涉及的发明人、合作各方以及其他公开信息和出版物等；分配一个特定的知识产权案件审理官负责评估管理；分配一个独立的技术开发人员协助商业化。在知识产权评估管理方面，由审理官与发明人共同对发明的专利性、可行性、新颖性、潜在的应用及市场等进行初步评价后，提交公司的专利委员会决定其知识产权战略。同时，选择熟悉本领域的专利律师一起编写和审查专利申请，向专利局提交。专利使用效益扣除特权使用费外，在公司的财政年度结束后，按照发明人占 50%、发明人的部门占 25%、NTUitive 占 25% 的比例进行分配。在技术的商业化方面，由公司技术开发人员制定商业化战略，可用一年的时间通过市场调研、商业谈判、行业拨款申请、灵活融资等措施推进技术产业化。在申请国家研究基金资助方面，公司随时接受申请人提出资助申请并进行初步讨论，验证其技术价值是否满足行业需求，进而协助拟定申请文书。

3. 为项目孵化提供支持和资助

在孵化支持方面，NTUitive 实施校园创业计划，这种融合了体验式学习辅导与项目孵化于一体的支撑网络，帮助有志创业的学生应对初创时期的种种挑战。学生还可以参加公司加速器孵化计划（NAP），由多个专业领域的导师指导他们树立经营理念、组织客户开发架构和行业最佳实践研讨会等，能够让创业者在公司形成之前完成自己的市场研究、企业战略和拨款申请等。在资助计划上，NTUitive为学生创业和初创企业提供以下资助：① 社区行动创业资助计划，面向具有竞争优势的、可持续且有独特卖点、有显著市场潜力的项目；② MDA微型资助计划，面向有创意的、新颖的、具有大范围影响潜力的发展交互式数字媒体项目；③ 国家研究基金多学科资助计划，鼓励教职工和学生将其创意发展成一个企业或产品组合。

4. 构建创业生态系统

创新生态系统主要包括以下要素，协同促进创新创业教育的发展：

（1）创新中心。10 500m² 的创新中心是NTUitive的核心区域和实施创业创新战略的中枢，服务于新加坡特别是南洋理工大学师生和校友的创业项目在国内的落地、新加坡学生在国内企业的实习以及校企间产学研合作项目的对接，提升新加坡以及南洋理工大学在中国的合作和影响力。项目入驻创业空间后NTUitive开启全方位的服务，如量身定制企业培育和培养辅导方案、个人和公司的工作空间以及网络系统、教育和社会交流空间、共享办公资源等。

（2）联合合作空间。NTUitive是新加坡研发中枢——纬壹科技城的一部分，拥有超过近500m²的协作空间。生物医学科学、信息通信、传媒、电子和工程等多个行业的初创企业在其中形成一个社区，共享知识并进行协作。

（3）开放式创新实验室。为创业者提供探索创意和发明的平台，同时提供机械和电子技术研讨会的基础设施，定期开展培训活动。

（4）咖啡馆。由学生经营管理和服务，咖啡厅和会议场所每天开放，旨在满足创新创业者多方面的社交需求，创意思想相互启发激荡，形成更加成熟的思路、方案和项目。

（5）职业理想调查。NTUitive自2010年起每年对学生开展创业、专业就业和领导事业领域的职业理想调查，了解学生的意图、动机、成果和心理，为更好地设计创业培训、把握主流专业以及有针对性地加强领导和管理能力教育提供依据。

（6）全球创业观察。作为全球最大的持续创业动力研究项目，NTUitive开展了对56个国家的国家级创业活动的评估，从宏观层面探讨创业活动在国家经济增长中的作用，从微观层面探讨国民的企业管理行为。

（7）世界企业家论坛。由南洋理工大学和里昂高等商业学院于2008年联合创立，旨在促进企业家精神在全球传播，引领创新创业教育，并通过更深层次战略合作扩大南洋理工大学的影响力。

（8）海外创业计划。遴选学生到伦敦帝国学院、清华大学、北京大学、复旦大学、上海交通大学等顶尖高校的初创社区开展一年创业实习，提升他们作为未来企业家所需要的创业思维、国际化视野和多元文化交流能力。

习　题

1. _____最早提出开展创业教育的国家。

   A. 德国　　　　　　B. 美国　　　　　　C. 中国　　　　　　D. 英国

   参考答案：B

2. _____是全美范围内较早创设创业教育的高校。

   A. 斯坦福大学　　　B. 哈佛大学　　　　C. 耶鲁大学　　　　D. 牛津大学

   参考答案：A

3. 欧盟创新创业教育为典型的_____模式。

   A. 政府驱动　　　　B. 高校驱动　　　　C. 社会驱动　　　　D. 企业驱动

   参考答案：A

4. 斯坦福大学独特的创业教育特色，包括_____和_____。

   参考答案：重视应用导向　　产学研结合

5. 2006年末，欧盟理事会发布《关于终身学习所要求的关键技能建议》，将_____与_____作为八大终身学习建议之一，并且重新梳理欧盟高校创业联盟的发展内容。

   参考答案：创业精神　　创新意识

6. 新加坡政府为了促进创新创业教育成果转化，制定了《知识产权法》，在此基础上开展_____和_____。

   参考答案：智慧国家计划　　创业准入计划

7. 请简述欧盟创新创业教育的措施。

8. 请简述新加坡开展创新创业教育的特点。

第二章
创新创业政策与大赛

创新创业政策是各级政府为促进创新创业，鼓励新企业成立和发展的政策与支持策略。创新创业政策可以为创业企业提供资源和政策的支持，从而提升企业生存和成长的能力，抵御外部风险带来的不确定性。具体而言，创新创业政策分为国家创新创业政策和地方创新创业政策，到了大学层面，不同大学同样为大学生的创新创业提供了促进创业的积极环境。

第一节 国家创新创业政策

一、国家创新创业政策背景

（一）改革开放以后政策背景

改革开放后，中国一直维系着快速的经济增长。截至 2010 年，中国 GDP 已经成功超越日本，成为世界第二大经济大国。然而，要维持中国经济的快速和健康增长，就必须调整传统产业结构，转变经济发展方式。调整产业结构，转变经济发展方式的核心在于提升中国企业的竞争力，而提升中国企业竞争力的关键在于激发创新与创业，这已经成为全社会的共识。因此，创新创业教育在我国受到了全社会的支持与关注。

自 2005 年以来，我国领导人多次强调转变经济发展方式的重要性，明确提出创新创业人才的重要性和创新创业教育的战略性意义。从中央到地方，各级政府和相关部门出台了多项支持创新创业的政策。实际上，创新创业教育最早源自 1989 年联合国教科文组织召开的"面向 21 世纪教育国际研讨会"，该会议提出创业教育是以培养创新创业精神和能力为核心的一种教育模式。2005 年，国务院针对我国劳动力处于并将长期处于供大于求这一格局发布了《关于进一步加强就业再就业工作的通知》，初次提到了通过创新创业带动就业倍增的想法。

2006 年，社会保障部为了缓解应届毕业生的就业压力，与中国人民银行、财政部联合发布了《关于改进和完善小额担保贷款政策的通知》，意在通过建设信用社区为创新创业活动提供健康的金融环境。该通知明确规定了大学生到基层创新创业的贷款政策。同时，中共中央办公厅和国务院办公厅联合提出了《关于引导和鼓励高校毕业生面向基层就业的意见》，对高校毕业生创新创业的登记规则、免交的收费项目以及优惠政策等作出了明确的规定。

同年，财政部和国家发展改革委员会联合发布了《关于对从事个体经营的下岗失业人员和高校毕业生实行收费优惠政策的通知》，在财政方面为大学生创新创业提供了进一步的优惠政策。2007年，为了促进创新创业，以及鼓励创新创业投资企业对中小型高新技术企业的投资，财政部和国家税务总局联合发布了《关于促进创业投资企业发展有关税收政策的通知》，在税收方面为创新创业投资企业提供了优惠政策。

（二）党的十七大以来政策背景

党的十七大以来，政府对创新创业的支持力度进一步加大。2008年，为了贯彻落实党的十七大作出的"实施扩大就业的发展战略，促进以创新创业带动就业"的总体部署，国务院又提出了《关于促进以创业带动就业工作的指导意见》，从政策和环境两个方面进一步为创新创业活动提供了支持。

放宽市场准入。加快清理和消除阻碍创业的各种行业性、地区性、经营性壁垒。法律、法规未禁止的行业和领域向各类创业主体开放，国家有限制条件和标准的行业和领域平等对待各类创业主体。在法律、法规规定许可的范围内，对初创企业，可按照行业特点，合理设置资金、人员等准入条件，并允许注册资金分期到位。按照法律、法规规定的条件、程序和合同约定允许创业者将家庭住所、租借房、临时商业用房等作为创业经营场所。扩大政府采购范围，制定促进小企业发展的政府采购优惠政策。各地区、各有关部门可根据实际情况，适当放宽高校毕业生、失业人员以及返乡农民工创业的市场准入条件。

改善行政管理。全面实行收费公示制度和企业交费登记卡制度，禁止任何部门、单位和个人干预创业企业的正常经营，严格制止乱收费、乱摊派、乱罚款、乱检查、乱培训行为。进一步清理和规范涉及创业的行政审批事项，简化立项、审批和办证手续，公布各项行政审批、核准、备案事项和办事指南，推行联合审批、一站式服务、限时办结和承诺服务等，开辟创业"绿色通道"。依法保护创业者的合法私有财产，对严重侵犯创业者或其所创办实体合法权益的违法行为，有关部门要依法查处。对创业者提出的行政复议申请，政府部门要及时受理，公平对待，限时答复。登记失业人员、残疾人、退役士兵，以及毕业2年以内的普通高校毕业生从事个体经营的，要按有关规定，自其在工商部门首次注册登记之日起3年内，免收管理类、登记类和证照类等有关行政事业性收费。

强化政策扶持。全面落实有利于劳动者创业的税收优惠、小额担保贷款、资金补贴、场地安排等扶持政策，促进中小企业和个体私营等非公有制经济发展，扶持劳动者创业。从实际出发，建立健全促进以创业带动就业的政策措施，细化操作办法。多渠道筹集安排资金，支持以创业带动就业工作的展开。要针对经营成本上升以及政策和市场环境变化的情况，兼顾行业稳定发展和结构调整升级，积极采取有效措施，扶持、保护创业企业的生存和发展，鼓励创业企业扩大就业规模。对农民工返乡创业的，劳务输出地区要积极探索完善相关扶持政策。

拓宽融资渠道。积极推动金融产品和金融服务创新，支持推动以创业带动就业。积极探索抵押担保方式创新，对于符合国家政策规定、有利于促进创业带动就业的项目，鼓励金融机构积极提供融资支持。全面落实小额担保贷款政策，创新管理模式，提高贷款服务的质量和效率，并进一步加大对符合条件的劳动密集型小企业的支持力度。鼓励和支持发展适合农村需求特点的多种所有制金融组织，创新农村贷款担保模式，积极做好对农民工返乡创业的金融服务。建立健全创业投资机制，鼓励利用外资和国内社会资本投资创业企业，有条件的地区可设立各种形式的创业投资引导基金，引导和促进创业投资企业的设立与发展。

加大培训力度。建立满足城乡各类劳动者创业的创业培训体系，扩大创业培训范围，逐步将所有有创业愿望和培训需求的劳动者纳入创业培训。加强普通高校和职业学校的创业课程设置和师资配备，开展创业培训和创业实训。落实职业培训补贴政策，对参加创业培训的创业者，按有关政策规定，给予职业培训补贴。对领取失业保险金人员参加创业培训的，其按规定享受的职业培训补贴由失业保险基金开支。

提高培训质量。从规范培训标准、提高师资水平、完善培训模式等方面入手，不断提高创业培训的质量。定期组织开展教师培训进修、研讨交流活动，加强师资力量的培养和配备，提高教育水平。采用案例剖析、知识讲座、企业家现身说法等多种方式，增强创业培训的针对性和实用性。根据不同群体的不同需求，开发推广创业培训技术，不断提高创业成功率。

建立孵化基地。地方各级人民政府要统筹安排劳动者创业所需的生产经营场地，搞好基础设施及配套建设，优先保障创业场地。可在土地利用总体规划确定的城镇建设用地范围内，或利用原有经批准的经济技术开发区、工业园区、高新技术园区、大学科技园区、小企业孵化园等建设创业孵化基地，为进入基地的小企业提供有效的培训指导服务和一定期限的政策扶持，增强创业企业的经营管理和市场竞争能力，提高创业稳定率。

健全服务组织。依托公共就业服务体系，健全创业指导服务组织，开发创业指导技术，完善创业服务功能，提高创业服务效率，承担创业带动就业工作的组织、服务和实施责任。充分发挥中小企业服务机构、高校毕业生就业指导机构和各类创业咨询服务机构的作用，共同做好创业带动就业工作。推动创业咨询服务工作的开展，建立由企业家、创业成功人士、专家学者及政府工作人员共同组成的创业服务专家队伍，逐步形成创业服务指导专兼职队伍。

完善服务内容。根据城乡创业者的需求，组织开展项目开发、方案设计、风险评估、开业指导、融资服务、跟踪扶持等"一条龙"创业服务，建立创业信息、政策发布平台，搭建创业者交流互助的有效渠道。建立政府支持并监管、企业与个人开发、市场运作的创业项目评估和推介制度，建立创业项目资源库，形成有效采集和定期发布制度。通过上门服务、集中服务、电话服务等多种形式，为创业者提供个性化、专业化的开业指导和咨询服务。建立创业者信息管理服务系统，设立创业服务热线，接受创业者的咨询和投诉，提供及时有效的后续服务和跟踪指导，注重对创业失败者的指导和服务，帮助他们重树信心，再创新业。

　　提供用工服务。为创业者、新创办企业及其所吸纳的员工提供公共就业服务。指导创业企业结合生产经营需要，落实职工教育经费，做好职工的岗前培训和在职培训。组织各类培训机构按照用工需求开展定向、订单培训，为创业企业提供合适人才。对参加职业技能培训的符合条件人员，按规定给予相应的职业培训补贴和职业技能鉴定补贴。推进社会保障制度和户籍制度改革，加强社会诚信体系建设和社会治安综合治理，为创业者及其招聘的劳动者提供社会保障、人事管理、教育培训、职称评定等方面的政策便利，吸引人才去新创办企业工作，扩大创业带动就业的规模。

二、国家创新创业政策演进

（一）国务院政策演进

　　2015年，国务院制定了一系列全面深化高校创新创业教育改革的文件。5月，国务院《关于深化高等学校创新创业教育改革的实施意见》（以下简称《意见》）提出，"到2020年建立健全课堂教学、自主学习、结合实践、指导帮扶、文化引领融为一体的高校创新创业教育体系，人才培养质量显著提升，学生的创新精神、创业意识和创新创业能力明显增强，投身创业实践的学生显著增加。"

　　同时，该意见对深化高等学校创新创业教育改革的人才培养标准、人才培养机制、创业课程体系、教学方法和考核方式、创新创业实践等方面做了明确的要求。《意见》明确提出"创新体制机制，实现创业便利化。优化财税政策，强化创业扶持。搞活金融市场，实现便捷融资。扩大创业投资，支持创业起步成长。发展创业服务，构建创业生态。建设创业创新平台，增强支撑作用。激发创造活力，发展创新型创业。拓展城乡创业渠道，实现创业带动就业。加强统筹协调，完善协同机制。"

　　在"创新体制机制，实现创业便利化中"，《意见》提出健全创业人才培养与流动机制。把创业精神培育和创业素质教育纳入国民教育体系，实现全社会创业教育和培训制度化、体系化。加快完善创业课程设置，加强创业实训体系建设。加强创业创新知识普及教育，使大众创业、万众创新深入人心。

　　在"优化财税政策，强化创业扶持"中，《意见》提出完善普惠性税收措施。落实扶持小微企业发展的各项税收优惠政策。落实科技企业孵化器、大学科技园、研发费用加计扣除、固定资产加速折旧等税收优惠政策。对符合条件的众创空间等新型孵化机构适用科技企业孵化器税收优惠政策。按照税制改革方向和要求，对包括天使投资在内的投向种子期、初创期等创新活动的投资，统筹研究相关税收支持政策。

　　此外，《意见》中"建设创业创新平台，增强支撑作用"明确提出打造创业创新公共平台。加强创业创新信息资源整合，建立创业政策集中发布平台，完善专业化、网络化服务体系，增强创业创新信息透明度。鼓励开展各类公益讲坛、创业论坛、创业培训等活动，丰富创业平台形式和内容。支持各类创业创新大赛，定期办好中国创新创业大赛、中国农业科技创新创业大赛和创新挑战大赛等赛事。加强和完善中小企业公共服务平台网络建设。"激发创造活力，发展创新型创业"指出支持大学生创业。深入实施大学生创业引领计划，整合发展高校毕业生就业创业基金。引导和鼓励高校统筹资源，抓紧落实大学生创业指导服务机构、人员、场地、经费等。引导和鼓励成功创业者、知名企业家、天使和创业投资人、专家学者等担任兼职创业导师，提供包括创业方案、创业渠道等创业辅导。建立健全弹性学制管理办法，支持大学生保留学籍休学创业。

（二）各部委政策演进

2010年，制定了我国高校创新创业教育的专门性政策。教育部颁布的《教育部关于大力推进高等学校创新创业教育和大学生自主创业工作的意见》中首次用"创新创业教育"替代"创业教育"。该意见提出，"创新创业教育是适应经济社会和国家发展战略需要而产生的一种教学理念与模式。"具体而言，"创新创业教育要在专业教育基础上，以转变教育思想、更新教育观念为先导，以提升学生的社会责任感、创新精神、创业意识和创业能力为核心，以改革人才培养模式和课程体系为重点，大力推进高等学校创新创业教育工作，不断提高人才培养质量。"在这个政策文件的指导下，高校的创新创业教育进入了新的发展阶段。

2012年8月，教育部印发的《普通本科学校创业教育教学基本要求（试行）》（以下简称《要求》）对普通本科学校创业教育的教学目标、教学原则、教学内容、教学方法和教学组织作出了明确规定。同时，该要求还制定了"创业基础"的教学大纲，标志着高校创业教育课程与教学走向了规范化。

在"课程性质与教学目标"中，《要求》提出"创业基础"是面向全体高校学生开展创业教育的核心课程，要纳入学校教学计划，不少于32学时、不低于2学分。通过"创业基础"课程教学，应该在教授创业知识、锻炼创业能力和培养创业精神等方面达到以下目标：使学生掌握开展创业活动所需要的基本知识，使学生具备必要的创业能力，使学生树立科学的创业观。

在"课程要求与教学方法"中，《要求》提出"创业基础"是一门理论性、政策性、科学性和实践性很强的课程。要遵循教育教学规律，坚持理论讲授与案例分析相结合、小组讨论与角色体验相结合、经验传授与创业实践相结合，把知识传授、思想碰撞和实践体验有机统一起来，调动学生学习的积极性、主动性和创造性，不断提高教学质量和水平。

在"课程内容与教学要点"中，《要求》提出创业、创业精神与人生发展。通过本部分教学，使学生了解创业的概念、创业与创业精神的关系、创业与人生发展的关系，以及创业和创业精神在当今时代背景下的意义和价值，正确认识并理性对待创业。创业者与创业团队，通过本部分教学，使学生形成对创业者的理性认识，纠正神化创业者的片面认识，了解创业者应具备的基本素质，认识创业团队的重要性，掌握组建和管理创业团队的基本方法。创业机会与创业风险，通过本部分教学，使学生了解创业机会及其识别要素，了解创业风险类型以及如何防范风险，了解由创业机会开发商业模式的过程，掌握商业模式设计策略和技巧。

此外，创业资源，通过本部分教学，使学生了解创业过程中的资源需求和资源获取方法，特别是创造性整合资源的途径，认识创业资金筹募渠道和风险，掌握创业资源管理的技巧和策略。创业计划，通过本部分教学，使学生认识创业计划的作用，了解创业计划的基本结构、编写过程和所需信息等，掌握创业计划书的撰写方法。新企业的开办，通过本部分教学，使学生对企业本质、建立企业流程、新企业成立相关的法律问题和新企业风险管理等有所了解，进而认识到创办企业所必须关注的问题。

第二节　大学创新创业环境

一、大学创新创业环境背景

（一）首批深化改革示范高校

1998年，清华大学举办首届清华大学创业计划大赛，成为第一所将大学生创业计划竞赛引入亚洲的高校。2002年，高校创业教育在我国正式启动，教育部将清华大学、中国人民大学、北京航空航天大学、上海交通大学、西安交通大学、武汉大学、黑龙江大学、南京财经大学、西北工业大学等9所院校确定为开展创业教育的试点院校。2016年4月，国务院常务会议决定建设一批大众创业万众创新示范基地，推动双创迈向更高层次和水平。其中，清华大学、上海交通大学、南京大学、四川大学4所高校入选高校示范基地，承担着完善创业人才培养和流动机制、加速科技成果转化、构建大学生创业支持体系、建立健全双创支撑服务体系的重要任务。

2017年6月，建设第二批大众创业万众创新示范基地。增加了北京大学、河北农业大学、吉林大学、哈尔滨工业大学、复旦大学、上海科技大学、南京理工大学、南京工业职业技术学院、浙江大学、山东大学、武汉大学、华中科技大学、中南大学、华南理工大学、西安电子科技大学等15所高校，共计19所高校。

2017年1月，认定北京大学、清华大学、复旦大学、浙江大学等99所高校为"全国首批深化创新创业教育改革示范高校"。

（二）第二批深化改革示范高校

2017年6月，认定中国人民大学、南开大学、中山大学等101所高校为"全国第二批深化创新创业教育改革示范高校"。"全国高校实践育人创新创业基地"由教育部、人力资源和社会保障部（简称人社部）、国务院国有资产监督管理委员会（简称国资委）等三部委联合授牌。根据牵头部门的不同，基地分为地方政府主导型、行业企业主导型、高等学校主导型、基层社区主导型四种类型。2015年以来，先后出现了北京大学、清华大学、中国人民大学、中国农业大学等近130所高校主导型创新创业基地。

在全国创新创业典型经验高校中，2016年，中央所属高等学校有19所，分别是北京大学、清华大学、中国人民大学、北京交通大学、天津大学、大连理工大学、吉林大学、哈尔滨工业大学、复旦大学、上海交通大学、上海财经大学、南京大学、南京理工大学、中国矿业大学、浙江大学、武汉大学、中南大学、西南交通大学、电子科技大学；2017年，中央所属13所高等学校再次加入，分别是北京航空航天大学、北京理工大学、哈尔滨工程大学、同济大学、东南大学、江南大学、山东大学、武汉理工大学、湖南大学、暨南大学、四川大学、西南民族大学、西安交通大学；2018年，中央所属9所高等学校再次加入，包括北京化工大学、中国农业大学、东北大学、东华大学、南京航空航天大学、合肥工业大学、华中科技大学、华中师范大学、华南理工大学。

纵观我国大学创新创业环境背景，具有以下特点。

（1）建基地树立样板。教育部会同国家发改委建设了19个高校双创示范基地，建设了200所深化创新创业教育改革示范高校，中央财政共支持8.8亿元人民币打造创新创业教育改革的示范区，以改革标杆示范引领高校创新创业教育改革走向深入。

（2）定标准提高质量。教育部专门发布了本科专业类教学质量国家标准，明确了各专业类创新创业教育目标要求及课程要求，高校创新创业教育改革工作有了工作指南。

（3）抓课程巩固根基。着力打造创新创业教育线上线下"金课"，目前全国累计开设2.8万余门课程，各示范高校开设2 800余门线上线下课程，选课人数近630万人次。与此同时，依托国家级精品在线开放课程建设，推出了52门创新创业教育精品课，创新创业教育课程体系不断健全。

（4）强师资优化结构。推动高校聘请各行业优秀人才担任创新创业教育专兼职教师，目前全国高校创新创业教育专职教师近2.8万人、兼职导师9.3万人。组建了全国万名优秀创新创业导师人才库，首批入库4 492位导师。分年度举办创新创业教育师资培训班，整体提高教师创新创业教育水平。

（5）推政策释放活力。全面实施弹性学制，支持学生创新创业。建立了创新创业学分积累与转化制度、在线开放课程学习认证和学分认定制度，大大激发了大学生创新创业的活力。

（6）强实践锻炼能力。深入实施"国家级大学生创新创业训练计划"，倡导以学生为主体开展创新性实践。2019年，118所部属高校、932所地方高校3.84万个项目立项，参与学生人数达到16.1万人，项目经费达到5.9亿元，有效地提升了大学生的创新创业实践能力。

二、大学创新创业典型高校

（一）上海交通大学

上海交通大学开始研究生创业教育较早。在创业课程方面，上海交通大学较早开设创业课程。除了日常的专业课老师，学校还专门聘请校外的创业校友、创业名家担任创业导师，以亲身的实践经验讲述现实的创业历程，深度剖析行业发展脉络，加深研究生对创业概念和规律的理解。

此外，还积极聘用创业导师，侧重于分享创业的经历，讲述创业挫折的克服以及创业过程中研究生创业心理的调试与疏导。在创投导师方面，上海交通大学侧重于总结凝练行业领域中的创业规律。创投导师本身未必有创业经历，但是他们往往在创业项目投资过程中深度把脉某行业或某几个行业，掌握了企业的运作规律，这些都是研究生创业教育中的生动素材，增强了创业教学的实战性。

同时，积极开展创业见习，"零距离"接触创业企业，帮助学生夯实并拓展创业课堂的教学内容。研究生获得不少于两周的创业见习岗位锻炼，见习期间接受经验丰富的实战派创业导师专项指导，为自己今后走向成功创业积累良好的基础；还同时获得企业实习补贴与学校的创业基金支持。2016年，上海交通大学首次尝试开展创业见习，饿了么、触宝科技、百姓网、小红书、拍拍贷、助理来也、轻轻家教、远播教育集团、凹凸共享租车等大批优秀创业企业汇聚，提供近400个创业见习岗位。

最后，构建微信公众号"创业YUAN"，基于新媒体技术助力深化创业教育。

"创业YUAN"是一款集孵化政策、融资渠道、创业导师、创投导师四位一体的创业指导平台。平台提供的服务主要为导师资讯、创业资金申请、政策扶持，向在校师生和社会人士免费开放。这款软件可应用于学校的创业教学，使研究生在课堂上就能模拟创业情境，在公众号上模拟初创企业找人、找钱、找场地等创业情境，有助于提升研究生个体创业能力。

（二）浙江大学

浙江大学创新创业教育的开设起步较早。学校从1999年开始就把创新创业教育作为教育教学改革的重要突破口，在浙江大学竺可桢学院设立创新与创业教育强化班。这样一个标志性项目，在全校构建了面向本科优秀学生的未来企业级培育工程，20年来已经培养了1 000余名学生，尤其这个班毕业的学生，学生毕业5年以后，平均创业率高于20%。2006年，浙江大学获批全国首个也是唯一的创业管理二级学科的博士学位授权点，创办了创业管理本科精英班、创业管理联培硕士项目、中法双学位创新管理班等，包括联合国教科文组织创业教育教席（2010）也设在浙江大学。

浙江大学还形成了多主体协同创新的师生创新创业生态。2015年，整合组建新的工业技术转化研究院，完善了"原始创新、技术研发和成果产业及科技型创业公司孵化"一体化、全链条、网格化的成果转化体系；2017年，浙江大学校内成立创新创业学院，构建了从意识激发、技能培训、项目优化、融资对接到孵化落地的全链条创新创业教育体系；2017年11月，成立浙江大学校友企业总部经济园，构建了一个以汇聚全球浙江大学校友创新发展意愿为重点的创新平台。

此外，浙江大学拥有有效整合校内校外创新创业资源。依托丰富的校友资源，聘请了100余位上市公司创始人等知名企业家校友担任创业导师，每年举办校友创业大赛。促进科教融合，将科技成果转化与创新创业课程教育有机结合起来，助推创新创业教育成果落地，促进四个课堂有机融通。

第三节　大学生创新创业大赛

一、大学生创新创业大赛的简介

（一）大学生创新创业大赛的源起、时间

大学生创新创业大赛一般指的是各级各类的大学生创新创业训练计划项目。

1. 背景

大学生创新创业训练计划项目最开始是在《教育部财政部关于"十二五"期间实施高等学校本科教学质量与教学改革工程的意见》(教高 20116 号)中出现,以及《教育部关于批准实施"十二五"期间"高等学校本科教学质量与教学改革工程"2012 年建设项目的通知》(教高函 20122 号)提出,自 2012 年起到 2020 年陆续批准北京大学等 109 所高校实施 16 300 个大学生创新创业训练计划。

2. 目的

希望通过实施国家级大学生创新创业训练计划项目,促进高等学校转变教育思想观念,改革人才培养模式,强化创新创业能力训练,增强高校学生的创新能力和在创新基础上的创业能力,培养适应创新型国家建设需要的高水平创新人才。

3. 申报时间

大学生创新创业大赛的申报时间为每年的 4—5 月。

(二)大学生创新创业大赛的形式内容

1. 创新训练项目

本科生个体或团队,在导师指导下,自主完成创新性研究项目设计、研究条件准备和项目实施、研究报告撰写、成果(学术)交流等工作。

2. 创业实践项目

学生团队在学校导师和企业导师共同指导下,采用前期创新训练项目(或创新性实验)的成果,提出一项具有市场前景的创新性产品或者服务,以此为基础开展创业实践活动。

本科生团队,在导师指导下,团队中每个学生在项目实施过程中扮演一个或多个具体的角色,通过编制商业计划书、开展可行性研究、模拟企业运行、参加企业实践、撰写创业报告等工作。

二、著名大学生创新创业大赛

(一)中国"互联网+"大学生创新创业大赛——以第六届大学生创新创业大赛为例

以 2020 年 6—11 月举办的第六届中国国际"互联网+"大学生创新创业大赛"为例,为全面落实习近平总书记给中国"互联网+"大学生创新创业大赛"青年红色筑梦之旅"大学生的重要回信精神,深入推进大众创业万众创新,引领创新创业教育国际交流合作,加快培养创新创业人才,促进创新驱动创业、创业引领就业。

1. 大赛主题

大学生创新创业大赛的主题是"我敢闯、我会创"。

2. 大赛目的与任务

(1)以赛促学,培养创新创业生力军。大赛旨在激发学生的创造力,激励广大青年扎根中国大地了解国情民情,锤炼意志品质,开拓国际视野,在创新创业中增长智慧才干,把激昂的青春梦融入伟大的中国梦,努力成长为德才兼备的有为人才。

(2)以赛促教,探索素质教育新途径。把大赛作为深化创新创业教育改革的重要抓手,引导各类学校主动服务国家战略和区域发展,深化人才培养综合改革,全面推进素质教育,切实提高学生的创新精神、创业意识和创新创业能力。推动人才培养范式深刻变革,形成新的人才质量观、教学质量观、质量文化观。

(3) 以赛促创,搭建成果转化新平台。推动赛事成果转化和产学研用紧密结合,促进"互联网+"新业态形成,服务经济高质量发展,努力形成高校毕业生更高质量创业就业的新局面。

3. 大赛总体安排

第六届大学生创新创业大赛力争做到"五个更":一是更国际。立足粤港澳大湾区,融入全球创新创业浪潮,汇聚世界一流大学,打造同场竞技、相互促进、人文交流的国际大平台。二是更教育。深化创新创业教育改革,构建德智体美劳"五育平台",培养学生敢闯的素质、会创的能力;助力脱贫攻坚,提升学生社会责任感和担当精神。三是更全面。做强高教、国际、职教、萌芽各板块,探索形成各学段有机衔接的创新创业教育链条,实现区域、学校、学生类型全覆盖。四是更创新。广泛开展大学生创新活动,助推科研成果转化应用,服务国家创新发展。五是更中国。以大赛为载体,推出创新创业教育的中国经验、中国模式,提升我国高等教育的影响力、感召力和塑造力。

第六届大学生创新创业大赛举办"1+6"系列活动。"1"是主体赛事,包括高教主赛道、"青年红色筑梦之旅"赛道、职教赛道、萌芽赛道。"6"是6项同期活动,包括"智闯未来"青年红色筑梦之旅活动、"智创未来"全球创新创业成果展、"智绘未来"世界湾区高等教育峰会、"智联未来"全球独角兽企业尖峰论坛、"智享未来"全球青年学术大咖面对面、"智投未来"投融资竞标会

4. 组织机构

大赛由教育部、中央统战部、中央网络安全和信息化委员会办公室、国家发展改革委员会(简称发改委)、工业和信息化部、人力资源和社会保障部、农业农村部、中国科学院、中国工程院、国家知识产权局、国务院扶贫开发领导小组办公室、共青团中央和广东省人民政府共同主办,华南理工大学、广州市人民政府和深圳市人民政府承办。

大赛设立组织委员会(简称大赛组委会),由时任教育部部长陈宝生和广东省省长马兴瑞担任主任,教育部副部长钟登华和广东省副省长覃伟中担任副主任,教育部高教司司长吴岩担任秘书长,有关部门(单位)负责人作为成员,负责大赛的组织实施。

大赛设立专家委员会,由中国工程院原常务副院长潘云鹤担任主任、国家知识产权局原局长田力普担任副主任,行业企业、投资机构、创业孵化机构、大学科技园、公益组织、高校和科研院所专家作为成员,负责参赛项目的评审工作,指导大学生创新创业。

大赛设立纪律与监督委员会,对大赛组织评审工作、协办单位相关工作进行监督,对违反大赛纪律的行为予以处理。

大赛总决赛由中国建设银行冠名支持,各地教育部门积极争取中国建设银行分支机构对省赛的赞助支持。大赛由相关组织参与协办。

各省(区、市)和新疆生产建设兵团根据实际成立相应的机构,开展本地初赛和复赛的组织实施、项目评审和推荐等工作。

5. 参赛项目要求

（1）参赛项目能够将移动互联网、云计算、大数据、人工智能、物联网、下一代通信技术、区块链等新一代信息技术与经济社会各领域紧密结合，服务新型基础设施建设，培育新产品、新服务、新业态、新模式；发挥互联网在促进产业升级以及信息化和工业化深度融合中的作用，服务新型基础设施建设，促进制造业、农业、能源、环保等产业转型升级；发挥互联网在社会服务中的作用，创新网络化服务模式，促进互联网与教育、医疗、交通、金融、消费生活等深度融合。

（2）参赛项目必须真实、健康、合法，无任何不良信息，项目立意应弘扬正能量，践行社会主义核心价值观。参赛项目不得侵犯他人知识产权；所涉及的发明创造、专利技术、资源等必须拥有清晰合法的知识产权或物权；抄袭、盗用、提供虚假材料或违反相关法律法规一经发现即刻丧失参赛相关权利并自负一切法律责任。

（3）参赛项目涉及他人知识产权的，报名提交完整的具有法律效力的所有人书面授权许可书、专利证书等；已完成工商登记注册的创业项目，报名时须提交营业执照及统一社会信用代码等相关复印件、单位概况、法定代表人情况、股权结构等。参赛项目可提供当前财务数据、已获投资情况、带动就业情况等相关证明材料。在大赛通知发布前已获投资1 000万元及以上或在2019年及之前任意一个年度的收入达到1 000万元及以上的参赛项目在全国总决赛时提供相应佐证材料。

（4）参赛项目根据各赛道相应的要求，只能选择一个符合要求的赛道参赛。已获往届中国"互联网+"大学生创新创业大赛全国总决赛各赛道金奖和银奖的项目，不可报名参加本届大赛。

（5）各省（区、市）教育厅（教委），新疆生产建设兵团教育局，各有关学校负责审核参赛对象资格。

6. 比赛赛制

（1）大赛主要采用校级初赛、省级复赛、全国总决赛三级赛制（不含萌芽赛道）。校级初赛由各校负责组织，省级复赛由各地负责组织，全国总决赛由各地按照大赛组委会确定的配额择优遴选推荐项目。大赛组委会综合考虑各地报名团队数、参赛院校数和创新创业教育工作情况等因素分配全国总决赛名额。

（2）全国共产生1 600个项目入围全国总决赛（港澳台地区参赛名额单列），其中高教主赛道1 000个（中国大陆参赛项目600个、国际参赛项目400个，中国港澳台地区参赛项目数量另定）、"青年红色筑梦之旅"赛道200个、职教赛道200个、萌芽赛道200个。

（3）高教主赛道每所高校入选全国总决赛项目总数不超过4个，"青年红色筑梦之旅"赛道、职教赛道、萌芽赛道每所院校入选全国总决赛项目各不超过2个。

7. 赛程安排

（1）参赛团队通过登录"全国大学生创业服务网"（cy.ncss.cn）或微信公众号（名称为"全国大学生创业服务网"或"中国互联网+大学生创新创业大赛"）任一方式进行报名。国际参赛项目通过全球青年创新领袖共同体促进会官网（www.pilcchina.org）进行报名（具体安排另行通知）。赛事咨询请通过"中国互联网+大学生创新创业大赛"微信公众号进行咨询，参赛团队可在"全国大学生创业服务网"（cy.ncss.cn）资料下载板块下载学生操作手册，指导报名参赛。

（2）初赛复赛（2020年6月至9月中旬）。各地各校登录 cy.ncss.cn/gl/login 进行大赛管理和信息查看。省级管理用户使用大赛组委会统一分配的账号进行登录，校级账号由各省级管理用户进行管理。初赛复赛的比赛环节、评审方式等由各校、各地自行决定。各地各校要正确研判当地的疫情形势，原则上采用线上路演的方式开展校级初赛和省级复赛，尽量减少线下同期活动，并做好相关疫情防控预案。各地各校可根据自身情况选择使用。各地在9月15日前完成省级复赛，遴选参加全国总决赛的候选项目（推荐项目应有名次排序，供全国总决赛参考）。国际参赛项目的推荐遴选工作另行安排。

（3）全国总决赛（2020年11月上旬）。大赛专家委员会对入围全国总决赛项目进行网上评审，择优选拔项目进行现场比赛，决出金奖、银奖、铜奖。

大赛组委会通过"全国大学生创业服务网"为参赛团队提供项目展示、创业指导、投资对接等服务。各项目团队可以登录"全国大学生创业服务网"查看相关信息。各地可以利用网站提供的资源，为参赛团队做好服务。华为技术有限公司为参赛团队提供多种资源支持。

8. 评审规则

登录"全国大学生创业服务网"（cy.ncss.cn）查看具体内容。

9. 大赛奖项

大赛设金奖、银奖、铜奖和各类单项奖；另设高校集体奖、省市组织奖和优秀奖。

（二）五届大学生创新创业大赛统计数据

旨在深化高等教育综合改革，激发大学生的创造力，培养造就"大众创业、万众创新"的生力军；推动赛事成果转化，促进"互联网+"新业态形成，服务经济提质增效升级；以创新引领创业、创业带动就业，推动高校毕业生更高质量创业就业。

以往五届大赛累计230万个团队，近千万名大学生参赛——数据来自教育部统计（表2-1）。

表2-1 五届大学生创新创业大赛有关数据

届次	第一届	第二届	第三届	第四届	第五届
团队/万个	5.7	12	37	64	109
参赛人数/万人	20	55	150	256	457

第一届冠军项目：浙江大学智能视力辅具及智能可穿戴近视防控设备

第二届冠军项目：西北工业大学翱翔系列微小卫星

第二届季军项目：北京大学ofo共享单车

第三届冠军项目：浙江大学杭州光珀智能科技有限公司研发的一代固态面阵激光雷达

第四届冠军项目：北京理工大学中云智车——未来商用无人车行业定义者
第五届冠军项目：清华大学交叉双旋翼复合推力尾桨无人直升机
第六届冠军项目为北京理工大学星网测通

（三）"创青春"全国大学生创业大赛

2013年11月，习近平总书记向2013年全球创业周中国站活动组委会专门致贺信，强调青年学生在创新创业中的重要作用，并指出全社会都应当重视和支持青年创新创业。

"创青春"全国大学生创业大赛是适应大学生创业发展的形势需要，在原1999年开始的"挑战杯"中国大学生创业计划竞赛的基础上，共青团中央、教育部、人力资源和社会保障部、中国科学技术协会、全国学生联合会决定，自2014年起共同组织开展"创青春"全国大学生创业大赛，每两年举办一次。

1. 大学生创业计划竞赛（"挑战杯"中国大学生创业计划竞赛）

创业计划竞赛面向高等学校在校学生，以商业计划书评审、现场答辩等作为参赛项目的主要评价内容。

2. 创业实践挑战赛

面向高等学校在校学生或毕业未满5年的毕业生，项目投入实际创业3个月以上，以经营状况、发展前景等作为参赛项目的主要评价内容。

3. 公益创业赛

面向在校本科生和研究生，以创办非营利性质社会组织的计划和实践等作为参赛项目的主要评价内容。

（四）"挑战杯"大赛

"挑战杯"大赛有两个赛事："挑战杯"中国大学生课外科技学术作品竞赛（简称"大挑"）；"挑战杯"中国大学生创业计划竞赛（简称"小挑"）。

2014年，"小挑"更名为"创青春"，"大挑"不变。"挑战杯"与"创青春"交替举办。

1. "挑战杯"中国大学生课外科技学术作品竞赛

目前，"挑战杯"是由共青团中央、中国科学技术协会、教育部和全国学生联合会共同主办的全国性大学生课外学术实践竞赛，目前"挑战杯"已有长足的进展。

（1）吸引广大高校学生共同参与的科技盛会。从最初的19所高校发起，发展到1 000多所高校参与；从300多人的小擂台发展到200多万大学生的竞技场，"挑战杯"竞赛在广大青年学生中的影响力和号召力显著增强。

（2）促进优秀青年人才脱颖而出的创新摇篮。竞赛获奖者中已经产生了两位长江学者出国深造。他们中的代表人物有：第二届"挑战杯"竞赛获奖者、国家科技进步一等奖获得者、中国十大杰出青年、北京中星微电子有限公司董事长邓中翰，第五届"挑战杯"竞赛获奖者、"中国杰出青年科技创新奖"获得者、中国科技大学讯飞信息科技有限公司总裁刘庆峰，第八届与第九届"挑战杯"竞赛获奖者、"中国青年五四奖章"标兵、南京航空航天大学2007级博士研究生胡铃心等。

（3）引导高校学生推动现代化建设的重要渠道。成果展示、技术转让、科技创业，让"挑战杯"竞赛从象牙塔走向社会，推动了高校科技成果向现实生产力的转化，为经济社会发展做出了积极贡献。

（4）深化高校素质教育的实践课堂。"挑战杯"已经形成了国家、省、高校三级赛制，广大高校以"挑战杯"竞赛为龙头，不断丰富活动内容，拓展工作载体，把创新教育纳入教育规划，使"挑战杯"竞赛成为大学生参与科技创新活动的重要平台。

（5）展示全体中华学子创新风采的亮丽舞台。中国香港、澳门和台湾地区众多高校积极参与竞赛，派出代表团参加观摩和展示。竞赛成为两岸四地青年学子展示创新风采的舞台，增进彼此了解、加深相互感情的重要途径。

2. "挑战杯"中国大学生创业计划竞赛

大学生创业计划竞赛起源于美国，又称商业计划竞赛，是风靡全球高校的重要赛事。它借用风险投资的运作模式，要求参赛者组成优势互补的竞赛小组，提出一项具有市场前景的技术、产品或者服务，并围绕这一技术、产品或服务，以获得风险投资为目的，完成一份完整、具体、深入的创业计划。

大学生创业计划竞赛采取学校、省（自治区、直辖市）和全国三级赛制，分预赛、复赛、决赛三个赛段进行。

大学生创业计划竞赛大力实施"科教兴国"战略，努力培养广大青年的创新、创业意识，造就一代符合未来挑战要求的高素质人才，实现中华民族伟大复兴的时代要求。作为学生科技活动的新载体，创业计划竞赛在培养复合型、创新型人才，促进高校产学研结合，推动国内风险投资体系建立方面发挥出越来越积极的作用。

（四）国际青年创新大赛（iCAN）

国际青年创新大赛是由教育部、北京大学及国际优秀创新机构共同发起的国际级创新赛事。在社会各界的支持下，国际青年创新大赛已经发展成为最具影响力和最广泛参与的创新教育实践平台之一。

1. 宗旨

增进中国和世界各国人民特别是青年之间的了解和友谊，推动青年创新热情和提升青年创新能力。大赛使用网络平台，以新的模式培养青年创新、创业、创意的意识和能力，提升青年人才及其创意的社会和商业价值。

秉承"传递 iCAN 理念、激发创新热情、点燃创业梦想"精神，以微纳米器件为代表的物联信息技术与系统工程的创新应用为目标，倡导科技创新创业服务社会、改善人类生活。

2. 大赛流程

报名、作品制作、分赛区选拔赛、全国现场总决赛、国际总决赛。主要面向从事高新技术研发、制造、服务等业务，拥有知识产权且无产权纠纷，具有成长能力和高成长力的企业开展。大赛按照初创企业和成长组进行，工商注册时间在当年 1 月 1 日之后的企业可参加初创企业组比赛，工商注册时间在该时间节点之前的企业只能参加成长组比赛。

第四节　大学生创新创业大赛案例

一、中国互联网+大学生创新创业大赛案例

（一）北京理工大学中云智车——未来商用无人车行业定义者

中云智车是一个智能汽车底盘提供商，以推动特定场景无人驾驶车辆大范围落地为目标，致力于无人驾驶车辆车规级"通用线控底盘"研发，为特定场景无人驾驶车辆用户提供通用的智能底盘平台。

"中云智车"团队多年从事赛车、电动赛车、无人驾驶汽车等赛用级车辆的整车研发工作，是国内顶级的赛车及自动驾驶整车研发团队，曾创造无数的辉煌与荣誉。

团队核心成员包括 Formula E 中国国家赛车队中唯一的中国籍工程师、WTCC 世界房车锦标赛雪佛兰车队电控系统工程师、北京理工大学方程式赛车队核心成员、北京理工大学无人驾驶赛车队核心成员等顶级人才。

倪俊团队车规级通用底盘的研发是全国首创。他们研发的系列通用底盘产品，设计上专属于无人车，在通用底盘基础上，成功开发新车型——"中云智车"无人运货车，搭载自主研发的环境感知与决策规划系统，可用于封闭园区、场区内的物流货物运输，已经在固安工业园区试运营。他们还成功开发军用无人车——200 kW 全线控军用超级无人车。

2012 年 8 月，倪俊随队携中国第一辆燃油赛车赴德国参赛。

2016 年，德国大学生方程式赛车组委会宣布举办"无人赛车"赛事讨论会。倪俊和中国汽车工程学会一起积极联系德国组委会，表示希望参与此次讨论会，能够参与国际赛事的规则制定，德方拒绝了中国的申请。被拒绝后，倪俊身为中国汽车工程学会青年工作委员会的秘书长，找到主办国内大学生方程式大赛的中国汽车工程学会，提出中国来办世界第一个无人驾驶大学生方程式汽车大赛。

在倪俊的努力和各方的支持下，2017 年"中国大学生无人驾驶方程式汽车大赛"成功举办。倪俊担任规则主要制定者及赛事运营者。为了推动大赛，他把团队研发技术全面公开分享，直接推动了中国无人方程式赛车领域的整体水平。

2018 年，无人驾驶大赛参赛高校已近 20 支。同时，北京理工大学机械与车辆学院也依托大学生机械创新创业实践中心这一北京市级平台，逐渐形成了以 Baja 越野车团队、节能车团队、大学生方程式赛车团队、特种无人车辆创新团队为核心的体系化、梯队化赛车类学生创新团队培养体系，为来自不同年级、不同学院、不同专业的学生们提供了全方位全过程的实践创新的展示舞台。

（二）北京理工大学"星网测通"

第六届中国国际"互联网+"大学生创新创业大赛总决赛冠军争夺赛在广州大学城体育中心举行，来自全球的各项目团队通过线上线下互联竞技。最终，北京理工大学的"星网测通"项目获得冠军。

来自清华大学的"高能效工业边缘 AI 芯片及应用"、厦门大学的"西人马：中国 MEMS 芯片行业领军者"项目获亚军。来自美国卡内基·梅隆大学的"智情治心"、德国慕尼黑工业大学的"机器人牙科手术辅助系统"、俄罗斯莫斯科航空航天大学的"莫航喷气背包"项目获得季军。

第六届中国国际"互联网+"大学生创新创业大赛总决赛 2021 年 11 月 17 日在广州华南理工大学拉开帷幕。大赛以"我敢闯、我会创"为主题，吸引了来自 117 个国家和地区、4 186 所学校的 147 万个项目、631 万人报名参赛，453 个项目进入总决赛。

冠军团队为北京理工大学星网测通团队。2020 年 11 月 18 日，北京理工大学"星网测通"项目团队过关斩将，一举夺得第六届中国国际"互联网+"总决赛冠军。这是继 2018 年"中云智车"项目夺冠之后，北京理工大学 3 年内第二次夺冠，成为全国唯一独捧两冠的高校。

（三）北京理工大学在"互联网+"大学生创新创业大赛的经验总结

2020 年 11 月 14 日，北京理工大学无人驾驶方程式车队在中国大学生无人驾驶方程式大赛上第三次夺得全国总冠军，成为中国唯一三次夺得该项赛事方程式系列单项组别冠军的高校。

2020 年 2 月 25 日，北京理工大学"飞鹰"队击败了 23 支国际顶级院校和研究机构的参赛队伍，在穆罕默德·本·扎耶德国际挑战赛中获得冠军。这是继 2017 年获得"无人机移动目标侦测及自主起降"项目冠军后，该团队再次夺冠。

近年来，北京理工大学青年在国内外重要赛事的成绩呈现"井喷"之势。让人们不禁好奇，这所院校学生创新团队屡屡夺冠、夺杯、夺金"秘笈"究竟是什么？

1. 创新，科教融合打造一流平台

"'星网测通'项目打破了国外对我国航天领域测量技术的严格封锁，解决了制约我国通信卫星发展的卡脖子问题。""星网测通"创始人是北京理工大学信息与电子学院 2019 级博士研究生宋哲。她曾于 2019 年荣获国家技术发明奖，是北京理工大学最年轻的国家奖完成人之一。

"此次比赛着重考核复杂背景下机器视觉、自主控制、集群协同和突防等无人智能系统前沿技术。'飞鹰'队夺冠的背后，是飞行器、计算机、导航等学科的交叉融合、创新突破，更是学校在多学科交叉大科研平台上培养高层次创新人才的有益尝试。""飞鹰"队指导教师宋韬说。

时任北京理工大学党委书记赵长禄说，"一流大学要致力于将科技创新优势转化为人才培养优势，将教师学术研究能力转化为学生创新创业能力的培育，既要体现在拔尖创新人才培养和一流原创成果产出上，又要体现在对学生整体创新精神、创新能力的塑造和提升上。"

近年来，北京理工大学瞄准国家重大战略需求和国际学科前沿，建设一流的科研平台，打造高水平科研创新团队，凝练科学问题，开展技术攻关，在着力推动前沿基础和关键领域技术创新的同时，也为拔尖创新人才培养注入了源动力。

"挑战杯""创青春"大赛冠军，人工智能、数学建模竞赛一等奖……闪亮成绩的背后，是北京理工大学学生对学科前沿技术的精准掌握和对科研关键问题的创新突破。这些都得益于学科交叉大平台育人作用的有效发挥，更得益于学校科教融合的人才培养模式的创新实践。

2. 创新，砥砺永争第一的"铁肩膀"

"我们要做，就要以第一为目标去做！"这是北京理工大学机器人"Dream Chaser"战队指导教师杨毅常说的话。2019年5月，北京理工大学斩获 ICRA 2019 RoboMaster 人工智能国际挑战赛总冠军，在比赛中，杨毅指导团队克服重重困难，将"永争第一，敢为人先"的精神展现得淋漓尽致。

回首80年的办学历程，北京理工大学曾创造了第一枚二级固体高空探测火箭、第一台电视发射接收装置等新中国科技史上多个"第一"。80年来，这种精神在教学相长间潜移默化，勉励一代代学子，在创新不辍的奋斗中，砥砺出担当大任的"铁肩膀"。

2019年获得中国"互联网+"大学生创新创业大赛总决赛冠军后，北京理工大学博士生倪俊发现"第一"俨然已经成为团队的一种习惯。

2018年，倪俊和小伙伴们带着中国第一辆大学生燃油方程式赛车赴德国参加世界大学生方程式赛车比赛。在长达半年的备赛中，团队的10余名队员连续数月调试赛车，白天在炎热的郊区测试，晚上熬夜处理技术问题。困了，就在运输赛车的货车车厢里睡上一觉；饿了，就吃点面包饼干。

然而，赛车抵达德国时，发动机却因海运受潮而损坏。面对突发挑战，倪俊和同学们没有放弃，他们在赛场旁阴冷的树林里露营了整整8天，全力修理。最终，在最后一天的耐久赛上，五星红旗第一次飘扬在世界大学生方程式赛车的赛场上。

"我们'永争第一'的信念，来源于身后的北京理工大学科研团队。老师们的榜样力量时刻影响着我们。"回忆当时的场景，倪俊说，"永不言败是北京理工大学的传统。"

3. 创新，点亮"知行合一"

"当时针走过午夜12点，一位耄耋老者和一群青年学子走出教学楼，在相伴而行的路上，还在讨论着实验中的难题。"几年前，一篇题为《在北京理工大学，有一盏灯叫"深夜十一点的4002"》的新闻特写，发表在北京理工大学新闻网上。目前，"4002的灯光"已经成为学校励志向上的代名词。

"4002的灯光"的主人公，就是北京理工大学光电创新教育实验基地创始人、80多岁高龄的张忠廉教授和他那些开展科技创新的学生们。在北京理工大学工作的63年里，他凭借自己在光电研究领域多年的积累，潜心开设创新教育课程、创建实验基地，深耕培养一流人才的创新教育事业，甘于做一盏明灯，点亮学子们"知行合一"的成长之路。

"通过引导学生的自由探索，建立融合学生兴趣与创新潜力的培养新模式，面向多个学院、不同学科、不同专业的学生混合组队，通过科学设计创新实践环节，让专业知识不仅是书本上的理论文字，更是在创新项目中需要实际运用的'真金白银'，这与我们做科学研究工作是一脉相承的。"谈起光电创新基地的教学特色，张忠廉教授心得满满。

经过多年的深耕，张忠廉带领的光电创新实践基地成了"金牌基地"，基地的学生们在"挑战杯"全国大学生课外学术科技作品竞赛、全国大学生机械创新设计大赛、全国大学生光电设计竞赛等大赛上摘金夺银。至今，已有 1 万多名学子在这里开展创新实践。

2018 年，北京理工大学实施人才培养改革"SPACE+X"（寰宇+）计划，推进"创客空间"建设，鼓励科研团队、科技创新平台和校友创业平台设立学校创新创业项目，专门设立"学生创新创业实践中心"，切实提高学生创新创业能力。

一流大学必须要培养一流的人才，而大学生创新精神和创新创造能力是其中的关键所在。"这些优异成绩背后是学校对科教深度融合理念的坚守，更重要的是学校打造了一条完善的创新创业教育体系，为培养创新创业人才提供了有力支撑，"时任北京理工大学校长张军说。

二、"创青春"全国大学生创业大赛案例

（一）公益创业清源计划——清华大学

"清源团队"以国际上已有的技术为基础，自主研发创新，制造出更加适合中国农村地区推广的生物慢滤池，而且成本低廉，制造维护简单，净化效果好，非常适合在中国农村地区进行推广。目前，"清源团队"已在宁夏盐池县 13 个行政村的 1 339 户居民，推广生物慢滤池 1 300 多个，直接受益 5 000 余人，获得当地居民的广泛认可。在山西省太原市清徐县安装生物慢滤池 40 多个，并走访 10 多个村庄调查水质情况，以求让这项技术能不断改进，让更多人获益。

"清源团队"所有成员均来自清华大学，不仅包括本科生和研究生，还有外国留学生，他们为了公益的目的聚集在一起，共同为改善农村水资源而努力。"清源团队"中不仅有李春园、季俊亦、黄菁娇这样来自生命学院、环境学院的同学负责技术研发，也有来自经管、工业工程、工程物理、法学、人文等多个院系的同学们负责商业模式开发、对外宣传联络、营销推广、法律事务和财务管理等工作。同学们的共同愿望是做一个用商业模式运营公益项目的社会企业。目前，他们已经得到了很多来自企业、政府、基金会的支持，也与其他公益项目开展合作，期待通过商业模式的摸索，找到商业与公益之间的平衡点。

"清源团队"的中文名"清源"取自"为有源头活水来"，意味着他们的使命是致力于清洁水源，解决饮用水污染问题，也表示他们有着源源不断的创意和办法去解决各种问题。"清源团队"的英文名字叫做"RISE"，取自"农村（Rural）、国际（International）、学生（Student）和交换（Exchange）"四个单词的首字母，标识团队成员作为来自多个国家的大学生，思想碰撞，扎根农村的职责，让所有的人都可以喝到健康的饮用水！

"清源团队"为什么能成功？

（1）"清源团队"抓住了现实生活中的"痛点"。水资源短缺问题一直是世界难题，"清源团队"从"量"的角度转变到"质"的角度，通过提升局部地区水资源的质量来缓解水资源尤其是饮用水资源短缺的问题。这意味着"清源团队"取得了广大的需求和市场。

（2）"清源团队"成员均是来自清华大学的学生，不同专业不同的阶段，还有留学生，

让团队更加多样，部门齐全，分工明确。

（3）"清源团队"巧妙地将公益和商业结合在一起，用商业模式探索公益道路，寻求公益和商业间的平衡。不仅创新了公益方法，也为商业发展提供了思路，得到了来自政府、企业和其他公益团队多方面的支持。

（二）其他"创青春"全国大学生创业大赛——水下智能清洗机器人

从半决赛的 100 个项目中能发现，能站在最后舞台上的项目，除了拥抱虚拟现实（VR）、人工智能、5G 的前沿科技，最为关键的是用技术去解决现实瓶颈，并且有广阔的应用前景。

"走到最后，其实挺出乎意料的，感觉其他团队的项目也很好，前期交流了很多了。"魏谦笑告诉记者，中国的海岸线非常长，海上石油平台和船舶等很多，这些设备长期浸泡在海水中，表面会附着大量藤壶等海生物，严重影响设备的使用寿命和安全。为此，哈姆科技自主研发了一款水下海生物清洗机器人 HOME，完全代替人工，这款机器人非常智能，"我们有不少专利，简单来说，它到水下可以对船体进行智能清洗，"魏谦笑说。

其实，这个项目能拿到总冠军，一点都不意外，正如总决赛评委、美图创始人吴欣鸿说，"很多前沿技术摆在那里，如何将这些技术落地去解决传统行业的瓶颈，这是项目的核心竞争力。"

三、"挑战杯"大学生课外学术科技作品

（一）"垂直起降的固定翼无人机到枭龙科技"的双创经历

成立于 2015 年的"枭龙科技"，是一家 AR 领域的中国高科技创业公司，虽然"年龄小"，但却很"资深"，所推出的各项产品都达到世界先进水平。创建这家公司的"掌门人"史晓刚，2013 年毕业于北京理工大学信息与电子学院。

史晓刚刚入大学就开始利用学校的各种学习资源，提前自学嵌入式软硬件方面的知识，四年大学时光，他倾心投入科技创新项目，还担任了学校科技创新基地的负责人。有时候为了保证创新项目的研发进度，史晓刚甚至吃住在实验室里，勤奋的时光，成为史晓刚大学中最美好的记忆。

大学二年级时，史晓刚就凭借自己主导研发的一架可以垂直起降的固定翼无人机，获得了第六届"挑战杯"首都大学生课外学术科技作品竞赛一等奖。

2013 年，史晓刚大学毕业。他没有像大多数工科专业同学那样选择读研深造，而是选择了工作。毕业时，史晓刚带着科技创新的累累硕果和一身过硬的本领，进入知名企业华为公司，开始从事智能手机硬件的研发。在华为公司工作将近两年的时间里，史晓刚学到了很多关于技术、研发流程与人力资源制度方面的知识，带着沉甸甸的收获，和一份大学时就养成的"大志向"，史晓刚最终选择了自己创业。

创业方向的选择源起于 2012 年美国谷歌公司发布的一款拓展现实眼镜——Google glass，从铺天盖地的报道中，史晓刚领略到了 AR 技术的魅力。尽管当时史晓刚并没有钱去买实物，但他偶然间发现了一张 Google glass 的拆解图，经过仔细的研究后，他发现这款眼镜的主板与手机主板之间就差了一个交互技术，这让史晓刚觉得 AR 技术也没

有想象中的那么神秘。

　　"有趣且富有挑战性，这是我当时决定要做 AR 的第一原因，况且，人也不能在一个环境里待太久，那样的话意志就会被逐渐地消磨。我希望自己可以做一件事情，小到可以促进这个行业的发展，大到可以为国家的科技、经济作出一定的贡献。"

　　2015 年的寒冬里，史晓刚从华为公司离职，开始了自己的创业之路。同年 5 月，带着改变行业、服务国家的使命感，枭龙科技有限公司正式成立。发展至今，枭龙科技已经拥有近百人的团队，拥有多项 AR 核心技术及国家专利，成功研发消费级运动 AR 智能眼镜、AR 工业智能眼镜、AR 警务智能眼镜、军用 AR 单兵头盔等重量级产品。同时，公司通过强大的软硬件整合能力，将 AR 技术和传统行业相结合，研发出针对工业、安防、军工等多领域专属解决方案，帮助行业解决长期存在的问题。

　　"枭龙科技"创立时间短，但已经完成多轮融资，获得京东方、立讯精密、戈壁创投等机构数亿元投资。除此之外，"90 后"创始人史晓刚荣获福布斯亚洲杰出人才。

习　题

1. 列举你了解的国家创业政策，分析它们分别解决哪些问题。
2. 大学创新创业环境中，主要代表高校采取了哪些举措促进创新创业教育的发展？
3. 在了解当代大学生创新创业案例后，你有什么感受？

第三章
创新创业能力培养

谈起创新和创业能力，人们首先会到一份长长的名单：华为公司的任正非、联想公司的柳传志、阿里巴巴的马云、新东方的俞敏洪、腾讯的马化腾等等。人们会自然关注到这些成功创业者身上具备的独特的品质，比如对成功的渴望、勇于创新的意识、敢于承担风险的品质等。有些人甚至认为这些成功的创业者是常人难以模仿，无法学习的。事实上，创新创业成功与否取决于创业者的天赋的观点在目前仍然很有市场，由此引发的讨论是创新和创业者是无法培养的，创新创业的成功是无法复制的。然而，后续的研究者指出，创新和创业的能力并非天生的，换言之，创新创业能力是可以培养的。

第一节 创新创业能力

一、创新创业能力的概念

创新和创业是一项具有挑战性的社会性活动，也是对创业者综合能力的全方位考量。创业通常是由实践、感受、思考、组织、观察、考察、交流、学习等特别的行为构成的，而创业者的创新创业能力却是通过个人的知识、技能、品质、行为和动力所构成的。所谓创新创业能力是指，以创造性为显著标志、能从事承担风险的开拓性活动的综合性能力。它强调个体（团队/组织）利用已有的知识和经验，新颖独特地解决问题，在创新创业活动中产生出有价值的新设想、新方法、新方案和新成果的本领。因此，创业者可以通过后天学习，将信息转化为知识，将知识转化为智慧，再将智慧转换为能力素质，从而培养自身的创新创业素质。

二、创新创业能力的内涵

现代社会中，创新创业能力是一个人能否在竞争和创业过程中取得成功的关键。个体能否在市场竞争中取得优势，一定程度上取决于其能否运用各方面创新创业能力。对于创新创业能力的内涵，不同学者的理解并不相同。目前，已有研究主要从个体特质视角、创业过程视角和创业管理视角界定创新创业能力的内涵。

(一)个体特质视角

一些持个体特征视角的研究者侧重于把创新创业能力视为创业者的性格特质、知识技能与心理范式。代表学者给出的概念和维度见表3-1。

表3-1 个体特征视角概念及其维度

代表性学者	创新创业能力概念	创新创业能力维度
Man(2002)	是创业者拥有的关键技能和隐性知识,成功履行职责的整体能力	个性、技能和知识
Thompson(2004)	是创业者在创业过程中成功履行自身职责所表现出的包含了个性特征、技能和知识的高水平综合能力	性格、风险承受能力、毅力、特殊知识、动机、态度、自身形象、社会角色和才能
张朋飞(2013)	是从事创业活动所要求的一系列主观条件	创业意向、创业警觉性、风险感知能力、领导能力、创新能力及人际关系建构能力
陈烈强(2014)	是创业过程中创业者需要具备的各种内在能力的总称	创业原动力、机会把握力、资源整合力、创新创业力和关系胜任力

(二)创业过程视角

还有一部分研究者从创业过程视角定义创新创业能力,认为创新创业能力是重视机会和资源在创业过程中的重要性,关注创业者识别与利用机会、整合资源方面的能力,见表3-2。

表3-2 过程视角概念及其维度

代表性学者	创新创业能力概念	创新创业能力维度
Timmons(1999)	创业者在创业过程中需要具备三个创业要素:创业机会、创业团队和创业资源	创业机会能力、创业团队能力和创业资源能力
Shane(2000)	创业者发现、识别、利用机会的能力	发现、识别、利用机会
EU(2016)	面对机遇和想法采取行动并将其转化为对他人的价值的能力	想法与机会能力、资源能力、行动能力
冯华(2005)	创业能力应被理解为创业者识别、追求机会,获取和整合资源的综合能力	识别机会、整合资源

(三)创业管理视角

除个体特质和创业过程视角外,还有一些研究者从创业管理视角对创新创业能力进行定义,该视角聚焦于已创办企业的创业者,关注创业者维持创业企业营运管理方面的能力,见表3-3。

表 3-3　创业管理视角概念及其维度

代表性学者	创新创业能力概念	创新创业能力维度
Man 和 Lans（2002）	把创业能力界定为企业营运管理方面的能力	机会能力、关系能力、概念性能力、组织能力、战略能力和承诺能力
Kokfai 等（2015）	为获取战略竞争优势而开展商业经营活动所需的能力	商业运作能力、企业创建能力、风险管理能力、构想能力、竞争力
Inyang 等（2009）	企业家必须通过管理培训获得相关知识、态度和技能的集群，使其能够在管理企业时产生卓越的绩效和获取最大化的利润	时间管理、营销管理、商业道德、领导力、决策能力和财务管理能力
唐靖等（2008）	创业过程中创业者需要完成两大任务，即感知、发现和开发机会，以及运营管理新企业并获取企业成长	机会能力、运营管理能力

由此可见，不同研究者对创新创业能力的内涵界定并没有形成一致意见。事实上，创新创业并不仅限于个体特质、创业过程和创业管理，而是一个动态整体活动，单独某一层面的视角无法有效解释创新创业能力。

三、创新创业能力的经典模型

除对创新创业能力的概念和维度进行界定外，不同国家研究者也开始强调创新创业能力构成的要素。见表 3-4。

表 3-4　不同国家创新创业能力模型能力构成

模型名称	能力构成要素
英国模型	发展创业能力（机会寻求、主动采取、自主、谈判、风险承担、直觉决策、战略导向）、体验创业生活（问题解决、压力下的决策、按需学习应对不确定性）、了解创业价值（独立性、所有权、信任、自信、行动导向）、感受创业动力（了解企业家的好处，了解社会角色）、核心商业发展（规划、研究、开发、营销、管理、财务、监管）、网络能力（有意义地发展、持有和最大化伙伴关系价值的知识）、创新创业的心态和毅力
美国模型	创业技能（创业过程和特征）、准备技能（商业基础、沟通和数字技能、经济学、金融素养、专业发展）、商业职能（财务、人力资源、信息、营销、运营、风险和战略管理）
丹麦模型	行动能力、外部导向、创造力、应对挑战的态度
挪威模型	行动能力（计划、结构、执行、协作、沟通、管理财务和资源）、创造力（观察、感知、创造机会解决问题、以不同方式思考、用不同形式的知识进行实验的能力）、外部能力（知识、理解、与文化的互动、周围世界、外部团体）、资源能力
欧盟模型	机会与想法能力领域（发现机会、创造力、愿景、重视想法、伦理和可持续思维）、资源能力领域（自我意识和自我效能、动机、毅力、调动资源、金融和经济素养、调动他人）、行动能力领域（采取主动、计划和管理，应对不确定性、模糊性和风险、与他人合作、经验学习）

为强调创业能力作为终身学习关键能力和工作生活必备核心能力的重要意义，欧盟先后于 2016 年、2018 年发布了《创业能力框架》《EntreComp 的实践：创业能力框架应用指南》，将 EntreComp 创业能力模型作为指导欧盟推广和实施创业教育的中心工具。欧盟高校基于 EntreComp 模型推进创业教育实践向纵深方向发展（图 3-1）。

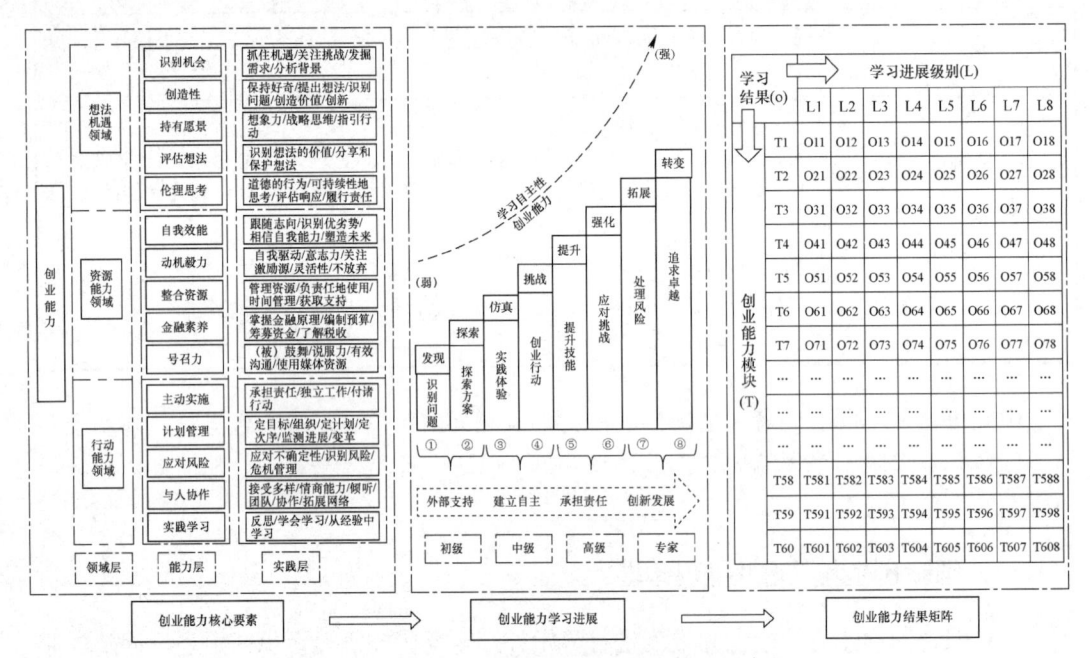

图 3-1　欧盟 EntreComp 创业能力模型概念图

如图 3-1 所示，EntreComp 模型从理论层面描绘了集创业能力核心要素、创业能力学习进展、创业能力结果矩阵为一体的创业能力培养框架，从目标、过程和结果三个维度为欧盟创业教育改革提供了理论参照、指明了实践方向。其中，目标维度为创业能力核心要素，将创业能力分为 3 个领域、3 个层次；过程维度为创业能力学习进展，将创业能力的学习进程分为 4 个阶段、8 个级别；结果维度为创业能力结果矩阵，包含 442 条关于创业能力的预期学习结果。

（一）目标维度：创业能力核心要素

EntreComp 模型把创业能力视为一种跨界能力，可广泛应用于生活世界的各个方面，并将创业能力定义为：当人们面对机遇和想法时，采取行动并将其转化为对他人的价值的能力，这里的价值既可以是经济价值，也可以是文化的或社会的价值。它涵盖了任何领域和价值链中的价值创造，包括内部创业、社会创业、绿色创业、数字创业等多种形式。

（二）过程维度：创业能力学习进展

创业能力学习进展在 EntreComp 模型中反映了学习者在创业学习中的能力提升过程，它描述了创业能力从基础水平向专家级水平过渡的能力级别及相应标准。创业能力的学习进展主要通过两个方面来呈现：第一，在创造价值的想法和机遇中发挥越来越大的自主权和责任感；第二，培养从简单和可预测的环境到复杂且不断变化的环境中创造价值的能力。

（三）结果维度：创业能力结果矩阵

EntreComp 模型描述了 60 条基于实践的创业能力模块在学习进展 8 个级别上的预期学习结果，进而构成了创业能力学习结果矩阵（共 442 条学习结果）。在创业能力模块脉络上横向互联、在创业学习进展级别上纵向递进，有助于为学习者创造一个连贯的、全面的创业教育体系。强调只有将学习结果适应真实的学习环境和具体的教育背景才能变得更加适切并具有意义。

四、大学生创业能力的内涵要素

由此可见，虽然国外鲜见大学生创业能力这一特定概念，但如何有效进行创业教育却是学界持续关注的研究热点。例如，欧盟认为，创业教育的目标是提升大学生的创造力、创新能力以及自我雇佣的能力。经合组织认为从创业型思维到成功创业者的转变需要掌握一系列的技能，包括两个层面：一是创业启动的技能；二是使创业项目生存和成长的技能。英国大学生创业委员会指出，为评估创业教育的有效性，从寻求机会、主动性、网络构建、协商能力、决策能力等方面衡量大学是否培养了大学生的创业能力。

综合前面所述和前人研究，本书将大学生创业能力界定为大学生基于高深专业知识，把握机会、整合资源，进而创造价值的能力。将大学生创业能力的核心要素归纳为以下四个方面：专业技术能力；机会识别与开发能力；资源整合与组织协调能力；创业心理品质。这四项能力都是大学生创业者所必备的素质。

第二节 中国大学生创新创业特征

为了解不同群体大学生创新创业的特质，我们对不同背景大学生进行调研，分别考量不同学历、不同专业和不同行业大学生创新创业的特质。

一、不同学历学生的创新创业特征

（一）创新创业动机和机会

获取更多财富与挑战自我的创业动机占比较高。但是，专科生为获取更多财富，本科生为挑战自我，硕士生为获取更多财富和兴趣所在；博士生为兴趣所在。缓解就业压力为学生的末位动机。普遍认为创业机会比较多，硕士生认同度最高；专科生、硕士生也认为创业机会多。本科生认为机会把握比较困难，博士生认为比较容易与比例困难的比例各占 1/2。

（二）创新创业团队组建

专科生认为创业团队组建难度适中，其他学历学生则认为比较困难；与其他学历学生相比，博士生在创业团队成员沟通、凝聚力建设、创业团队内部利益分配上问题较大，硕士生则比较擅长解决这些问题，大专生、本科生在这些方面上问题不大。

（三）创新创业资金

创业资金最主要来源为家庭提供，以及来自创业基金支持和小额贷款。博士生创业资金源单一，其他学历学生来源多；专科生、本科生认为创业资金筹措比较困难，硕士生认为一般，博士生比较困难与一般各占 1/2；专科生、本科生认为创业最困难资金来源为创业基金，硕士生为天使投资，博士生为风险投资与天使投资。

（四）政策支持

调研对象普遍认为比较难得到一些政府的优惠补贴政策。其中享受政府融资担保比较困难占比最大；获得小额贷款的困难度，专科生、本科生比博士生、硕士生困难；获得贷款贴息、享受政府税收优惠，其他学历难度较大；硕士生获得房租补贴难度一般，其他学历学生认为比较困难；专科生、本科生、硕士生在享受办理企业注册手续优惠困难、获得创业指导难度一般，博士生在这两问题上比较容易和比较困难各占 1/2。

二、不同专业学生的创新创业特征

（一）创业动机

研究发现，理、文、医专业的学生偏好于获得更多财富；相反，工、农、法、经、管与其他专业的学生偏好于挑战自我。

（二）创业机会

调研学生普遍认为创新创业机会比较多，理、工、医、管专业认为创业机会较难把握占比最大，农、法、经和其他专业认为机会比较容易把握。

（三）创业团队

理、工、法、经专业组建困难占比最大；创业团队成员沟通难度普遍反映为比较容易与一般，理科专业比较困难占比略大。

（四）创业筹资

被调研者普遍反映筹资难度较大，理、医、法专业难度相对更大。最难筹资来源各专业存在差异，总体来说，难度较大的资金来源为创业基金与风险投资。

（五）创业政策

享受政府融资担保困难度一致性较高；获得小额贷款的困难度，文科性质专业较理科性质专业困难大；获得企业办理注册手续优惠、获得创业指导难度一般；获得创业培训补贴大多数为难度一般；享受创业信息服务存在一定难度；享受创业信息服务普遍反映比较困难。

三、不同行业学生的创新创业特征

（一）创业动机

从事租赁与商务服务、居民服务行业的毕业生多数偏好于获得更多财富；其他行业的毕业生大多数人偏好于挑战自我。

（二）创业机会

各行业就业的毕业生普遍认为创业机会比较多或一般，多数行业创业机会比较难把握，行业间把握难易度存在一定的差异。

（三）创业团队

大多数毕业生认为行业创业团队建设存在一定困难，农林牧渔业难度一般；创业团队成员间沟通难度较小；创业团队凝聚力建设、内部利益分配因行业不同而存在一定的差异。

（四）创业资金

结果表明，不同行业创业筹资来源存在差异，占比较大的是创业基金与家庭提供；大部分行业资金筹措存在一定的难度；多数行业最难筹主要是创业基金，最难筹资来源因行业不同而存在一定的差异。

（五）创业政策

总体而言，结果显示，大学生享受政府融资担保难度较大；多数行业获得小额贷款难度不大，部分行业存在一定难度；获得贷款贴息各行业均存在一定难度；享受政府税收优惠、获得房租补贴，各行业均表现出难度较大；享受到办理企业注册手续优惠存在一定的难度；获得创业指导难度一般，个别个行业存在一定的难度；多数行业在获得创业培训补贴上存在一定难度；绝大多数行业享受创业信息服务难度一般；获得政府采购难度较大；绝大多数行业创业能力提高难度适中。

第三节　创新创业能力测试

近年来，关于创新创业能力测量的研究更近了一步。20 世纪 90 年代以来，对创业者经验研究逐渐进入创业研究者的视野。研究者逐渐从关注先前经验，包括行业经验、创业经验、管理经验、新产品与技术的开发经验等转向关注从事研发、市场营销、财务等工作的其他相关经验。先前经验对机会发现及所发现机会的创新性具有积极影响作用。有的研究发现，行业经验、管理经验比创业绩效的影响更大，而这些经验可以通过学习积累。另一些研究者更加关注创业者或创业学习者所具备的创新和创业能力，并发展出一系列量表对个体的创新和创业能力进行测量。为了帮助读者了解现阶段的创新和创业能力，本节分别给出了创新能力测试和创业能力测试。

一、创新能力测试

题目：如果符合你的情况，则回答"是"，不符合则回答"否"，拿不准则回答"不确定"。请分别记录各项题目的答案，并在答题结束后依据表 3-5 计算个人的创新能力总分。

1. 创新能力测试：

（1）你认为那些使用古怪和生僻词语的作家，纯粹是为了炫耀。

（2）无论什么问题，要让你产生兴趣，总比让别人产生兴趣要困难得多。

（3）对那些经常做没把握事情的人，你不看好他们。
（4）你常常凭直觉来判断问题的正确与错误。
（5）你善于分析问题，但不擅长对分析结果进行综合、提炼。
（6）你审美能力较强。
（7）你的兴趣在于不断提出新的建议，而不在于说服别人去接受这些建议。
（8）你喜欢那些一门心思埋头苦干的人。
（9）你不喜欢提那些显得无知的问题。
（10）你做事总是有的放矢，不盲目行事。

2. 创新能力评分标准

创新能力测试得分计算，见表 3-5。

表 3-5 创新能力测试得分计算表

题号	"是"评分	"不确定"评分	"否"评分
1	-1	0	2
2	0	1	4
3	0	1	2
4	4	0	-2
5	-1	0	2
6	3	0	-1
7	2	1	0
8	0	1	2
9	0	1	3
10	0	1	2

评价：

得分 22 分以上，则说明被测试者有较高的创造思维能力，适合从事环境较为自由，没有太多约束，对创新性有较高要求的职位，如美编、装潢设计、工程设计、软件编程人员等。

得分 21～11 分，则说明被测试者善于在创造性与习惯做法之间找出均衡，具有一定的创新意识，适合从事管理工作，也适合从事其他许多与人打交道的工作，如市场营销。

得分 10 分以下，则说明被测试者缺乏创新思维能力，属于循规蹈矩的人，做人总是有板有眼，一丝不苟，适合从事对纪律性要求较高的职位，如会计、质量监督员等职位。

二、创业能力测试

本测试用于测量你是否有能力做一名创业者。测试题由一系列陈述语句组成,将会从想法、技能、知识、才智、目标、资源和关系网络7个方面进行考察。请你根据自己的实际状况,选择最符合自己特征的描述,选择时请根据自己的第一印象,不要思虑太多。

每个题目只有一个正确答案:首先选择最符合自己实际状况的答案;然后填写到下面的答案填写处。答案选择标准如下:

A. 非常符合　　　　B. 比较符合　　　　C. 无法确定　　　　D. 不太符合
E. 很不符合

1. 想法
(1) 具有丰富的想象力,并能把这些想法准确而生动地表达出来。
(2) 我的想法通常比别人来的有价值,更具有创造性。
(3) 我的想法通常并不是天马行空,泛泛而谈,而是切实可行的。

2. 才智(情商+智商)
(1) 每天早晨我都是怀着积极的态度醒来,感觉今天又是崭新的一天。
(2) 我知道如何控制自己的生活、性格和脾气,并做到自律。
(3) 当我开始创业时,我的家人能够理解我的不自由状态并支持和鼓励我。
(4) 当我失望时,我能够处理问题而不是逃避放弃,并且以积极的状态重新投入到工作中去。
(5) 我留心观察周围的事物,注意细节性问题,把握身边的契机,并把不利局面转化为机会。
(6) 我更倾向于主动地去把握和解决问题,而不是出于被动。
(7) 我不是一个风险规避者。

3. 技能和知识
(1) 对我即将涉及的领域,有很好的专业背景和技术。
(2) 了解该行业目前的市场运作和竞争水平,并熟悉相关的法律政策条文,做好充分准备。
(3) 我曾经有过管理经验,并擅长组织活动。
(4) 眼光长远,更加看重的是一种持续发展而不是短期盈利。

4. 资源
(1) 能够挖掘理想的合伙人或经理人士,雇用理想的专业人员和员工。
(2) 有雄厚的资金来源和稳定的财物系统,至少可以保证第一年的正常运营。
(3) 通过合理的途径以自己能够接受的成本募集资金,以获得充沛的资金流。
(4) 可以获得对自己有利的物质来源,如原材料等,能够很好地控制成本。

5. 目标
(1) 与替人工作相比,我更渴望有一份属于自己的事业。

（2）我有一个很明确的创业目标，并可以为实现这个目标而奋斗，哪怕付出代价。
（3）我有勇气和耐心去实现这个目标，即使需要承担风险。
（4）我有信心最终能完成这个目标。

6. 关系网络

（1）我喜欢合作胜于凭一己之力完成工作。
（2）别人认为我是一个值得信赖的人，并且充满活力、积极向上。
（3）我善于和陌生人打交道，而不是只局限于熟人圈内。
（4）我具有影响他人的能力，并使人信服。
（5）我善于向媒体公众推销自己的公司，吸引别人的注意力。
（6）能够和上下游行业保持紧密的合作关系，相互扶持，共同发展。
（7）同利益相关团体，如民间及政府机构、金融机构形成良好的关系。
（8）同行业内的竞争者更容易实现竞合而非竞争。

测试完毕后，请按照你所选的答案统计出选项的数目，选项个数最多的那类就是你所属的类型。找出自己是属于哪一类人，适不适合创业，你的创业素质和他人比较处于何种水平。

（1）你不适合创业或根本就没想过创业。你规避风险，倾向于安定的生活，并且不善利用自己的网络去开拓事业。你的生活圈子只局限于你所熟悉的那个圈子，因此你更适合做一个普通的上班一族。
（2）你有创业的意识但却不愿意创业，在风险和安稳之间你更倾向于后者。
（3）你具备一定的创业素质但是由于缺乏信心的关系是你没能认清楚自己的这种能力。也许对你来说，外界的影响力会左右你的选择。
（4）你有创业的意识且愿意创业，在风险和安稳之间你更倾向于前者。
（5）你具备创业素质且认清楚自己的这种能力，可以着手准备创业。

第四节　创新创业能力培养

大量事实证明，创新者具备的先天素质，可以在后天被塑造得更好，某些态度和行为是可以通过经验和学习学到的，也是可以被开发、提炼和实践出来的。同时，在创业的不同阶段，大学生需要注意的培养方向并不一致，在创新创业的伊始，应该首先具备创新创业所需具备的一系列思维，借助政府、高校的相关培育路径，积极主动地投身到创新创业的实践活动中。同时，明确创新创业不同阶段所需具备的能力培养。总之，大学生可以通过"做中学"获得创新创业能力。

一、创新创业能力所需要的思维

创新创业思维是创新创业的核心，是创新创业成功的关键。创新创业思维是引领创业者在市场中乘风破浪的"指南针"，能给创业者和创业者的企业带来向心力与凝聚力，从而帮助企业到达成功的彼岸。因此，要成为创业者，实现创新创业，就必须自觉培养自身的创新创业思维。具体而言，应该积极塑造自身的抽象思维、发散思维、逆向思维、联想思维、形象思维和灵感思维。

（一）抽象思维

抽象思维也称逻辑思维。是认识过程中用反映事物共同属性和本质属性的概念作为基本思维形式，在概念的基础上进行判断、推理，反映现实的一种思维方式。

1. 测试你的抽象思维

（1）你在电影和电视剧中发现过不合情理的情节吗？
A. 多次发现　　　　B. 偶尔发现　　　　C. 没有

（2）在朋友们面前发觉自己不小心做了不得体的事时，你是否能迅速地给自己找一个台阶下（如开一句玩笑），以摆脱困境？
A. 是　　　　　　　B. 不能确定　　　　C. 不

（3）你写信时常常觉得不知如何表达吗？
A. 不　　　　　　　B. 不能确定　　　　C. 是

（4）在大多数情况下，你只要看一眼（小说或电影）故事的开头，就能正确猜到结局如何吗？
A. 是　　　　　　　B. 不能确定　　　　C. 不

（5）你善于分析问题吗？
A. 是　　　　　　　B. 不能确定　　　　C. 不

（6）你爱看侦探小说或相关影视片吗？
A. 是　　　　　　　B. 不能确定　　　　C. 不

（7）你说话富有条理吗？
A. 是　　　　　　　B. 不能确定　　　　C. 不

（8）你觉得想问题是件很累的事吗？
A. 是　　　　　　　B. 不能确定　　　　C. 不

（9）你有时将问题倒过来考虑吗？
A. 是　　　　　　　B. 不能确定　　　　C. 不

（10）你可以很轻松地弄清一篇文章的要点吗？
A. 是　　　　　　　B. 不能确定　　　　C. 不

（11）你常与他人辩论吗？
A. 是　　　　　　　B. 不能确定　　　　C. 不

（12）当你发觉说错话时，是否窘得再也说不出话来？
A. 不　　　　　　　B. 不能确定　　　　C. 是

（13）你是否能轻易地找到一些笑料使大家都能笑起来？
A. 常常能　　　　　B. 有时能　　　　　C. 不能

（14）有人认为你说话常不着边际吗？
A. 不　　　　　　　B. 不能确定　　　　C. 是

（15）你对世界上很多事物及其活动规律看得比较透彻吗？

A. 是　　　　　　B. 不能确定　　　　C. 不

（16）当你告诉别人什么事情时，你常会有词不达意吗？

A. 不　　　　　　B. 不能确定　　　　C. 是

（17）你的提议常被别人忽视或否定吗？

A. 是　　　　　　B. 不能确定　　　　C. 不

（18）当你的同事或朋友有问题时是否会向你咨询？

A. 是　　　　　　B. 不能确定　　　　C. 不

（19）你常不假思索就接受别人的意见吗？

A. 不　　　　　　B. 不能确定　　　　C. 是

（20）完一篇文章，你是否能马上说出文章的主题？

A. 不　　　　　　B. 不能确定　　　　C. 是

2. 记分方法

每题答 A 计 2 分，答 B 计 1 分，答 C 计 0 分。各题得分相加，统计总分。

3. 测试结果

（1）0~11 分：表明你讲话、想问题缺乏逻辑，抽象思维能力较弱。

（2）12~26 分：说明你的抽象思维能力一般。

（3）27~40 分：表明你的抽象思维能力较强，你善于抓住问题的关键，说话也显得有条有理。

抽象思维应该如何培养？

（1）学习理论加以运用。学习掌握和运用科学概念、理论和概念体系，因为学习源于理论终于实践，只有掌握了概念、理论、体系，才能去探索实际活动中的应用过程。

（2）掌握好语言系统。在没有接触语言之前，我们就具有形象思维能力，而语言教我们概括了周围世界的现象和规律。锻炼语言表达能力的方法是尽量用自己的语言去复述书本上的东西，用自己的思想去思考，用自己的词汇去概括和描述，这一点也可参照"费曼技巧"。

（3）重视训练和演算。例如，要培养抽象逻辑思维，选择数学习题训练是上上之选，演算能够让你的思维更加缜密，同时与思维的基本方法配合运用。思维的基本方法包括 10 种：分析法、综合法、比较法、归类法、抽象法、概括法、系统化法、具体化法、归纳法和演绎法等。

（4）与记忆方法联合使用。与抽象记忆法、理解记忆法及其他的方法联合训练，可以起到互相促进的较佳效果，可以参照高效记忆方法。

（二）发散思维

发散思维是指从一个目标出发，沿着各种不同的途径去思考，探求多种答案的思维。不少心理学家认为，发散思维是创造性思维的最主要特点，是测定创造力的主要标准之一。

1. 发散思维小测试

（1）在地上有着一根长棍，路过的每个人都想跨过它，但是却没有一个人成功，为什么呢？

（2）扔出一个网球，你如何才能让它又飞回你手里呢？

（3）一个人翻来覆去地睡不着，之后他拿起自己的手机打了一个电话，听到几声响之后挂断了电话，后来他终于能睡着了，这是为什么？

2. 答案

（1）因为它靠着墙根平放着。

（2）向上扔。

（3）他隔壁室友的打鼾声音太大了，他拨通室友的电话把他弄醒这样就不会听到打鼾声了。

3. 如何培养发散思维

（1）集思广益。要集思广益，就要多听取别人的意见和建议，最好是每个层面的人都涉及。集思广益是要统一出一个对大多数人有好处的建议，是能让绝大部分人肯定的建议，不要只为了某一人就把观点或计划改变。

（2）学会提问。在日常生活中，也有许多场景我们需要表达自己的观点，要树立自己的观点并培养批判性的思维，就要学会对他人的观点提问，之后在不断提问中得出自己认为最合理的解释再次，寻找本质特征，归类特点。其实并不难，就是从为什么出发、从不变因素出发、从基本规则出发。从这三点出发，可以让我们看到很多事物的本质。

（3）大胆联想。不拘泥于特定的模式，灵活使用顶替法、反衬法、中介法、形象法和夸张法等方式大胆展开联想。

（三）逆向思维

逆向思维是对司空见惯的似乎已成定论的事物或观点反过来思考的一种思维方式。敢于"反其道而思之"，让思维向对立面的方向发展，从问题的相反面深入地进行探索，树立新思想，创立新形象。

1. 逆向思维小故事

孩子不愿意做爸爸留的课外作业，于是爸爸灵机一动说：儿子，我来做作业，你来检查如何？孩子高兴地答应了，并且把爸爸的"作业"认真地检查了一遍，还列出算式给爸爸讲解了一遍。

2. 如何培养逆向思维

（1）反转型逆向思维法。这种方法是指从已知事物的相反方向进行思考，产生发明构思的途径。

（2）转换型逆向思维法。指在研究某一问题时，由于解决该问题的手段受阻，而转换成另一种手段，或转换角度思考，以使问题顺利解决的思维方法。

（3）缺点逆向思维法。将缺点变为可利用的东西，化被动为主动，化不利为有利的思维方法。发散思维就是由一个起点或多个起点向外发散，辐合思维只能由多个起点向里聚合为一点。常用是发散思维，这种思维不是解答各种算术题、应用题、方程题的思维，而是解答开放性试题的思维。总之，这种方法并不以克服事物的缺点为目的；相反，它是将缺点化弊为利，找到解决方法。

（四）联想思维

所谓联想思维，是指人脑记忆表象系统中，由于某种诱因导致不同表象之间发生联系的一种没有固定思维方向的自由思维活动。常见的联想思维还包括对比联想、相似联想、因果联想和飞跃联想。

（1）对比联想。对于性质或特点相反的事物的联想。两种事物在性质、大小、外观等方面存在相反的特点，人们在认知到一种事物时会从反面想到另一种事物。

（2）相似联想。就是由某一事物或现象想到与它相似的其他事物或现象，进而产生某种新设想。

（3）因果联想。是根据事物之间存在着的互不相同或彼此相反的情况进行联想，从而引发出某种新设想的思维方式。

（4）飞跃联想。是根据事物之间这样或那样的联系，一环紧扣一环地进行联想，从而引发出新的设想。

联想思维与发散思维有什么区别？联想思维是在两个以上的思维对象之间建立联系；为其他思维方法提供一定的基础，活化创新思维的活动空间；有利于信息的存储和检索。发散思维是指个体在解决问题过程中常表现出发散思维的特征，表现为个人的思维沿着许多不同的方向扩展，使观念发散到各个有关方面，最终产生多种可能的答案而不是唯一正确的答案，因而容易产生有创见的新颖观念。

（五）形象思维

形象思维是用直观形象和表象解决问题的思维。其特点是具体形象性。

1. 形象思维的示例：太太的腰围

一位男士到超级商场为他的太太挑选一条裙子。售货小姐问他："您太太的腰围是多少？""不知道，"男士回答。"不过，"男士凝神了一会儿，又说："我家里有一台20英寸的彩电，我太太站在它前面时，正好把整个屏幕全给遮住了。"

2. 如何培育形象思维

（1）模仿法。以某种模仿原型为参照，在此基础之上加以变化产生新事物的方法。很多发明创造都建立在对前人或自然界的模仿的基础上，如模仿鸟发明了飞机，模仿鱼发明了潜艇，模仿蝙蝠发明了雷达。

（2）想象法。在脑中抛开某事物的实际情况，而构成深刻反映该事物本质的简单化、理想化的形象。直接想象是现代科学研究中广泛运用的进行思想实验的主要手段。

（3）组合法。从两种或两种以上事物或产品中抽取合适的要素重新组合，构成新的事物或新的产品的创造技法。常见的组合技法一般有同物组合、异物组合、主体附加组合、重组组合四种。

（4）移植法。将一个领域中的原理、方法、结构、材料、用途等移植到另一个领域中，从而产生新事物的方法。主要有原理移植、方法移植、功能移植、结构移植等类型。

（六）灵感思维

所谓灵感思维是指凭借直觉而进行的快速、顿悟性的思维。它不是一种简单逻辑或非逻辑的单向思维运动,而是逻辑性与非逻辑性相统一的理性思维整体过程。

1. 灵感思维举例:《蓝色多瑙河》的由来

奥地利著名作曲家约翰·施特劳斯就是一位记录灵感闪电的高手。一次,施特劳斯在一个优美的环境中休息,突然灵感火花涌现,当时他没有带纸,急中生智的施特劳斯迅速脱下衬衣,挥笔在衣袖上谱成一曲,这就是后来举世闻名的圆舞曲《蓝色多瑙河》。

2. 如何培养灵感思维

(1) 长期的思想活动准备。灵感是人脑进行创造活动的产物,所以长期思考是基本条件。

(2) 兴趣和知识的准备。广泛的兴趣、丰富的知识经验有利于借鉴,容易得到启示,是捕获灵感的另一个基本条件。

(3) 智力的准备。主要包括观察、联想、想象。

(4) 乐观镇静的情绪。愉快的情绪,能增强大脑的感受能力。

(5) 注意摆脱习惯性思维的束缚。

(6) 珍惜最佳时机和环境。

(7) 要有及时抓住灵感的精神准备和及时记录下灵感的物质准备。许多有创造性精神的人,都曾体验过获得灵感的滋味。但是,因为事先没有准备,而没有及时记下这些灵感,事过境迁就再也记不起来了。当然并不是头脑里出现的灵感就都有价值,可以记录下来以后再慢慢琢磨,决定取舍。

二、大学生创业能力的培育路径

近年来,随着我国教育制度的不断改革,高校毕业生就业压力不断增大,企业与相关单位对高校毕业生的素质要求也越来越严格。在这样的情况下,学生主体、高校、政府、产业、社会等外部主体必须提升大学生的创新创业能力,为大学生后期顺利就业奠定基础。

(一) 学生主体参与路径

主要从大学生进行自我塑造、开展创业学习(经验学习、社会网络学习)来培育创业能力。具体而言,创业学习是指创业者可通过对先前经验的学习,形成创业能力。一方面,参与志愿服务对大学生就业创业能力的提升有促进作用;另一方面,大学生可以通过从社会网络中学习,在与他人进行经验交流、互动等过程中来开展创业学习,获得创业能力。在学生主体参与的过程中,大学生可以塑造成功创业者性格;发挥自主性,增强积极的情绪体验;以大学生自主优化为依托;通过学生自我教育、提升心理资本,进而提高大学生创业能力。

(二) 高校教育培养路径

从优化创业教学模式、构建创业教育课程体系、搭建创业实践平台、打造创业教育师资队伍、强化创业支持服务等培育大学生创业能力。① 在优化教学模式方面,包括案例教学、翻转课堂、实践教学、情境学习、个案指导、团队学习、"行动—反思法"教学模式;② 创业教育课程体系方面,包括开发专通融合课程、理论与实践课程、层次性与广普式课程、隐性课程、项目课程等；③ 创业实践平台方面，包括创业竞赛、大学科技园、孵化器、众创空间建设；④ 通过营造创业文化氛围、加强智慧校园建设、完善学生创业激励机制、创业教育过程系统化、分类培养筛选机制、发挥共青团优势等。

（三）政府、产业、社会等外部主体协同参与路径

政府、产业、社会等外部主体可以从政策保障、资金要素投入、搭建平台、氛围保障等方面着手培育大学生创业能力。对于政府而言，提供资金、基础设施、反垄断措施、创业发展机构、政府、企业和大学的无缝衔接和利益共享机制、创业驱动及孵化机制；对企业而言，要与高校共建大学生创新创业实践基地，创业导师队伍建设；对社会来说，多元推动和资源支持机制、创新创业文化建设。

三、大学生创业初期的能力培养

伴随着信息社会的迅速到来，创业教育得到前所未有的重视并迅速普及。创业教育的重点是培养学生对新机会的识别和捕捉能力，其次是培养学生掌握和运用管理知识与技能创立管理新企业的能力，最后是培养学生应对不确定环境的能力。如何培养处于创业初期大学生的创新创业能力，是创业教育需要回答的问题。

（一）明确优势，做好规划

对于选择创业的大学生而言，需要在创业行动之前了解创业者所必须具备的人格特质，然后了解个人不足，在日常生活中有意识地改善与培养。根据个人专业和兴趣确定适合自己的创业行业，然后深入了解行业信息，争取尽可能多地接触此类行业，并学习立足该行业所需要的知识和技能，查漏补缺，修正不足。提前做好创业规划，才能更好地弥补初创弱性，规避创业风险。

（二）增强创业意识

创业者人格特质通过创业意识作用于创业初期能力，在创业者人格特质基本完善的同时，如果能形成良好的创业意识，将有效帮助创业者在创业开始之前自觉培养、提升基本的创业初期能力。有创业打算的大学生应该积极培养四个方面的意识：责任意识、市场意识、竞争意识和合作意识。

（三）积极参与创业实践，提升市场推广能力

创业实践是大学生接受教育、增长能力的重要渠道。通过创业实训激发他们的想象力和创造力，在对未来创业行业选择的发展前景和任职资格有一定了解的同时，也能够对自身现有创业初期能力进行客观评价。创业实践可以培养创业者必要的个人特质，锻炼创业者的抗压能力和应变能力，学会管理自己。同时，大学生在与社会的互动中提高创新精神和实践能力，最终实现增长知识、锻炼能力、内化素质全面发展的目的。

（四）把握创新机遇

创业初期，大学生需要了解通过创新可能获得快速增长的周期；随着创新周期接近尾声，风险随之增大，市场上的创新将会取代那些企业过去所创造的价值。为此，企业只有一个选择，那就是如何准确掌握创新的机遇？通常而言，机遇的来源有以下

几种。

（1）意外事件：前人创业成功的事件与失败的事件。

（2）不一致：事实如何与应该如何之间或者现实情况与每个人对此做出的假设之间的差异和不协调。

（3）市场和产业结构的变化：尤其是政策调整后市场和产业结构变化出现的新市场需求。

（4）人口统计数据：从人口统计数据上预测和判断新市场的增长点。

（5）认识、意义和情绪上的变化：三种来源都是外部的，它们是社会、哲学、政治和知识环境的变化所带来的机遇。

（6）新知识：依靠多种不同的知识的聚合、对所有必需的要素进行仔细分析。

（五）提升创业管理能力

对于企业管理，我们都深知其重要性。无论是外部的经营管理，还是内部的管理等，都直接与参与其中的各个员工息息相关。而企业管理是否有效，也直接关乎公司发展的问题。鉴于此，不断与同行沟通交流和有效借鉴就显得特别重要。提升创业管理能力的同时尤其需要注意以下几点。

（1）以市场为中心。当前一个基本的事实是，创新大多以企业为主导，根据企业的市场方向，有针对性地进行科技研发。以市场为导向，这样的创新创业已被证明是高效的。

（2）采取财务预算。特别是对未来现金流量和资金需求要合理地予以规划。

（3）及早筹备顶尖管理队伍。如何做好融资，配合资本和市场进行产业方向调整和科技研发，让产业发展上一个台阶，需要我们共同思考。

（4）明确边界。企业创始人需要确立自己在企业的地位、工作范围和周边关系。

（六）做好策略选择

企业策略就是对企业长远发展方向、发展目标、发展业务及发展能力的选择及相关谋划。战略的目的就是解决企业发展问题，实现企业的长远发展。因此，策略选择需注意以下四个方面。

（1）"以最快的行动和最优良的装备取胜"。要有雄心勃勃的目标；仔细思考分析；必须随时准备大规模调动现有资源；探索新产品的用途、确定性的顾客群体并说服他们尝试新产品。

（2）"打击对方的弱点"。使用"创新性模仿"快速推出产品；或分析行业、制造商与供应商的习惯以及政策，观察市场，设法找出能获得最大成功、最少阻力的薄弱点作为突破口。

（3）专门技术政策。建立属于自己的专门技术地位，把握时机，不断改进技术，保持技术的领先优势。

（4）改变产品、市场或产业的经济特性。创造实用性、合理地定价；适应顾客的社会现实和经济现实；向顾客提供能代表真实价值的产品或服务。

习 题

1. 创新创业能力内涵中,已有研究者的视角包括哪些?具体内容是什么?
2. 请简述 EntreComp 模型从理论层面描绘的创业能力培养框架。
3. 创新创业能力内涵中,已有研究者的视角包括哪些内容?
4. 大学生创业能力的培育路径有哪些?这些路径分别需要注意什么?
5. 大学生创业能力的核心要素主要包括哪些内容?

第四章
创业要素与创业者基本素质

第一节 创业要素

一、创业要素概念理论

创业要素就是创业活动所必须具有的实质或本质、组成部分。研究表明，创业成功是一系列要素科学组合的结果，创业者可以通过改善这些要素的组合来提高其创业成功的可能性。具体而言，创业究竟应该包括哪些要素，不同的学者有不同的认识。例如，Timmons（1999）认为，创业是"机会、资源、团队"三大要素的结合；葛建新等（2004）提出，人的因素、物的因素、社会因素和组织因素构成了创业的要素；蔡莉等（2005）在对科技型企业的创生系统研究过程中提出，科技型企业创生要素分为宏观要素（包括科技环境、金融环境、教育人才环境、政策法律环境、文化环境和市场环境）和微观要素（包括创业者、商机和资源）。

（1）人才：创业者及合作伙伴的素质和能力是创业成功的第一要素。

（2）技术：技术应考虑是否具有独特性、创新性，是否具有竞争力，是否能够带来高利润，他人是否难以效仿。

（3）资本：创业资本是创业的关键因素。

（4）市场：要在创业之前就明确认定并充分论证市场的容量、相同产品之间的竞争力、潜在的市场生长力、市场的持续发展力。

二、创业要素理论模型

（一）蒂蒙斯模型（Timmons Model）

1. 内容简介

蒂蒙斯模型是一种商业模型，由美国百森商学院杰弗里·蒂蒙斯（Jeffry A. Timmons）教授提出，他是美国创业学教育和研究的领袖人物之一，他在创业管理、新企业创建、创业融资和风险投资等领域的专题研究、创新性课程开发和教学等方面被公认为世界级的权威。蒂蒙斯认为，创业者或创业团队必须具备善于学习、从容应对逆境的品质，具有高超的创造、领导和沟通能力,更重要的是具有柔性和韧性,能够适应市场环境的变化。

2. 模型详解

蒂蒙斯于1999年在《新企业的创建》(New Venture Creation)一书中提出了一个创业管理模型。他认为,成功的创业活动必须对机会、资源和团队三者进行最适当的匹配,并且还要随着事业的发展而不断进行动态平衡。创业过程由机会启动,在创业团队建立以后,就应该设法获得为创业所必需的资源,这样才能顺利实施创业计划。商业机会是创业过程的核心要素,创业的核心是发现和开发机会,并利用机会实施创业。因此,识别与评估市场机会是创业过程的起点,也是创业过程中的一个关键阶段。资源是创业过程不可或缺的支撑要素,为了合理利用和控制资源,创业者往往要制定设计精巧、用资谨慎的创业战略,这种战略对创业具有极其重要的意义。而创业团队则是实现创业这个目标的关键组织要素。

蒂蒙斯认为,创业者或创业团队必须具备善于学习、从容应对逆境的品质,具有高超的创造、领导和沟通能力,但更重要的是具有柔性和韧性,能够适应市场环境的变化。

在蒂蒙斯模型中,机会、资源和团队这三个创业核心要素构成一个倒三角形,创业团队位于这个倒三角形的顶部。在创业初始阶段,商业机会较大,而资源较为稀缺,于是三角形向左边倾斜;随着新创企业的发展,可支配的资源不断增多,而商业机会则可能会变得相对有限,从而导致另一种不均衡。创业者必须不断寻求更大的商业机会,并合理使用和整合资源,以保证企业平衡发展。机会、资源和团队三者必须不断动态调整,以最终实现动态均衡。这就是新创企业的发展过程。

蒂蒙斯认为,在创业过程中,由于机会模糊、市场不确定、资本市场风险以及外部环境变化等因素经常影响创业活动,致使创业过程充满了风险。因此,创业者必须依靠自己的领导、创造和沟通能力来发现和解决问题,掌握关键要素,及时调整机会、资源和团队三者的组合搭配,以保证新创企业顺利发展。

蒂蒙斯创业理论中,创业过程模型是目前公认的创业管理理论,其他理论都是在此基础上的补充、完善与量化。

(1)创业过程是由机会驱动、团队领导和资源保证的;

(2)创业过程依赖于机会、资源和团队这三者的匹配和平衡;

(3)创业过程是连续的寻求平衡的行为组合。

以上结论简单来说就是:任何创业活动,机会、资源和团队三者"缺一不可""缺一不成";创业长久之道是动态把握创业过程,抓住创业过程关键点,踩准创业节奏。

机会、资源和团队的含义如下。

(1)机会:开创新事业的可能性以及通过自身努力达到创业成功的余地。

(2)资源:创业资本、创业技术、创业人才和创业管理。

(3)团队:具有创业精神,能发掘机会、组织资源、研拟策略、提供市场。

3. 蒂蒙斯创业过程模型(弹性与动态平衡)

(1)商业机会是创业过程的核心驱动力,创始人或工作团队是创业过程的主导者,创业资源是创业成功的必要保证。

创业过程始于创业机会，而不是钱、战略、网络、团队或商业计划。开始创业时，商业机会比资金、团队的才干和能力及适应的资源更重要。在创业过程中，资源与商机间经历着一个适应→差距→适应的动态过程。商业计划旨在提供沟通机会、资源和团队三个要素的质量以及相互间匹配和平衡状态的语言和规则。

（2）创业过程是机会、资源和团队三个要素匹配和平衡的结果。

处于模型底部的创始人或创业团队要善于配置和平衡，借此推进创业过程。他们必须做的核心过程是：对机会的理性分析和把握，对风险的认识和规避，对资源的最合理利用和配置，对团队适应性的分析和认识。

（3）创业过程是一个连续不断地寻求平衡的行为组合。

在机会、资源和团队三个要素中绝对的平衡是不存在的，但企业要保持发展，必须追求一种动态的平衡。保持平衡的观念展望企业未来时，创业者必须思量的问题是：目前的团队是否能领导公司未来的成长、资源状况；下一阶段成功面临的陷阱。这些问题在不同的阶段以不同的形式出现，牵涉到企业的可持续发展。

创业者在创业过程中的情绪就像一个杂技表演者，一边要在平衡线上跳上跳下，保持平衡，一边还要在动荡的处境中进行各式各样的表演。

（二）克里斯蒂安创业学模型

克里斯蒂安于2000年认为创业管理的整个焦点应该放在创业者（Entrepreneur）与新事业（New Venture）之间的互动，所以他提出的创业模型主要的两个元素为创业者与新事业。

由于克里斯蒂安的模型主要强调创业者与新事业的互动关系，因此他将如何创立新事业（New Venture Creation），随着时间而变化的创业流程管理（New Venture Process Management），以及影响创业活动的外部环境网络（Environmental Networking）三个议题，视为创业管理的核心问题。

（三）加特纳多维度的动态创业理论模型

（1）创业者：成就需要、敢于冒险、控制点、风险偏好、创业背景、工作经验、受教育水平等。

（2）环境：经济发展水平、城市化水平、居民生活水平、技术创新力、市场供需状况、政策支持、企业资源等。

（3）组织：内部组织结构以及成本领先、差异化等组织战略选择。

（4）创业过程：创业者发现商业机会，整合资源创建企业，生产产品或提供服务回报社会等。

该模型包括创业者、环境、组织、创业过程四个要素，每个要素又分别包含数个维度，四个不同的创业要素通过不同方式进行互动并相互影响。

（四）威克姆模型

威克姆创业理论模型中把创业者视为调节机会、资源、组织等创业要素间关系的核心要素，创业者在识别和确认创业机会以后，通过管理和整合资源、组织和带领创业团队来实施创业活动。

该模型还揭示了机会、资源、组织三要素之间的相互关系。资本、人力、技术等资源要集中用于机会利用上，并且要考虑资源的成本和风险；资源的集合形成组织，包括组织的资本结构、组织结构、程序和制度以及组织文化。组织的资产、结构、程序和文化等形成一个有机的整体，来适应所开发的机会，为此组织需要根据机会的变化而不断进行调整。

此外，该模型还揭示了创业的过程是一个不断学习的过程，而创业型组织是一个学习型组织，创业组织不仅要对机会和挑战做出及时反应，还要根据情势变化及时总结、积累、调整，通过"干中学"，使组织的规则、结构、文化和资源等不断改进，在不断的成功与失败中学习和锤炼，从而实现组织的完善、发展和创业要素间的动态平衡。

（五）萨尔曼模型

构建了一个以环境为中心的四个要素创业模型。这个模型把创业过程表现为人、机会、交易行为与外部环境这四个要素之间的动态互动。

（1）人是指为创业提供服务或者资源的人，包括经理、雇员、律师、会计师、资金提供者、零件供应商以及与新创企业直接或间接相关的其他人。

（2）机会是指任何需要投入资源的活动，不但包括企业亟待开发的技术、市场，而且包括创业过程中所有需要创业者投入资源的事务。

（3）创业者的交易行为是指创业者与资源供应者之间的直接或间接关系。萨尔曼创业模型的核心思想是要素之间的适应性，即人、机会、交易行为与外部环境能否协调整合、相互促进。环境处于模型中心，影响着其他三个创业要素，同时其他三个创业因素也会反过来影响环境。考虑交易行为因素也是该模型的一个重要特点，它明确指出了社会网络对创业的重要性。

（4）外部环境是指无法通过管理来直接控制的因素，如资本市场利率水平、相关的政策法规、宏观经济形势以及行业内的进入威胁等。

根据该模型我们可以很清晰地识别出成功创业的特点，即配置良好的人力资源，拥有所需要的知识和技能的管理团队，拥有盈利前景良好的商业模式，容易获得利润又能防止被模仿，市场环境良好，交易方式能够给所有利益相关者以充分的激励等。这个模型扩大了创业要素的外延，更具实践指导意义，同时也为创业过程研究开辟了新视野。

（六）四位一体模型

在蒂蒙斯模型基础上，强调机会、资源、商业模式、创业精神作为创业要点。

要把商业机会获取、资源整合和商业模式的设计做得好，主要还是靠我们自身，即每个大学生具有的创业精神。

商业模式：长尾效应，如谷歌公司和亚马逊公司。用长尾效应时，互联网公司所形成的新的商业理念，如利用一个大众的市场，零利润甚至赔钱给用户，再把用户导向另外一个领域去拿利润，这样两条腿走路的方式，构成了互联网公司牢不可破的根基，形成行业之间的长尾效应。

第二节 创业者基本素质

一、成功创业者素质的 RISKING 模型

1. RISKING 模型

（1）资源：主要指创业所必需的人力资源、物力资源及财力资源，包括好的项目资源。

（2）想法：主要指具有市场价值的创业想法，能在一定的时期产生利润。应具有一定的创新性、可行性和持续开发与拓展性。

（3）技能：主要指创业者所需的专业技能、管理技能和行动能力等，如果个人不完全具备，但是团队之间能够形成技能互补，也是不错的技能组合。

（4）知识：主要指创业者所必需的行业知识、专业知识以及创业相关知识，如商业、法律、财务知识。良好的知识结构对创业者的视野开拓、才智发挥具有很高的价值。

（5）才智：主要指创业者的智商与情商，具体表现为观察事件、分析问题、思考问题和解决问题的能力。

（6）关系网络：创业者需要良好的人际亲和力和关系网络，包括合作者、服务对象、新闻媒体甚至竞争对手。善用资源者，通常都能够较强地调动资源的深度和广度。

（7）目标：明确的创业方向和目标、精准的市场定位对于创业而言至关重要。

将 7 个条件的首个英语字母串在一起，恰好是"RISKING"（冒险）一词，这也反映出创业的风险。

2. 创业者基本素质

广阔的视野；丰富的资源；有创业经验；能识别商机；抗压能力强；有领导才能。

3. 创业者基本素质

（1）识别创业机会。创业机会称为创业警觉性，创业警觉性需要一定的天赋，所以有人是天生的创业者。

（2）领导力。寻找创业团队和合适的人，率领团队一起创业；决策力也重要，果断特别是抗压能力，这是对创业者的一个要求，创业者要自律，创业孤独，除了技术、资源等，还要有强大的内心，面对失败能够站起来。

二、创业及成功创业者"三位一体"素质

创业不仅是创业者把握商机，提供产品与服务进而创造价值、获取利益的单一线性过程，而是一个复杂的有机体，蕴含着缜密的逻辑思考和行动过程，需要多种要素和多元主体相互配合，甚至需要特殊的机会和资源加持。

对众多的创业经历和创业者的素质共性归纳分析，我们可以看出：

创业中蕴含着复杂的思考和行动过程，需要多种要素和多元主体相互配合，其中最核心的要素是成功的创业者。创业者基本素质划分为专业能力、方法能力、社会能力，作为成功的创业者，这三种基本素质需要同时具备。

汪滔、史晓刚两位创业者在创业前就已经积累好了创业所需的专业知识。汪滔所选择的毕业设计是飞行控制系统，史晓刚从高中时期就在电子科技领域展开了研究。作为创业者，虽然可以雇佣专门领域的员工来代替自己解决技术上的一些问题，但如果可以从自己熟识的领域首先出击，则可能避免不少作为"外行人"大概率会走的弯路。

对于科技型企业来说，就是自主研发核心技术。进行自主研发需要耗费不少人力物力，创业者使用自己的专业技术进行研发所产生的成本与请求外援相比要大大降低，这也可以减少初创企业的资金压力。

（一）专业能力

专业能力包括各类自己专业知识的学习，如经济学和社会学知识，京东集团有限公司的刘强东是社会学专业，阿里巴巴的马云是英语专业。

对商业机遇的敏锐捕捉；明确的市场定位和目标规划；对创业资源的最优化运用；善于识别利用人才——即组建优秀的创业团队以及建立合理的人力资源管理模式。

（二）方法能力

方法能力是创业者成功的基础能力，关切着企业从初创到成熟的各个阶段，贯穿于创业者每日工作的细节之中。有了明确定位，企业的发展才有目标；有了机遇的把握，企业才有脱颖而出的凭依；有了对于资源的合理应用，才能使成本最小化，收益最大化；有了善于识人用人的能力，创业者才可以摆脱孤军奋战的局面，为创业成功增加支持力量，为企业未来的发展积蓄动力。方法能力更多涉及创业者的智识领域，而成功创业者的方法能力，往往展现出令人拍案叫绝的效果。

（三）社会能力

社会能力更多倾向于创业者的情商，是创业者的核心能力。对于创业者而言，代表着社会能力的人际交往能力和谈判能力等固然重要，但真正决定高下的因素还在于创业者是否对事业怀抱热爱和坚持，是否勇于承担社会责任。

大疆的分析：汪滔的确经历不少挫折——毕业设计失败、员工离心、资金链断裂，每一次似乎都是一道人生的大坎。但是，汪滔仍然凭借着自己的热爱和坚韧的决心，带着大疆走了下去，最终领跑世界无人机领域。坚持可能会失败，但不坚持一定会失败，热爱和坚持，是成功创业者必备的品质。

史晓刚与枭龙，汪滔与大疆的经历，不仅启发着科技型企业的发展，也启发着全行业的前进。

第三节 案例分享

一、新东方俞敏洪案例

（一）人物经历

1962年，俞敏洪出生于江苏省江阴市夏港街道葫桥村一个普通的农村家庭里，父亲是一名木匠，母亲则是当地生产队的妇女队长。俞敏洪还有一个姐姐，是一名赤脚医生。

1976年,俞敏洪初中毕业,毕业后并没有上高中,而是回农村去了。因为当时政策是贫下中农的子女一家只能有一个人上高中。俞敏洪的姐姐是高中毕业。

1978年,高中毕业于江阴市夏港中学,同年,参加高考落榜。

1979年,第二次参加高考再次落榜,之后俞敏洪上高考补习班,并报考北京大学。

1980年,第三次参加高考,顺利考入北京大学西语系,这次高考的英语成绩是93分。

1982年,俞敏洪患肺结核,休学一年。

1985年,正式从北京大学毕业,之后留校任教。

1988年,俞敏洪计划出国,同年参加托福考试考了663分。

1989年,由于美国开始对中国紧缩留学政策,留学生的人数大幅减少。环境变化之后,为了赚钱,俞敏洪约王强等同学在校外办班开始赚课时费。

1990年,北京大学对俞敏洪的创收行为很不满,给予了处分,在列举处分理由中,其中之一是,打着北大的名义私自办学,影响了教学秩序。

1991年,俞敏洪从北京大学辞职,在社会上的培训学校打工,随后发现观念相差颇大,于是萌发了自立门户的念头。

1993年,俞敏洪正式创办北京新东方学校。

1995年,新东方的学生已经发展到了一万五千人,俞敏洪已经不再考虑出国的事情了,同为北大教师的徐小平和北大同学王强回国加盟新东方。三人号称新东方的"三驾马车"。

2003年,新东方学校注册成立了新东方教育集团,俞敏洪身兼董事长和总裁职务。

2006年9月7日,新东方(NYSE:EDU)在美国纽约股票交易所正式挂牌上市。

2011年,俞敏洪开始二次创业,着手建立管理培训机构,打入教育培训的子行业。

2014年11月26日,俞敏洪携手华泰联合证券有限责任公司前董事长盛希泰共同创立洪泰基金,通过这支天使基金的资本力量,支持互联网教育创新,扶持更多年轻人走向创业道路。

2015年9月18日,洪泰基金落户西安新闻发布会暨洪泰新凯迈创立大会在西安交通大学曲江校区举行,西咸新区丝路经济带能源金融贸易区负责人、陕西西咸新区城建投资集团董事长徐军前聘俞敏洪、盛希泰为西咸新区青年创业导师。

2017年12月10日,当选为中国民主同盟第十二届中央委员会常务委员,中国民主同盟第十二届中央委员。

俞敏洪还是第十三届全国政协教科卫体委员会委员。

(二)俞敏洪谈创业者特质

"直到今天,这一行的准入门槛仍然非常低。"新东方教育集团有限公司董事长俞敏洪认为,从创业的角度,开饭馆与高科技没有高低贵贱之分。"创业没有贵贱,但不代表没有原则,尤其是诚信的底线决不能突破。"

对于企业家精神,俞敏洪指出有四个维度。

（1）冒险精神。"创业没有百分之百的保险，准备创业就意味着你要准备接受90%的失败"。

（2）愈挫愈勇。"在创业的路上，成功与失败是孪生兄弟，普通人遭遇挫折容易一蹶不振"。

（3）团队精神。"创业企业家一定是个人英雄，但绝不能犯个人英雄主义"。

（4）创新精神。"创新与创业一样，不求惊天动地，只要在原有基础上有所改动就是创新"。

1. 创业无贵贱　小苗成大树

在一次分享企业家精神报告会，俞敏分享了他的一些特别感悟。俞敏洪说，今天很多人谈到创业，都是很宏伟的计划书，但真正伟大的创业往往都是从小做起的。新东方最初是教英语的培训班，只有十几个学生，连个执照都没有。直到今天，这一行的准入门槛仍然非常低。全球大零售巨头沃尔玛也是从小店做起的，创始人萨姆·沃尔顿就是在小镇上开一家小店卖便宜衣服。从创业的角度，开饭馆与高科技没有高低贵贱之分。饭馆开得好，可以成为麦当劳、肯德基，比新浪、百度不差。在星巴克之前，也没人想到咖啡馆可以全球连锁。

2. 底线不可破　诚信不可丢

创业没有贵贱，但不代表没有原则，尤其是诚信的底线决不能突破。新东方能成功走出浑水事件，凭借的就是诚信。俞敏洪表示，在创业的路上，你会遇到各种危机，尤其是准入门槛很低的行业，意味着你的对手既有狼也有老鼠，狼会让人见识血淋淋的竞争，老鼠则可能无孔不入。他们肯定会在某些阶段、某些领域给你带来巨大压力，这非常考验你的定力。新东方的很多竞争对手以销售为导向，拼价格、做规模，但把本质的教学没有做实。当浑水事件袭来，投资界对教育领域不再盲目投资，而是非常注重调查研究时，所有只为融资而盲目扩张的花架子机构全部应声倒下。他说，企业不守底线，就是自取灭亡，只是时间早晚而已。

3. 企业如帝国　英雄加制度

俞敏洪表示，企业与社会是两个不同的系统，社会和国家需要民主，保证公民人权的平等和机会的公正。但作为一个创业的企业，民主就未必，尤其是在初创期，由企业家才华出众的人更集权一些，反而可能会更好。

对于企业而言，领导人和制度都非常重要。领导人的重要性在于做到，通过出众的企业家才华把企业做大做强；而制度的重要性在于防止坏人，以严格的规矩防止坏人胡作非为。对此，他从历史的角度进行阐述，开国皇帝所开创的帝国能否长久，关键看有没有能像汉武帝、唐高宗一样带来中兴的领导人。同时，制度在基业长青路上也至关重要。古罗马帝国能超越千年，中国的朝代只有几百年，很重要的差异就是制度，古罗马有元老院制度制衡皇帝的权力。

4. 企业家精神的四个维度

（1）冒险精神。创业没有百分之百的保险，准备创业就意味着你要准备接受90%的失败，因为每100家创业公司只有10家能留下来，后能做成公司的可能只有1家。创业是生活方式的博弈，要计算你现在和将来稳定预期的东西，换成创业的风险和收益值不值。创业前还要简单权衡一下你是否输得起。

（2）愈挫愈勇。在创业的路上，成功与失败是孪生兄弟，普通人遭遇挫折容易一蹶不振，但企业家会从挫折和危机中努力寻找机会，挫折反而容易激起他们的兴奋点，平淡反而是他们难以接受的。马云、史玉柱都有这个特质。除了三次高考和大学肺结核住院一年，俞敏洪还以经历的浑水事件，形象而深刻地解释了他从这场危机中找到的三大收益：回购股票、竞争环境净化和管理层激励。

（3）团队精神。俞敏洪表示，创业企业家一定是个人英雄，但绝不能犯个人英雄主义。个人英雄和个人英雄主义共同点是都有极强的个人能力，但不同的是，个人英雄有容乃大，广纳英才为我所用，有强烈的团队精神；个人英雄主义唯我独尊，排斥团队，视英才为威胁，除之而后快。他表示，如果没有王强、徐小平等组成一个强大的团队，新东方不可能有今天的成就。

（4）创新精神。俞敏洪表示，创新与创业一样，不求惊天动地，只要在原有基础上有所改动就是创新。在他眼里，创新如水，水随万物而变，可结冰、化雨，可环山、入海。

真正的企业家本质上都是有理想的人，而不仅仅是追求财富的人。企业家没有理想，企业就没有文化，没有文化的企业无异于冰冷的商业机器，终会被社会淘汰。企业家如果有余力，还应积极承担社会责任。

二、北京理工大学校友广东金发科技股份有限公司袁志敏案例

1. 创始人：北京理工大学校友袁志敏

金发科技股份有限公司是一家专业从事高性能新材料研发、生产和销售的国家重点高新技术企业。

袁志敏，1961年，广东阳江人，北京理工大学研究生毕业。

2019年10月10日，胡润百富排行榜发布，袁志敏排名第626位，财富价值65亿元人民币。

2. 创业历程

1993年，袁志敏作为"中国第一位阻燃材料硕士研究生"毕业于北京理工大学。1994年，他放弃出国攻读博士的机会，与几个同学一起，决心振兴民族改性塑料产业。几个人借了2万元人民币，在广州华工科技街一间十几平方米的房子，创立了金发科技股份有限公司，开始了艰难的创业之路。

1994年5月，金发科技租借两间小厂房和两台挤出机，开始了小规模生产。在小作坊式的"车间"里，袁志敏和他的团队赢得了四川长虹、深圳康佳等国内知名企业的信赖。

经检测证明，金发科技自主开发的产品质量、性能优于日本同类产品，而价格只是日本产品的1/2。随后，订单接踵而至，最初研发生产的两类产品阻燃母粒、改性PP逐渐上了规模。这一年，金发科技的销售收入突破了300万元。

1995 年，袁志敏赚到了人生的第一桶金。公司发展势不可当，1998 年销售额达到 2.2 亿元。

1998 年 4 月，金发科技在高唐工业区征地 48 亩，建设了 4 万 m² 以上的厂房、科研中心。这一年，金发科技的阻燃高抗冲聚苯乙烯产品申请获得了第一个国家级火炬项目，标志着其产品得到了国家和社会的认可。这一年，金发科技产能首次突破了 1 万 t。

近年来，受人工、地价、市场等因素的影响，三星、富士康等外资企业以及华为、小米等中国企业纷纷在国外设厂寻求突破。作为改性塑料的龙头企业，金发科技开始海外布局，把"中国创造"带到全世界。

金发科技 2019 半年报显示，上半年公司实现营业总收入 123.4 亿元，同比增长 3.2%，其中美国金发销量同比增长 17.86%；印度金发已实现销量 3.22 万 t，净利润增长 186.52%；欧洲金发的多个项目也在稳步推进。

3. 创业动机

如果说袁志敏和大多数人一样，创业初期的动机是赚钱养家糊口，那么，当老婆孩子已经过上了好日子，又是什么在支撑着他始终保持创业之初的激情和斗志，把企业做到上百亿的规模？通过金发科技发展史可以找到答案，那就是他所具有的社会责任感和民族情感。

1998 年，金发科技的高速发展，引起了国内外同行高度关注，美国 POLYONE 公司开出了 6 000 万美元的高价，试图收购金发科技。当时公司的场地和机器设备都是租赁的，公司总资产还不足 1 000 万元人民币。如果卖了，绝对是一笔合算的买卖。

巨额资金的诱惑，让人心动不已。公司面临一个重大抉择：卖，还是不卖。为此，袁志敏立即组织召开了一次重要的董事会，与创业元老们进行了激烈的讨论。

"我们要为国家做点实事，要振兴民族改性塑料行业，把金发科技做成世界一流的大企业，公司就不能卖！"袁志敏坚定地说道。最终综合考虑，董事会成员达成一致意见，拒绝了 POLYONE 公司的收购，并确立了"创世界品牌，建百年金发"的宏伟愿景。后来，此次会议也被称为金发科技的"十一届三中全会"，成为公司流传甚广的企业故事。

从个人梦想，再到为行业、为国家、为民族建设一个世界一流的新材料企业大梦想，这是袁志敏的创业发展历程。经过不懈努力，金发科技终于打破跨国巨头对行业的垄断，特别是生产的系列阻燃产品，性能过硬，价格比国外产品便宜一半以上。据不完全统计，当时全球每 10 台阻燃塑料电视机壳就有 1 台是金发科技生产的。

中国改性塑料平均降价超过 30%，惠及广大民生。经过股改、上市和融资，如今拥有 5 000 多名员工的金发科技，早已成功实现年销售额过百亿，成为一个拥有完整产业链的国内改性塑料龙头，并一跃成为全球第四大新材料企业。

梦想的力量点燃了袁志敏的创业星火；是梦想的力量，让金发科技拥有了比肩世界巨头的行动能力；更是梦想的力量，让所有金发人一路披荆斩棘，无怨无悔。让袁志敏对金发科技产生了不可替代的情感，他曾把金发比作他的孩子，并承诺决不售卖股票、决不移民国外。他也早已把他的思想灵魂、日常言行都融入他所热爱并为之奋斗的事业中,并将为此付出一生。

4. 如何发展创业机会?

(1) 创业者的个人特质

"我父亲给我最大的财富,就是造就了我的性格。"袁志敏身上的这种好强、凶猛的"狼性",溯源于他出身的军人家庭。由于在部队的父亲工作经常调动,搬家成了家常便饭。从小就过着军旅生活的袁志敏,光读过的中小学校就有13所。"很多同学记得我,我却记不得他们。"这样的经历也让袁志敏每到一处都能很快适应环境。

(2) 立志诚信

钱不是最重要的,要建百年金发,最根本的是要讲诚信!宏大叙事的中国梦,让人心潮澎湃;砥砺前行的金发梦,让人热血沸腾。这就是金发科技董事长袁志敏,一个有梦想、敢追求,有责任、敢担当,心系员工、企业和国家的优秀民营企业家。

襁褓之中的金发科技,全部固定资产只有一辆摩托车、一部电话和四张办公桌,被人形容为"114"公司。没有送货车、没有属于自己的机器,更没有客户,为了牢筑梦想的根基,袁志敏可谓是尝尽苦头。在租用的机器旁通宵达旦,用摩托车运送原材料和产品,遇到摩托车调配不开的时候,就只能背上麻袋,坐公交车给客户送样品。有一次,为了给深圳的一家客户送料,他用平板车拉着两袋料坐火车一路到了深圳。当时正值夏季,天气炎热,但为了能节省2元的公交车费,他顶着烈日,踩着滚烫的柏油路,拉着平板车走了2 km。到达目的地时,他已是全身湿透、精疲力竭。创业之初,类似这样的事情不胜枚举,但艰苦的条件并没有让袁志敏放弃创业梦想,而是咬紧牙关、越战越勇。

5. 企业文化

以自己的付出留住核心员工,换得公司长远的发展,既然员工选择了金发科技,那公司就应该引导他们、包容他们。袁志敏提出了实现员工收入倍增的计划,并推出股票期权激励方案、员工配车福利、公司福利住房政策等,让员工与企业共同发展,共享幸福果实。

6. 组建团队

(1) 创业团队,激励制度,蛋糕理论

公司初创时期,与袁志敏一起创业的另外3位公司灵魂人物宋子明、李南京、熊海涛公认,在公司创立、技术研究和市场推广中,袁志敏功劳最大,应该得到60%以上的绝对控股权。但是,袁志敏却坚决要求少些股份:如果我绝对控股了,大家会觉得是为我打工。"与其要一个完整的小蛋糕,不如要一个大蛋糕的一小份。"袁志敏对自己的"蛋糕理论"诠释道:"如果我一个人说了算,公司也许能做到10亿元,即使100%地拥有也只有10亿元;如果让大家都觉得自己是老板,公司就有可能做到100亿元甚至1 000亿元,即使只有30%,也有30亿元或300亿元。"最后袁志敏只拿了37%的股份。

(2) 创业团队,激励制度,蛋糕理论

袁志敏不断地拿出自己的股份,送给公司的核心员工。现在袁志敏占公司的股份已经降到24%,跟随他的人也不断步入百万富翁、千万富翁甚至亿万富翁的行列。"在我的带动下，以自己的付出留住核心员工，换得公司长远的发展，已经成为金发高层认同的一种企业文化！"

在一次股权分置改革方案中，公司第二大股东宋子明就承诺以净资产作价向公司118名核心人员转让持有的1 620万股，送出去的"真金白银"超过1亿元。

创业以来，金发科技的骨干人才没有流失，并大大刺激了公司各类人才的创新积极性和主动性，激励技术人员不断开发出适应市场需求的新产品。

（3）与校友合作

袁志敏与北京理工大学的校友以广州诚信创业投资有限公司和广州高金技术产业集团有限公司为资本平台，通过股权转让或代持控股多家关联公司，在7年间将金发科技、毅昌股份、高盟新材、东材科技等4家公司运作上市。

三、优秀创业青年：陈熠舟和她的线上教学服务平台

（一）陈熠舟的创业历程

陈熠舟是浙江师范大学2014级本科生，从小生活在海岛，岛上教育条件落后，师资严重匮乏，于是她从小便立志成为一名能够帮助条件艰苦的孩子得到优良教育的教师。

因怀着一名成为卓越教师的梦，进入大学之后刻苦学习，成绩优异，一直名列前茅。除了专注于专业学习，她还积极参加了多项与教育、留守儿童相关的科研活动，了解了我国目前贫困山区的教育现状，获得了丰富的教学经验。

志愿服务工作让她对小时的梦想有了更多的思考，她希望能够创建一个在线志愿服务的平台，这样既能够节省时间费用又能够带给孩子更多的陪伴，于是一个在线教育创业的想法在她的脑海中应运而生。大二时她就决心组建创业团队，在学校老师和团队成员的认可与帮助下一步一步参与研发、引进平台技术，将脑海中的梦想落地一步一步走来。在此期间她也遇到过瓶颈，但她秉承着"再坚持一下，说不定就有希望"的信念不抛弃，不放弃。终于在2016年2月注册了校内首个教育创业公司，凭借着之前研发出的国家专利平台正式开启了创业之路。

随后，她在校内建立在线勤工助学基地，带动本校学生投入教育创业，又在原先专利平台的基础上，注册成立了公益服务中心，主持研发了"智慧云"公益平台，陆续去青海可可西里、广西崇左、新疆阿克苏、湖北巴东等贫困地进行实地调研，建立在线支教实践基地，使相隔几千公里在线支教成为现实。

现在，她仍在"学习+创业+公益"的路上不懈努力，不断带动新兴人才参与其中，渴望让更多孩子享受到优质教育，渴望为我国教育事业贡献一份属于自己的力量。

（二）创业经验提炼与评述

关于陈熠舟成功创业的故事，离不开"梦想"一词。从小就立志做助人师长的她眼光独到，善于换位思考，从自己的人生经历和日常生活中获取创业资讯。她一直围绕"公益"进行教研活动的展开，积累了丰富的人生阅历，这为她后来的创业计划打下了坚实的基础。同时，遇到困难勇往直前、重在坚持的精神也成就了她最后的事业。唯有亲身

实践探索，才有更因地制宜的方案。

同时，她的成功创业不仅仅是她自身怀揣梦想、不懈奋斗的结果，也离不开学校对于公益事业的重视和团队成员之间的协作能力。

陈熠舟将教育与互联网联系在一起，看似与理工科息息相关，但人文科学发散性的思维和重人文感知的专业素养正是这项公益事业能够成功的重要原因之一。

四、成功创业者应当具备的条件

（一）内部条件

1. 兴趣所在，创新所在

兴趣是推动人认识事物、探索真理的重要动机。从比尔·盖茨创立微软公司到史蒂夫·乔布斯研发苹果电脑与手机，这些伟大的发明创造与创新都与开创者的兴趣相关，史晓刚和陈熠舟的创业也是起源于自身对某一领域探索的兴趣。不仅如此，兴趣还能够磨炼人的耐心，促进人的成长。所以要想成为一个成功的创业者，首先得找到自己真正感兴趣的领域，如此，坚持也不会是一件太难的事情。

2. 专业知识，硬性要求

要想在一个领域有所成就，除了兴趣之外，过硬的专业知识必不可少。专业的知识与素养就像大学生创新创业的敲门砖，深入学习本专业的知识，方能破解方寸之地蕴含的无限可能。同时，创业的过程中也需要知识源源不断的积累与投入。

3. 社会经验，必不可少

从以上案例可看出，很多创业者在大学期间都参加了科研活动，在一个个活动的背后收获的不仅是专业的知识，还有珍贵的社会经验。同时，史晓刚毕业后去华为公司工作也提升了专业的沟通能力与团队协作能力。这些经历都极大地丰富了他们个人的社会经验，同时也为他们以后的创业提供了一部分保障，使得他们能够临危不惧，目光长远。

4. 坚持到底，会有惊喜

成功者永不放弃，放弃者永不成功。坚持可以说是一个人做事的必备品格。成功不会召之即来，我们可能会在创业的许多方面时刻受到挫折、遇到挑战。大多数情况下，也许坚持就能获得成功，坚持能带给我们信念，能带给我们自信，能带给我们动力。正值青春年华的我们，没有理由不去坚持。

（二）外在条件

1. 国家的政策支持

国务院近年来不断发布有关推动创新创业高质量发展的"双创"意见，力求巩固近年来形成的新业态，使创新创业惠及更大范围的人群。降低税收和融资成本、提供低息贷款等一系列政策在一定意义上也为大学生群体创新创业提供了政策支撑，身为创业大学生应当积极响应国家政策，获得支持后能够更好地开展创业活动，减少前进路上的坎坷。

徐樱丹在《大学生创业与实际创业准备探究》中的问卷调查表示："仅5%的学生

表示经常关注，很清楚相关政策，有 7%的学生对于国家扶持政策一点也不了解。"所以懂得了解并依托学校、地方与国家专门为大学生制定的创新创业扶持政策是非常重要的。

2. 发展前景与机遇

一个行业能否蓬勃发展、大学生能否成功创业与该项目的发展前景密不可分。若是着眼于国家与人民的需求，则发展前景广阔。同时，在如今瞬息万变的互联网时代，机遇与挑战共存，如果身为大学生创业者能够抓住机遇、直面挑战，成功的概率会高许多。

3. 学校创新训练项目

我国多所高校都会在校内实施一些"创新训练项目"来锻炼学生的创新能力。例如，北京理工大学的"大创"与"世纪杯"，多所高校成立的"创新创业基地"等。大学生创新训练项目的实施，提升了学生理论联系实践的能力，增强了学生的科研创新意识，拓展了学生的学术视野，锻炼了学生独立分析解决问题的能力，培养了学生的团队协作精神。参加学校创新训练项目有助于提升大学生创业者的综合能力，为创业的成功添砖加瓦。

4. 团队的高效协作

创业不是一个人的故事，而是一群人的奋斗。所有创业者的成功都离不开背后专业的团队及其优秀的协作能力，团队成员不仅能够各司其职解决问题，还能为提高团队效益出谋划策。同时，成员间彼此思维的碰撞也是一场可贵的头脑风暴，创业成功的项目中所有产品与服务源自团队的不懈努力和团结协作。

5. 投资人的信任

"融资"是一个企业筹集资金的行为和过程，任何技术与项目都需要资金的支持。一个创业者只有赢得投资人的信任，其项目获得青睐，才能够筹集到一定的资金去开展研究。在共享单车席卷全球的现今，最开始的"摩拜单车"和"ofo 共享单车"逐渐因资金问题退出市场舞台，而"哈罗单车"在获得蚂蚁金服数亿元投资后异军突起、一家独大，再次证明了资金对创业者的重要性。

习　题

1. 以下哪一项不是蒂蒙斯模型强调的创业要素？（　　）
    A. 创业者　　　　　B. 创业机会　　　　C. 创业资源　　　　D. 创业风险
    参考答案：D
2. 克里斯蒂安创业学模型强调（　　）。
    A. 创业者与新事业之间的互动　　　　B. 创业团队整合
    C. 创业资金获得　　　　　　　　　　D. 创业心理品质
    参考答案：A
3. 加特纳的多维度创业理论模型（　　）。
    A. 认为各维度独立

B. 强调创业者、组织、环境、创业过程四个要素互动

C. 不同要素有着截然区别

D. 要素间存在着层层包含关系

参考答案：B

4. 以下哪项不是成功创业者素质 RISKING 模型中的内容？（　　）

A. 资源　　　　　B. 想法　　　　　C. 关系网络　　　　　D. 乐观

参考答案：D

5. 创业者基本素质是指（　　）。

A. 设计出好产品就可以

B. 多维度，包括广阔的事业、丰富的资源、识别商业机会、领导力等

C. 寻找合适投资人素质

D. 领导者素质

参考答案：B

6. 创业及成功创业者"三位一体"素质包括（　　）。

A. 专业能力、方法能力、社会能力

B. 专业能力、方法能力、享受闲暇生活能力

C. 谋生能力、方法能力、社会能力

D. 专业能力、购买能力、社会能力

参考答案：A

7. 金发科技公司发展的理念是（　　）。

A. 技术—工业—贸易发展

B. 引进外国先进设备进行产品组装

C. 没有自主创新就没有金发科技的今天，更不会有金发科技的明天

D. 购买国外产品专利发展

参考答案：C

8 发展好的公司应该具有的情怀是（　　）。

A. 社会责任感和民族情感　　　　　B. 舍生取义

C. 大公无私　　　　　D. 始终乐观，无畏风险

参考答案：A

9. 金发科技发展的蛋糕理论是（　　）。

A. 市场目标　　　　　B. 激励制度　　　　　C. 团队组建　　　　　D. 产品设计

参考答案：B

10. 你理解的创业要素包括哪些？

创业要素就是创业活动所必须具有的实质或本质、组成部分。研究表明，创业成功是一系列要素科学组合的结果。创业者可以通过改善这些要素的组合来提高其创业成功的可能性。具体而言，创业究竟应该包括哪些要素，不同的学者有不同的认识，如蒂蒙斯认为，创业是"机会、资源、团队"三大要素的结合。

11. 新时代背景下对创新创业教育人才的基本素质要求是（　　）。

A. 进取、奉献、担当 B. 坚持、不气馁的坚韧意志

C. 敏锐、深刻的洞察力 D. 有深度、广度、博专结合的知识面

E. 严谨、求实、知行合一的探索实践

参考答案：ABCD

第五章
创业机会识别与评估

创业机会的识别与评估是整个创业过程中的核心任务和首要步骤，只有识别出适当的创业机会，并通过科学的评估后，创业者才开始正式实施创业行为，根据创业机会需求进行资源整合和开发，否则，就需要重新寻找创业机会。

第一节　创业机会来自哪里

寻找创业机会是创业活动的第一步，也是关键一步。那么，创业机会来自哪里呢？哪些因素会影响寻找创业机会呢？

一、创业机会的概念

创业机会（Entrepreneurial Opportunity）主要指具有较强吸引力的、较为持久的有利于创业的商业机会，创业者据此可以为客户提供有价值的产品或服务，并同时使创业者自身获益。

创业机会的概念由熊彼特于1934年首次提出，他认为创业机会是通过创造产品或服务满足市场需求的过程。

美国纽约大学Kirzner教授认为，创业机会是未明确市场需求或未充分使用的资源或能力，它不同于有利可图的商业机会，其特点是发现甚至创造新的手段——目的。

美国科罗拉多州立大学Michael Laverty教授等认为，创业机会是可识别的消费者需求与能够满足需求的产品或服务之间的契合。在创业领域，需要满足特定标准才能将想法转变为机会。它始于培养正确的心态——有抱负的企业家在这种心态下敏锐地感知消费者的需求和欲望，并进行研究以确定该想法是否能够成为成功的创业。

创业机会的定义很多，包含的要素也各不相同，但都非常重视以下两个要素："市场需求"和"产品（或服务）"。"市场需求"可能是众所周知的、显而易见的，也可能是潜在的、不明确的；"产品（或服务）"也许是很成熟的产品，也可能只是一个初步的想法。

创业机会又是如何找到的呢？有时候，机会是通过刻意搜索找到的，尤其是在开发新技术时；有时候，机会可能是偶然出现的。但在大多数情况下，创业机会来自认识到一个问题并有意识地尝试解决这个问题。这个问题可能很困难很复杂，如人类登上火星；也可能是一个简单得多的问题，比如制作一个更舒适的枕头。

《创业学》（*New Venture Creation*）的作者杰弗里·蒂蒙斯教授提出，好的商业机会有以下四个特征：第一，它很能吸引顾客；第二，它能在你的商业环境中行得通；第三，它必须在机会之窗存在的期间被实施[①]；第四，你必须有资源（人、财、物、信息、时间）和技能才能创立业务。

一提到创业机会，大家自然会想到飞猪理论。实际上，飞猪最关键的问题是：不能只顾埋头苦干，不去抬头看路，应该花足够的时间研究风向，研究风口，这样你成功的概率要大很多。这就是寻找适当的创业机会。

知识拓展

飞猪理论

飞猪理论，又称风口论，是指小米创始人雷军说过的一句话：创业，就是要做一头站在风口上的猪，风口站对了，猪也可以飞起来。这句话旋即成为创投圈流行语，也是"互联网思维"的最重要注脚之一，各行各业尤其是传统产业积极寻找风口，大家都希望成为下一个"飞猪"。

风口论也曾遭到业内人士的批判，阿里巴巴马云曾说：猪碰上风也会飞，但是风过去摔死的还是猪，因为你还是猪，每个人要思考怎么把控这个风，怎么提升自己，不应该去寻找风口，而是真正把自己变成一点点风就能够飞起来。百度CEO李彦宏也提道："风口上，猪都会飞"充满了投机思维，如果大家都用这种思考方式，是比较危险的。15年来，我时时刻刻处在风口当中，吹得难受。

雷军的本意是，只要抓住了好的机遇，即便是猪也能成功。但是，在后来的传播当中，人们慢慢将其理解成了热门行业、热门领域，天真地认为，因为热门，就会有各种助力，我们只要懂得借势，就可以成功。事实是，一个领域一旦进入到风口时期，就是出现大洗牌、倒闭潮的时候。

二、创业机会的来源

创业机会来自哪里呢？来自问题、来自变化、来自竞争、来自新知识新技术的产生，可以从客户、供应商、竞争者、公司内部的员工那里寻找问题和创业机会；也可以从消费者、现有产品和服务、分销渠道及研究开发来寻找创业机会。

1. 问题

创业的根本目的是满足顾客需求，而顾客需求在没有被满足之前就是问题。寻找

[①] 机会之窗是指商业想法推广到市场上去所花的时间，若竞争者已经有了同样的思想，并把产品已推向市场，那么机会之窗也就关闭了。

创业机会的一个重要途径是善于去发现和体会自己与他人在需求方面的问题或生活中的难处。

对于初创者来说，从问题中寻找创业机会需要把握以下两点：一是可以开发的市场需求，可以开发的市场需求可以是众所周知、显而易见的，也可以是潜在的、不明确的；二是满足这个需求的产品或服务，这个产品或服务可以是成熟的，也可以是一个非常初步的想法或技术概念。

2. 变化

创业的机会大都产生于不断变化的市场环境，环境变化了，市场需求、市场结构必然发生变化。著名管理大师彼得·德鲁克将创业者定义为那些能"寻找变化，并积极反应，把它当作机会充分利用起来的人"。这种变化主要来自产业结构的变动、消费结构升级、城市化加速、思想观念的变化、政府改策的变化、人口结构的变化、居民收入水平提高、全球化趋势等诸方面。比如居民收入水平提高，私人轿车的拥有量将不断增加，这就会派生出汽车销售、修理、配件、清洁、装潢、二手车交易等诸多创业机会。

3. 竞争

如果你能弥补竞争对手的缺陷和不足，这也将成为你的创业机会。看看你周围的公司，你能比他们更快、更可靠、更便宜地提供产品或服务吗？你能做得更好吗？若能，你也许就找到了机会。在市场竞争中，如果你能够针对竞争对手的不足，将自己的优势充分发挥出来或者采取差异化的产品或者服务方案，为顾客提供更具价值的产品或者服务，那么，你就找到了竞争夹缝中的绝佳创业机会。

4. 新知识、新技术

每一项发明创造，每一次技术革命，通常都会带来具有变革性、超额价值的新产品和新服务，能更好地满足顾客的需求，伴随而来的则是无处不在的创业机会。一方面，创新变革者凭借自身长期积累的技术优势、创新实力，自然会产生来之不易的创业机会；另一方面，即使你不是变革者，只要善于发现机会，同样可以抓住对你来说"得来容易"的创业机会，成为受益者。比如随着电脑的诞生，电脑维修、软件开发、电脑操作的培训、图文制作、信息服务、网上开店等创业机会随之而来，即使你不发明新的东西，你也能成为销售和推广新产品的人，从而给你带来商机。

案例

滴滴打车

2012年，程维已经在阿里巴巴工作了8年，做到了事业部副总经理。此时，他辞职创业，并用了9个月的时间来思考到底要做什么。在阿里巴巴工作时，程维经常需要出差，因为打不到车，程维就误了许多次航班，关于交通出行质量的问题困扰了他许久。直到这一刻，程维决定自己创业的方向，就是要改变中国人的交通出行质量。可是，直觉告诉程维，当市场已经培育成熟，再想进入，基本已经没有任何机会了。越是不成熟的市场,就越是有发展的空间。既然决定要做,程维就立刻开始市场调研。

当时,有国外租车软件的报道,但国内还是空白,而他对这件事的判断只有20%~30%的把握。2012年,滴滴打车用80万元人民币起步,聚齐了阿里巴巴的人员、百度的技术和腾讯的钱。到2016年,滴滴打车的市值是200亿美元。

三、创业机会的影响要素

影响寻找创业机会的要素包括主观和客观两类,主观要素有创业者的教育背景、经验、判断等,客观要素有创业环境等。一方面,创业者的观念、态度、教育背景、个人成长经验和工作经验会影响对市场知识的了解和把握,以及对于客户需求问题的感知,从而决定了对于创业机遇的认知;另一方面,创业环境的变化、网络信息的多寡和质量高低也会影响到对创业机遇的认识。通常来说,教育水平越高、个人经验越丰富、网络信息越多、信息质量越好,越有利于做出合理的创业机遇判断。

1. 观念态度

创业愿望是创业的原动力,只有拥有强烈的创业愿望,创业者才有可能更多、更有效地发现和识别市场机会;反之,再好的创业机会也会与创业者失之交臂。同时,创业者个性特征中一定的认知因素,以及对于创业过程中遇到的困难与艰辛是否有充分的心理准备,是否具有较强的心理弹性,都会影响到创业机会的识别。

知识拓展

创业警觉性

创业警觉性(Entrepreneurial Alertness)被译为"企业家警觉""创业警觉性""创业机敏性"和"创业洞察力"等,指一种持续关注、注意未被发觉的机会的能力,是创业者的个性特征中的认知因素。具有创业警觉性的创业者能发现别人没发现的机会,创业警觉是可以通过训练或习得的一种习惯性行为。

由奥地利经济学派著名学者 Israel M.Kirzner(1973)提出的创业警觉概念,即企业家能够警觉地发现非均衡市场上出现的盈利机会并迅速做出反应的能力,从根本上阐释了创业警觉这个以往被忽视的自由市场经济的重要协调因素。柯兹纳警觉的概念内涵也在不断丰富,从企业家不做刻意搜索就注意到未被别人发现的市场机会的禀赋(1973,1979)到大胆构想未来市场的倾向(1985),再到努力注意并正确构想未来的能力(1992)。

2. 知识经验

科学素养也是发现问题的动力,科学素养是运用科学知识、确定问题和做出具有论据的结论。大多数创业者的创业能力都是基于先前经验而不断成长,特定产业中的先前经验有助于创业者识别出创业机会,可以大大缩短创业过程中的时间。个体在特定领域的经验和知识存量越多,就越容易看到并把握该领域内的创业机会,从而开展创业活动。

3. 社会资本

创业者的社会资本是指与创业者个人及组织所建立的各类社会关系连接在一起形成的一系列资源,实际上是创业者各类社会关系资源价值的集中体现。创业者的社会关系网络包括政府、金融机构、高校、专业支持机构、商业合作伙伴、朋友、家庭、同事等。有关研究发现,社会关系网络是个体识别创业机会的主要来源。

4. 创业环境

环境的变化是创业机会的重要来源,因此创业环境必定会对创业机会的识别产生巨大影响。创业环境是创业过程中多种因素的组合,包括宏观经济政策与制度、产业结构、人口环境、技术环境、自然环境、市场环境等。例如,创业型经济发展的政策倾向、人们生活方式的改变、市场竞争环境的公平性,都会对创业机会的识别产生较大程度的影响,甚至影响创业者的创业积极性。

案例

内外部环境对京东企业创业机会识别的影响

京东创立于1998年,经过20多年的发展,京东已从起初销售光磁产品的单品类企业成长为集京东零售、物流、技术服务以及京东数字科技"四驾马车"齐头并进的多元的、专业的自营式电商企业。2014年5月和2020年6月分别在美国纳斯达克证券交易所和香港联交所上市。目前,销售品牌数量数万种,涵盖数码、图书、食品等13种产品。2019年《财富》世界500强排行榜中,京东集团位列139位,位居中国零售及互联网行业第一。在《2019胡润中国500强民营企业》排行榜中,京东集团以市值3 320亿元位列第12位。

创业环境对创业机会识别存在重要的影响作用:① 竞争环境。主要表现在同行的竞争以及新电商业态的冲击,随着淘宝、苏宁等重量级电商平台用户体验逐渐提升,以及同行业独角兽企业的快速成长,加剧了京东的竞争环境。② 社会环境。主要表现在政治、经济环境以及突发性公共事件的不确定性一定程度上影响了消费意愿,对京东的发展产生影响。③ 人才环境。主要体现在人才缺口比较大,随着数字技术、人工智能(AI)、5G等技术的快速发展,京东、阿里巴巴等互联网巨头均投身于新一轮技术革命争夺战当中,据《中国经济的数字化转型:人才与就业》报告显示,中国大数据人才缺口150万人,尖端人才缺口很大,并且短时间内难以满足需求。④ 内部环境。主要体现在京东的大企业病,随着京东公司规模的急剧扩张,内部管理、文化体系搭建存在滞后或缺位,导致很多问题。⑤ 体验环境。主要表现在消费升级和京东自我革新。随着物质需求的满足,越来越多的消费者更看重产品的品质、品牌和优质的服务,品质消费趋势越来越明显,从而导致京东必须不断优化组织架构、提升用户体验水平,进行自我革新,方能满足用户需求。

第二节　创业机会识别的基本流程

创业机会的最初来源是用户的未解决问题（市场需求），如何从这些问题中筛选出真正具有商业潜力的创业机会，是创业者必备的一项重要技能。创业机会的识别需要遵循一定的流程和方法。

一、发现问题

发现问题是识别和评价创业机会的第一步。在日常生活中，人们身边存在着各种各样的问题，但是这些问题都可以成为创业机会吗？从一般问题到创业问题，首先需要对发现的问题进行重新定义、梳理和筛选。

（一）观察和提问的方法

巴甫洛夫说："学不会观察，你就永远当不了科学家。"创业者同样需要学会观察。观察和提问是大学生和年轻人发现问题的主要手段，观察并不是漫无目的地观看，而是带着目的、主动地去提出疑问，以便发现问题。

我国学者孙继伟提出用 5W2H 7 个维度来提问和观察，日本学者高杉尚孝建议用 6W3H 9 个维度（表 5-1）。实际上，维度的多少无关紧要，关键是如何能够帮助我们有效地找到问题，你完全可以根据现实需要，对于不同的 W 和 H 进行组合。无论哪个维度，都建议观察者要换位思考，以同理心设身处地、感同身受地从用户的角度来观察。

表 5-1　提问和观察的 5W2H 与 6W3H 维度

英文	中文	维度
What	什么	目标、目的、结果
Why	为什么	为什么要做
Who	谁（主）	谁来做
When	什么时候	什么时间做
Where	哪里	空间、地点、范围
Which	哪个	事件活动
How	怎样	怎么做
How much	什么程度	程度、成本
How many	多少	需要多大数量

（二）动力与阻力

发现问题的第一个动力是助人为乐的爱心，感同身受的同理心是近代创业教育所推崇的理念；第二个动力是批判性思维，是对现实状态客观、公正的评价和分析；第三个动力是好奇心，只要有好奇心，到处都可能发现问题和机会；第四个动力是想象力，未来的新技术和美好世界很多来自想象甚至神话；第五个动力是热爱生活，生活成就了创业、创业丰富了生活。

在知足常乐、得过且过的文化环境里是很难发现问题的，这样的文化是发现问题的第一障碍。马云曾经说过，当新生事物出现的时候，一般经历四个阶段：看不见，看不起，看不懂和来不及。偶然看到的显性问题和机会只是冰山的一角，还有大量潜在的隐性问题和机会在水面之下，需要创业者用学会的理论知识、工具、方法和敏感的触角来主动发现。生活中从不缺少问题和机会，缺少的是发现问题和机会的敏锐眼睛和探索精神。

二、问题的描述、澄清和评估

所谓问题的描述，即描述一个具体事件的当前状态、预期状态、它们之间的差异以及该差异带来的对当前状态的不满意和对预期状态的期待。对当前状态的不满意只是问题的一个要素，是发现问题的开始。当前状态、预期状态和差异是定义一个问题的三个核心要素。

（1）发现问题就是通过观察、提问和差异分析找到当前状态、预期状态、它们之间的差异以及该差异引起的不满和困境。

（2）分析问题就是进一步理解和明确当前状态、预期状态以及它们之间的差异及影响因素。

（3）解决问题就是找到方法消除当前状态和预期状态之间的差异，以达到预期状态。

需要注意的是，不是所有的问题都是创业机会，如果问题是短暂的、偶然的，可以通过管理措施的改进而得以解决，那么这样的问题就不是创业机会。例如宿舍楼道里水管坏了，找工人修理好就可以解决问题了。创业问题需要当前状态与预期状态之间的差异具有严重性和持续性等特点。

在发现问题以后，审慎地反复推敲和分析这个问题是否准确和清晰，不要急于给出解决问题的方案。这个过程就是问题的澄清和重新描述。

（一）状态明确法

根据问题状态的明确程度，可以把问题分为四种类型：确定型问题、目标型问题、现状型问题和双盲型问题。

（1）确定型问题：当前状态和预期状态都明确。对这类确定型问题，主要问题存在于从现状到目标的实现过程和方法。

（2）目标型问题：当前状态明确，预期状态不明确。解决问题的思路也是不明确的，这就需要首先明确你的预期状态。

（3）现状型问题：当前状态不明确，预期状态明确。要解决问题，必须先确定现状。

（4）双盲型问题：当前状态和预期状态都不明确。

这四类问题中，除了第一类问题是相对确定的，其他三类问题都有不确定的因素，需要进一步澄清和重新定义。

（二）D-D 值法

创业机会里面一定包含一个或多个问题，但是反过来却不一定成立。不是所有问题都反映了确实需要关注的用户痛点，也不是所有的问题和痛点都能构成一个创业机会。创业失败的一个主要原因就是所发现的问题根本就不是一个创业问题。根据问题的严重程度（Degree）和持续性（Duration）两个维度确立问题评估的矩阵（Problem Assessment Martix，简称 PA 矩阵）（表 5-2），两个维度的评估数值相加所得称为"D-D 值"，D-D 值至少在 6 以上，所发现的问题才可能是一个创业问题，即这个问题必须是严重的、且持续的。

表 5-2 问题评估 PA 矩阵

项目	（1）不严重	（2）有点严重	（3）严重	（4）很严重	（5）非常严重
（1）时间不长					
（2）时间有点长					
（3）时间长					
（4）时间很长					
（5）时间非常长					

三、需求类型

一个真正的创业问题应该反映市场的需求，市场需求是创业机会的核心。需求各式各样、千变万化，当发现一个问题或需求之后，需要对这个问题或需求进一步分析和理解，并确定需求的类型以及明确这个需求是否真实存在。

创业者首先需要知道所发现的需求是不是真实存在的，即对需求进行评估。东京理工大学狩野纪昭（Noriaki Kano）教授把满意度与不满意度两个指标同时引入对用户满意度的评估，建立了狩野模型。该模型分析了当某种需求"有"和"无"的不同组合情况下，用户的满意程度和不满意程度。根据狩野模型，从创业的角度把用户需求分为四类：基本需求、期待需求、兴奋需求和多余需求（表 5-3）。

表 5-3 根据狩野模型划分的四类需求

无 \ 有	无所谓	很满意
无所谓	多余需求	兴奋需求
很不满意	基本需求	期待需求

（一）基本需求

基本需求是用户对企业提供的产品或服务，或其部分因素的基本需求，这是用户认为"必须有"的产品或服务。当产品或服务不满足用户需求时,用户很不满意;当产品或服务满足用户需求时,用户也可能不会因此表现出满意。对于基本需求,即使超过了用户的期望,用户充其量感到满意,而不会对此表现出更多的好感;不过只要稍有疏忽,未达到用户的期望,用户满意度将一落千丈。总之,用户对于基本需求,有了也不会太在意,习以为常,理所当然,但是如果没有则是根本不能接受的,会非常不满意。

（二）期待需求

期待需求是指用户的满意状况与需求的满足程度成正比例关系的需求要素。期待需求没有基本需求那样苛刻,其要求提供的产品或服务比较优秀,但并不是"必需"的产品属性或服务行为。但是,企业提供的产品或服务水平超出用户期望越多,用户的满意状况越好,反之亦然。这是提高用户满意度的关键。在市场调查中,用户谈论的通常是期待需求。如果这一类需求没有得到满足,用户满意度会下降;如果得到满足,则满意度也会提高。用户对于期待需求,有了用户会很高兴,没有则会引起用户不满。

（三）兴奋需求

兴奋需求是指用户并没有期待的需求,但该需求一旦得到满足,用户表现出的满意度也是非常高的。对于兴奋需求,随着满足用户期望程度的提升,用户满意度也急剧上升;反之,即使在期望不被满足时,用户也不会因此表现出明显的不满意。这要求企业提供给用户一些完全出乎意料的产品属性或服务行为,使用户产生额外的惊喜。用户对于兴奋需求,有了会非常高兴、锦上添花,认为是意外收获,如果没有也无所谓,因为根本就没有这个期待。

（四）多余需求

多余需求是指那些对满意度没有明显影响的因素和需求,也称无差异因素。对于无论有没有都无所谓的产品或服务,有是多此一举,没有人感到感激和开心;没有也没有人抱怨,没有人注意,没有人投诉。导致创业失败的一个主要原因正是创业者识别的所谓需求是不存在的、没有必要的甚至多余的。创业机会识别的一个常见的毛病是"己所欲,施于人",这是创业者需要格外注意的。

市场需求不是一成不变的,而是因地而异的;即便在同一个地区,需求也是因人而异的,是随时可能变化的。原来的期待需求经过一段时间渐渐培养了用户的使用习惯,增强其依赖性,这个时候多余需求就开始向基本需求过渡。同样,原本建立在期待需求上的兴奋需求也因为期待需求的落地,变得不再遥不可及。我国20世纪八九十年代,手机是兴奋需求,现在已经变为基本需求了。创业失败的一个原因是没有做到与时俱进、因人而异、因地制宜。而有些创业成功,恰恰是看准了特定的市场需求,并对需求跟进评估。

四、创业机会的分类

当我们通过观察和提问发现问题,并确定一个潜在的创业机会之后,需要进一步明确这个创业机会的类型。对于同一个问题,因为创业机会类型的不同,解决方案就不同,需要的资源、知识产权保护方式、产品研发投入、承担的风险等都会不同。

创业机会的核心是市场需求和满足需求的产品或服务。依据创业价值分类按照市场—产品—机会建立矩阵（表5-4），从而把创业机会分为复制型创业、模仿型创业、增值型创业和风险型创业四类。

表5-4 市场—产品—机会矩阵

市场＼产品	明确的 （现有产品）	不明确 （创新产品）
明确的 （现有市场）	复制型机会 （复制型创业）	增值型机会 （增值型创业）
不明确 （新的市场）	模仿型机会 （模仿型创业）	风险型机会 （风险型创业）

（一）复制型创业

复制型创业是在市场和产品都相对明确的情况下，复制已有的创业模式。开网店、补习班、私立学校、洗衣店、饭店、来料加工厂、经济型旅店等都是典型的复制型创业，公司扩张、连锁店、加盟店也都属于复制型创业。

复制型创业是一种显性的创业机会，尽管相对容易识别，但并不意味着所有的人都能看到或者想到，显性创业机会的识别主要取决于创业者的创业意愿。需要注意的是，显性的复制型创业并不容易成功，因为产品和市场是已知和明确的，所以门槛较低，竞争也会很激烈，必须找到供需之间确实存在问题的行业，才能够生存和持久。

同时，很多高科技企业也可能是复制型的，例如智能手机、计算机、汽车、电动汽车、卫星、火箭、过期专利产品等。对于高科技企业的复制，竞争会更激烈。

（二）模仿型创业

模仿型创业是指对一种已经成功的创业模式进行改良，从一个市场移植到新的市场，或者从一个地方移植到另外一个地方，这样的机会也称作移植型机会。搜索引擎、网上支付、电视广告、众多的电视节目等，大都是复制后进行的一定的改进。

移植和模仿型创业机会的识别需要有广泛的阅历和视野。了解本地市场的需求和问题，了解发达地区的技术和成功模式，就是识别这类创业机会的重要因素。

冒险模仿或生产山寨产品不是创新创业所鼓励的，寻找创业机会的前提是尊重知识产权，做到合法、合理。

（三）增值型创业

增值型创业是通过提供一种全新的或者大幅度改进的产品来满足已知的用户需求的创业方式。创新的产品会比原有的旧产品提供更高价值或更高性价比。

增值型创业主要依靠新产品的开发，手机打车软件就是一个增值型创业的例子。增值型创业既需要坚实的专业技术知识和创新能力，也需要敏锐的观察力以及发现所在市场的各种问题和需求的能力。

（四）风险型创业

风险型创业往往是利用某种技术或社会发展趋势带来的创业机遇而创造出全新的产

品、全新的市场甚至全新的行业。风险型创业属于典型的机遇型创业的一种，即借助新趋势开拓新的创业机会，这样的趋势包括技术变革、政治和制度变革、社会变革、人口结构变化和产业结构变革等。

这一类创业中，产品和市场都是不确定的和高度创新的，所以失败概率很大，风险很高。因为风险型创业的机会大部分是借助社会和技术的变化趋势，所以，关注某个领域的重大进步，深入学习和参与某个行业的技术发展，关注新闻和实时报道，参与时事政治讨论等，都有助于发现潜在的创业机会。

风险型创业是隐性创业机会，不是发现机会，而是创造机会。

以上四种创业的机会特征、识别难度、创业风险和自主创新程度都各有不同（表5-5），但都是相对的，而不是绝对的。实际上，一个创业企业有可能介乎两者之间，或者更接近某个类型。

表5-5 四种创业机会的比较

特点＼机会类型	复制型机会	模仿型机会	增值型机会	风险型机会
机会特征	高度显性	中度显性	中度隐性	高度隐性
识别难度	低	比较低	比较高	很高
创业风险	低	比较低	比较高	很高
自主创新程度	很低	比较低	比较高	比较高

知识拓展

创业机会划分的 Ardichvili 模型

美国伊利诺伊大学 Ardichvili 教授认为通过设定两个维度可以将机会划分成四种类型，两个维度分别是价值搜寻和价值创造能力，价值搜寻反映的是价值被创业者感知的程度；价值创造能力反映创业者对机会开发的能力。没有相应的能力同时又未发现机会的价值，此时的机会是梦想型的机会；机会的价值已被发现同时又具有开发机会的能力时最能够促进企业的创立，此时的机会便是创立企业型机会。在 Ardichvili 模型中，机会的类型是可以动态变化的，创业机会可以从梦想型机会转变为问题解决型机会或技术转移型机会，最终转变为创立企业型机会。

第三节 创业机会的评估

在创业的过程中，用科学的方法搜集证据、检验假设的过程，这一点对于没有资金积累的年轻学生尤为重要，这就要求对创业机会进行科学的评估，以减少低级错误的发生，避免没有必要的损失，减少时间和资源的浪费，提高创业的整体效率，并不断调整创业的方向。

创业过程本身就是一个反复评价、不断回归的过程，只有这样才可以防止创业者因考虑不周，盲目开展创业活动而导致的失败。

一、机会评估漏斗

机会评估漏斗是一个创业机会逐级评估的过程，包括问题评估、解决方案评估、产品评估和机会评估（图5-1）。

（一）问题评估

对于没有任何工作经验和学科背景的年轻创业者而言，从问题中寻找创业机会往往是最简单、最容易操作的。从一般问题到创业问题，需要对发现的问题进行重新定义、梳理和筛选，依据前文介绍的 PA、NA 评估方法，从众多问题中排除干扰问题，初步筛选出具有一定市场潜力的创业问题。

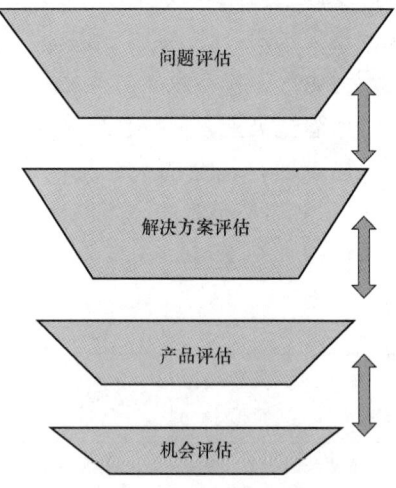

图5-1 创业机会逐级评估过程

（二）解决方案评估

解决方案的制定，一方面可以帮助创业者更好地认识和理解创业问题，也是对创业问题的再一次识别和评价；另一方面也是为潜在创业机会的筛选做准备。本阶段需要对不同创业问题的不同解决方案进行评价，对方案与用户问题的匹配程度（Customer Desirability）、方案的原创性（Idea Originality）、方案的技术可行性（Technical Feasibility）和方案的商业可行性（Business Viability）进行评估。

（三）产品评估

本阶段主要是依据解决方案对产品原型或初始服务模式进行设计，并对技术可行性进行验证。包含了对产品技术可行性的评估，以及产品市场可行性的评估，主要从产品的技术可实现性及产品与市场需求、行业趋势的匹配度以及行业竞争的激烈程度和自身的盈利机会几个方面对解决方案进行评估。

（四）机会评估

在上述三个阶段对问题、解决方案和产品评估的基础上，应用创业机会评估量表对潜在创业机会从用户问题、产品创意、市场需求、可盈利性、行业趋势和行业竞争等几个方面进行评估。除此之外，还会涉及更多关于产品、运营、营销、推广、盈利模式等方面的细节性评估；更深层次地考察产品（服务）与市场、行业的匹配度及产品（服务）的可盈利性。

二、市场调查和分析

机会评估是建立在对机会全面了解的基础之上的，要想全面了解创业机会，就需要从市场、行业、用户、竞争者等各方面收集充分的信息，并对信息进行分析。那么，如何收集并分析信息呢？这就需要进行市场调查和分析。

市场信息收集是一项非常值得花精力去做的重要工作，是一切评估依据的来源，也是了解市场和用户，提高产品（服务）适应性的重要过程。

（一）用户需求调查

在商业领域，谈到用户需要，痛点（Need）、痒点（Want）和卖点（Demand）是三个重要的关键词，更是一切产品（服务）的策动点。如果一个产品（服务）的核心价值没有指向其中任何一个关键词，就很难获得真正意义上的成功。

（1）痛点。痛点就是用户在生活当中所担心的、纠结的、不方便的问题。用户需要找到一种解决方案来化解这个问题、解开这个纠结、抚平这个抱怨，以恢复正常的生活状态。痛点是用户必须解决的问题。

（2）痒点。痒点是促使用户心中"想要"，让他一看到、一听说有这样的产品（服务），就会激发内在需求，内心特别感兴趣、特别向往。但是，新产品（服务）对他们来说并不是生活必需的，而是对他们欲望的满足。在商业领域中，如果产品（服务）不能切实解决用户的问题，又不能满足他心中的欲望，就很难使其产生购买的想法。

（3）卖点。卖点是从卖家角度所说的，就是指产品（服务）自身的特色，但这个特色用户不一定能发现，而等商家一说出来，用户会突然对产品的特色有怦然心动的感觉。真正有"杀伤力"的卖点能在瞬间打动人心。

真正有潜力的创业机会，是从以上三点出发，分别满足用户的不同需求。即使不能同时满足三个方面的需求，至少也要从一个方面满足用户需求，否则构建的产品（服务）很难得到市场认可。

产品（服务）市场定位十分准确，是否满足用户需求，更进一步的检验是对用户的购买意向调查。购买意向调查的调研对象是产品（服务）的目标用户，问题设计要尽量短小、简单、容易回答，调查内容涉及产品（服务）对用户期待的满足程度、用户所期望的购买渠道、用户的支付意愿等。

（二）行业前景调查

市场和行业是企业生存和发展最为基本的环境。市场的规模、行业的结构和成长性都是影响企业发展的重要因素，也是对创业机会评估的重要因素。行业前景调查涉及的内容包括行业的成长和所处阶段、行业目前的整体规模、是否具备良好的竞争优势、供应方的能力、是否买方市场、谁是潜在的竞争者等。

（三）市场竞争调查

企业在行业中的竞争优势在一定程度上决定了企业所在行业的吸引力，也表明了创业机会的发展潜力。迈克尔·波特五力模型可以帮助我们分析一个行业的基本竞争态势。波特五力模型确定了竞争的5种主要来源，即供应商的议价能力、购买者的议价能力、潜在进入者（新的竞争对手）的威胁和替代品的威胁，以及来自同行业的竞争。任何产业，无论是国内的或国际的，无论生产产品的或提供服务的，竞争规律都体现在这5种竞争的作用力上。

（四）市场分析的主要方法

市场分析是对市场的规模、位置、性质、特点、容量及吸引范围等调查资料所进行的经济分析，是对市场情况和用户需求的研究。市场分析是为决策服务的管理工具，有很多方法。例如，PEST（Political，Economic，Sociological，Technological）分析法、MOST（Mission，Objectives，Strategies，Tactics）分析法、SWOT（Strengths，Weakness，Opportunities，Threats）分析法、STEER（Sociological，Technological，Economic，Ecological，Regulatory Factors）分析法、波特五力模型等。以下主要对 PEST 分析法和 SWOT 分析法作简单的介绍。

1. PEST 分析法

PEST 分析法是分析总结企业外部宏观环境的一种方法，宏观环境是指影响一切行业和企业的各种宏观力量，一般包括政治环境（Political）、经济环境（Economic）、社会环境（Sociological）和技术环境（Technological）。PEST 也有扩展版，包括扩展到 STEEP 和 PESTLE，前者是加上了自然环境（Environment），后者则加上了法律环境（Legal）和道德规范（Ethical）。不同的行业对宏观环境分析的详略程度不同。

2. SWOT 分析法

SWOT 分析法是基于内外部竞争环境和竞争条件的态势分析，就是将与研究对象密切相关的各种主要内部优势和劣势及外部机会和威胁等，通过调查列举出来，并依照矩阵形式排列，然后运用系统分析的方法，把各种因素相互匹配起来加以分析，从中得出一系列相应的结论，而结论通常带有一定的决策性。SWOT 分析法中，S（Strengths）是优势、W（Weakness）是劣势、O（Opportunities）是机会、T（Threats）是威胁。

SWOT 分析法的优点在于考虑问题全面，是一种系统思维，可以把对问题的"诊断"和"开处方"紧密结合在一起，条理清楚，便于检验。

三、创业机会评估工具

关于创业机会评估，学者提出了不同的评估模型和量表，这里简单介绍几个评估工具，各个工具的适用性稍有不同。

（一）罗伯特·希斯瑞克提出的评估工具

美国肯特州立大学罗伯特·希斯瑞克教授认为创业机会的评估有四个部分，包括两个主要部分和两个非主要部分，共四类 22 项。两个主要部分：一是开发产品（服务）的想法、竞争对手的产品和企业的分析以及创意的独特性；二是市场的规模、趋势、特性及增长率。两个非主要部分：一是创业者和创业团队的背景、受教育程度、技能和行业经验等；二是将想法转变成企业的时间规划。

（二）威廉姆·拜格列夫提出的评估工具

威廉姆·拜格列夫认为，应从用户的可识别性和消费心理、市场的发展趋势、市场规模、市场增长、消费的价格和频次、市场竞争、关键成功要素、供应商、政府规定、国际环境 11 个类别 30 项细化指标对创业机会进行评估。

（三）杰弗里·蒂蒙斯提出的评估工具

美国百森商学院杰弗里·蒂蒙斯教授主要从行业与市场、经济价值、收获条件、竞争优势、管理团队、致命缺陷、创业者个人标准、理想与现实的战略差异，共 8 个类别 53 项细化指标对创业计划进行评价。

上述的创业机会评价框架为我们提供的是一套评价标准，需要运用科学的步骤和专业的评价方法来进行评估，常用的评价方法有标准矩阵打分法和 Baty 选择因素法。

1. 标准矩阵打分法

标准矩阵打分：首先是指评价者对创业机会评价指标体系的每个指标进行"极好"（3 分）、"好"（2 分）、"一般"（1 分）三个等级的打分，形成打分矩阵表；然后求出每个指标在各个创业机会下的加权平均分，即评价结果。由于每个创业机会的评价指标不一样，所以这种评价方法可以用于对不同创业机会进行对比评价，其量化结果可直接用于机会的优劣排序。当该方法只用于一个创业机会的评价时，则可采用多人打分后进行加权平均，加权平均分越高，说明该创业机会成功性越高。就蒂蒙斯创业机会评价框架而言，高于 100 分的创业机会可进一步规划，低于 100 分的创业机会则需要考虑淘汰。

2. Baty 选择因素法

该方法可以看作是标准矩阵打分法的简化版。评价者凭借个人对创业机会的认知与理解，直接按照蒂蒙斯创业机会评价框架中的各项评价指标，判断自己的创业机会是否符合这些指标要求。如果创业机会符合指标要求的数量低于 30 个，则说明该创业机会很可能不可行；如果符合要求数量超过 30 个，则说明该创业机会大有希望，值得探索与尝试。这种方法运用过程中，需要特别注意其中某些关键因素的"破坏力"。例如，你的创业机会一旦存在"致命缺陷问题"，再多的合格指标数量也是无济于事，只能是对你的创业机会"一票否决"。该方法比较适合于创业者进行自评。

第四节　创业风险的评估与管理

创业机会评估更多考虑的是机会的正面、需要保障的因素；而创业风险评估则是事前考虑创业过程中的负面因素，是更深层次的创业机会评估。

刚开始创业时，不可避免地要承担风险，创业者在创业开始阶段会对要承担的风险和可能获得的利益进行评估，只有面对的风险是他们所能够承担的，他们才会投入到创业实践中来。

风险存在于创业的任何阶段，对风险进行管理，或者更准确地识别和量化，从而使风险可控制、可接受。有效的风险管理过程主要分为以下四个步骤：① 风险识别；② 评估风险出现的概率和影响；③ 采取措施应对风险（避免或降低风险影响）；④ 制定监测预警信号以辨别风险的出现。

一、风险识别

创业风险的识别要从识别主要可能出现的风险开始。风险存在于企业经营的方方面面。

（1）外部事件：例如洪水、火灾、流行性病毒等，这是很难预测及发生概率较低的事件，但影响可能会比较大，例如失去生命等。2019年暴发的蔓延至全球的新型冠状病毒（COVID-19）给全球的社会生活都带来了极大的影响。此外，一个国家和地区的经济政策、产业政策的变化，行业与技术的更新，竞争对手的竞争策略的调整等也是外部事件，这些事件发生的概率相对较高，可以提前感知和预测，需要提前制定风险防范措施。

（2）内部事件：例如机器故障、产品质量不达标、办公场所租金增加、管理人员流失等，这些都存在于企业的正常经营过程中。除此之外，在企业经营的各个阶段和各个环节都可能出现各种各样的风险，这些风险在企业经营过程中很容易被识别，有针对性地进行防范就可以大大减少其对企业产生的影响和损失。

关于风险识别，有一种方法叫做情景计划法（Scenario Planning），它是指按照企业经营的全过程，将经营过程进行情景化描述，在描述情景的同时对企业面对的风险进行识别。表5-6提供了一份刚开始创业可能面临的风险清单。需要注意的是，无论采用什么样的方法，都不可能穷尽所有的风险，企业经营过程中会出现很多不可控的因素，创业者要随时做好应对风险的准备。

表5-6 创业风险清单

法律法规政策：开展业务是否被允许	生产力：是否达到目标
区域文化、风俗：业务是否容易被接受	行政：过程及程序是否运行良好
延迟营业：有什么主要活动导致延迟	品牌识别：是否已成立
竞争者：他们在做什么	知识产权：是否安全
竞争优势：是否已被侵蚀	技术：变化会带来什么影响
市场：如何变化	投资：是否需要更多投资
用户价值主张：是否已实行	存货（库存）：是否足够或太多
产品（服务）质量：是否足够好	推销：是否在控制之内
用户服务：是否满意	债务人：是否在控制之内
现金流量表：是否足够	利率：变化会带来什么影响
销售：是否达到目标	兑换率：变化会带来什么影响
利润：是否达到目标	管理：团队组织成效
运营：主要活动是否受控	

二、风险评估

风险评估的内容包括：① 对风险本身的界定，包括风险发生的可能性、风险强度、风险持续时间、风险发生的区域及关键风险点；② 对风险作用方式的界定，包括风险对企业的影响是直接的还是间接的、是否会引发其他的相关风险、风险对企业的作用范围等；③ 对风险后果的界定。在损失方面，如果风险发生，对企业会造成多大的损失？如果避免或减少风险，企业需要付出多大的代价？在冒风险的利益方面，如果企业冒了风险，可能获得多大的利益？如果避免或减少风险，企业得到的利益又是多少？

风险管理的优先级可参照三个维度来确定：风险发生概率、风险所带来的损失大小（影响），以及风险可控性。一般来说，越不受控制、影响越大、发生概率越高的风险越危险。应用三个维度对风险的分类就像一个魔方，在魔方中，影响最大、发生概率最大、最不受控制的方块风险最大。这样的风险是很难避免或缓和的，但一定要密切监测。在企业发展中有着重要影响但却可控的风险，应该在企业风险管理中集中关注并尽量避免。

通过对风险发生概率、影响力和可控性三个因素的评分可以计算出事件的风险指数（Risk Index，RI）：

$$RI = \frac{P \times I}{C}$$

其中，P 为风险发生概率，I 为风险影响力，C 为风险可控性。每一个因素可进行赋值，例如可分为低、中、高三个级别，分别对应的数字从小到大，最终所获得的风险指数 RI 越高，说明该事件对企业构成的风险越大。在风险防范和管理中，要着重监测风险指数高的风险事件，并对其准备好应对措施。

三、风险应对

风险应对是创业者在风险评估的基础上，选择最佳的风险管理技术，采取及时有效的方法进行防范和控制，用最经济合理的方法来综合处理风险，以实现最大安全保障的一种科学管理方法。常用的风险应对方法有风险避免、风险自留、风险预防、风险抑制和风险转嫁等。

风险避免是指没有办法回避损失发生的可能性，创业者选择从根本上回避特定的风险，或中途放弃某些既有的风险带来的利益。这种方法是一种消极的风险管理方法，通常当某种特定风险所导致损失的概率相当高时，或者采用其他方法管理风险不符合成本效益原则时才采用。

风险自留是指创业者自我承担风险损失的一种方法。这种方法常常在风险所致的损失概率和影响较低、损失短期内可以预测以及最大损失不影响创业活动的正常进行时采用。

风险预防是指在风险损失发生前，为消除或减少可能引发损失的各种因素而采取的处理风险的具体措施。其目的在于通过消除或减少风险因素而达到降低损失发生概率的目的。这种方法通常在损失概率高且损失影响低时使用。

风险抑制是指在损失发生时或损失发生后，为减少损失影响而采取的各种应对措施。这种方法常常在损失影响大且风险又无法避免或转嫁的情况下采用。

风险转嫁是指创业者为避免承担风险损失，有意识地将损失或与损失有关的财务后果转嫁给他人承担的一种风险管理方法。

创业者或初创企业要针对风险评估的结果和具体的评估环境，选择适合的风险应对方法，采用科学的风险应对策略（表5-7）。

表 5-7 风险应对策略的比较

影响力＼发生概率	高发生概率	低发生概率
影响大	风险避免 风险抑制 风险转嫁	风险避免 风险抑制
影响小	风险避免 风险预防	风险自留

四、风险监测

企业经营的风险分为系统风险和非系统风险。

系统风险是指由某种全局性的共同因素引起的，创业者或初创企业本身控制不了或无法施加影响，并难以采取有效方法消除的风险，例如环境风险、市场风险等。非系统风险是指由特定创业者或初创企业自身因素引起的，只对该创业者或初创企业产生影响，例如机会选择风险、人力资源风险、技术风险、财务风险等。

所谓风险监测主要是对于企业经营过程中的非系统风险的监控。

1. 机会选择风险

机会选择风险是一种潜在风险，是指由于选择创业而失去其他发展机会可能损失的最大收益。因此，创业者在创业准备之处就应该对创业的风险和收益进行全面权衡，将创业目标和目前的职业收益进行对比，并结合当下的创业环境、自己的生涯规划进行分析。

2. 人力资源风险

人力资源是创业活动中最重要的资源，由此产生的风险对初创企业来说往往也是致命的风险，所以一定要予以充分关注。首先，创业者应不断充实自己，提高个人素质；其次，招聘具有良好职业道德素质和与团队需求相匹配的人员，建立合法合规的劳务关系；最后，通过沟通、协调、激励、奖惩、评价等多种手段管理创业团队，科学合理地对团队成员进行绩效评价，实现个人、团队、企业整体效益的提升。

3. 技术风险

创业一定要通过加强自身能力建设或建立创新联盟等方式减少技术风险发生的可能性。第一，重视技术方案的咨询论证，就技术方案的可行性进行研究，对项目方案对技术创新方案的可行性研究，减少技术开发与技术选择的盲目性。第二，应改善内部组织，建立有利于技术创新的生产过程组织。第三，通过选择合适的技术创新项目组合，进行组合开发创新，降低整体风险。第四，建立健全技术开发的风险预警系统，及时发现技术开发和生产过程中的风险隐患，重视专利申请、技术标准申请等保护性措施。第五，建立健全有关技术治理的内部控制制度，加强对技术资产的监督治理。

4. 管理风险

努力提高核心创业成员的素质，树立其诚信意识和市场经济观念，建立能适应企业不同发展阶段变化的组织机构。设立正确的创新目标，最大限度地利用现有条件制定科学合理的计划，其中包括对风险的预测及建立相应的防范规避机制；同时，组织的过程管理要以计划为依据，充分挖掘企业各种资源，使现有资源的效用发挥到最大，注意组织结构的适时调整。领导过程要以现有目标为前提，加强对参与创新人员的适当激励，保持创新团队的士气；最后，控制环节除了一般的信息准确及时、控制关键环节、注意例外处理等方面，应突出关注控制的经济效益，要关注采取行动的效率和效果。

5. 财务风险

企业财务风险是客观存在的，完全消除财务风险是不可能的，也是不现实的。企业的财务活动贯穿于生产经营的整个过程中，筹措资金、长短期投资、分配利润等都可能产生风险，筹资困难和资本结构不合理是很多初创企业明显的财务特征和主要的财务风险。创业者要对创业所需资金进行合理估计，避免筹资不足影响企业的健康成长；学会在企业的长远发展和目前利益之间进行权衡，设置合理的财务结构，并管理好企业的现金流，避免出现现金流带来的财务拮据甚至破产清算的局面。

习　题

1. 如何发现和识别创业机会？
2. 如何理解痛点、痒点和卖点？它们之间有什么区别？
3. 创业机会评估的流程是怎么样的？
4. 创业风险主要来自哪些方面？

第六章
创业团队组建

团队是指认同一个共同目标和一个能使他们彼此担负责任的程序，并共同为达成高品质的结果而协作互助的一群人。是否有共同的目标是团队区别于群体的重要特征。

相对于个人创业，创业团队具备共同责任与目标、能力互补发展、决策更有效、工作绩效更高、应变能力更快等优势。

第一节 创业领袖

创业领袖是组织一群人来共同实现一个目标，通过他们的勇于创新、敢于冒险、积极利用机会、控制不断变化的环境的创业行为，实现组织利益的最大化。创业领袖在组织中应用科学的方法来识别创业机会从而获得优势，控制环境带来的变化并传递这些优势。

团队领袖是为了实现团队关键的一致性目标，为团队其他成员提供指引和领导的人，为团队设定可衡量的定量化目标。为了团队最终能够实现预定的目标，实现整个团队的成功，团队领袖要发挥其管理艺术，鼓励团队成员，同时让大家共同分享成功的喜悦。

真正的团队领袖能够让身边的人清晰地明白：他们自己想做什么，想拥有什么，想成为什么。这样的领袖激发人们未知的动力，帮助他们设定要达到的目标，带领他们战胜内心的懒惰、焦虑、困扰，领导每个人达成自己心底曾憧憬万分，却没敢想象能够真正实现的辉煌目标。这样的领袖是其他人追随的榜样，他坚定、睿智、理智而且能够理解他人。人们不需要被管理，而需要被这样的领袖领导。

一、领导者与管理者

管理是指在特定的环境条件下，以人为中心通过计划、组织、指挥、协调、控制及创新等手段，对组织所拥有的人力、物力、财力、信息等资源进行有效的决策、计划、组织、领导、控制，以期高效地达到既定组织目标的过程。从这个意义上说，领导就是管理的一部分，但在创业团队的角色定位中，领导者与管理者有所不同，领导者更倾向于用更具创造性的思维解决问题，而管理着更加关注组织和团队任务的完成情况。领导是在一定条件下，指引和影响个人或组织，实现某种目标的行动过程。其中，把实施指引和影响的人称为领导者，把接受指引和影响的人称为被领导者，一定的条件是指所处的环境因素。领导的本质是人与人之间的一种互动过程。

（1）管理是可以被标准化梳理的，领导一定是个性化修炼的。

管理的知识、行为都是可以被标准化梳理的，有许多管理的方法论。尤其是新上任的管理者，通常都会根据一些传统的管理知识进行学习和转身，从原来一个业务精英的角色转变成团队管理者，从原来一个人战斗到带领团队战斗，工作内容和场景发生了变化。当然在许多企业管理者更多是靠悟性，自己去总结管理的方法，那么在一些相对比较大的企业，就会有一些指导手册、SOP等，把一些关键行为标准化，让其可以更快地适应岗位。

而领导本身可能就不是基于流程制度了，更需要根据团队不同的阶段，调整带领团队的里程碑、目标，所以领导力其实靠系统化学习是挺难的，当然是可以让你有所触动，借鉴方法。但是没有什么领导力模型是可以随时拿来套用的，因为很多时候基于问题的思考解决，形成了你个性化的领导风格，所以需要我们不断修炼自身。

（2）管理是通过已知来解决当下问题，领导是通过未知来解决未来问题。

什么是已知，就是对当前事物、资源的分析判断都是清楚的情况下，解决当下实际发生的问题。那么这种及时处理问题的能力，事实上就是管理经验铸就的，因为之前有过处理的经历，或者流程操作上有这样的指引，所以就可以这么去解决。所以已知是一个特别关键的前提，为什么新上任的管理者会度过一段迷茫期，就是自己没有已知的这个层面。已知怎么来，当然通过学习、被辅导等途径来获取。

而领导是通过未知，那么未知是什么？未知是领导者本身探索和创新的精神，既然带领团队要走向新的高度和更远的未来，那么光靠已知已经不行了。要更多地通过对于未知的渴望，着眼未来会发生的问题，或者未来的挑战和机遇，所以视角和态度的不一样，形成了两者间的区别。

（3）管理聚焦事物场景，领导关注人为因素影响。

管理更聚焦在事情上，所谓的对事不对人，是管理应该有的态度，对于事情本身就可以有参考的解决方案，有制度、有章程可以依照。所以管理更多是以一些客观事实、数据等作为判断的标准。

领导，其实更关注人为影响，同样的事情，不同的人接触，因为观点不一致，结果就会不同。所以培养人是优秀领导者靠前的职业目标，因为只有当下属的能力形成之后，自然就会减少很多需要你出面的场景，自然你的精力就可以放在更多思考和对未来的探索上。所以领导者更多追求对于人才的识别、培养。

（4）管理崇尚正确做事，领导研究做正确的事。

管理是为了让大家一起用正确的方式做事，达成组织和团队的目标。这些所谓正确的做法，是基于管理氛围形成的一些团队做事的基准。

但是，领导为什么研究正确的事呢？因为我们知道在当前的社会环境下，一个正确的事（方向、目标）比起把事情做好更重要。往往很多管理者，其实自己具备很强的业务能力甚至也有管理能力，但是缺乏真正去研究什么是正确的事，所以优秀的领导者，更多会去筛选评估哪些才是正确的事。

哈佛商学院的 Abraham Zaleznik 指出，管理者和领导者是两类完全不同的人，他们在动机、个人历史以及想问题做事情的方式上存在着差异。他认为，管理者如果说不是以一种消极的态度，也是以一种非个人化的态度面对目标的；领导者则以一种个人的、积极的态度面对目标。管理者倾向于把工作视为可以达到的过程，这种过程包括人与观念，两者相互作用就会产生策略和决策；领导者的工作具有高度的冒险性，他们常常倾向于主动寻求冒险，当机遇和奖励很高时尤其如此。管理者根据自己在事件和决策过程中所扮演的角色与他人发生关系；而领导者关心的是观点，是以一种更为直觉和移情的方式与他人发生关系。

世界顶级企业领导与变革领域最权威的代言人约翰·科特认为领导与管理是两种并不相同而又互为补充的行为个体，各有自己的功能和特点。在日趋复杂、变化无常的商业环境中，这两者都是取得成功的必备条件。处理复杂情况和应对变革这两种不同职能，形成了管理行为和领导行为的特征。两个行为体系都涉及决定需要做什么，建立完成一项计划所需要的员工与关系网络，努力确保这些员工各尽其职。但是，领导和管理完成这三项任务的方法各不相同。

公司管理复杂情况的第一步是做计划和做预算——为将来（通常是下个月或者下一年）设定指标或目标，制定完成这些目标的具体步骤，然后分配资源来完成计划。与此形成对比的是，领导一个组织进行建设性的变革始于确定方向——制定未来（通常是遥远的未来）的远景，并为达到远景所需要的种种变革制定相应的战略。

管理通过组织和配备人员来发展完成计划的能力，具体做法是：创立组织结构，并按实现计划的要求设立一系列工作岗位；为这些工作岗位配备称职的人员；与这些人员就计划进行沟通；下放权力让员工执行计划；以及设计执行计划的监控系统。然而，领导所对应的行动则是让员工协调一致，也就是让能够创建联盟并且使这些联盟理解并致力于实现这一远景的员工了解新的方向。

管理通过控制和解决问题来确保计划的完成——以正式的或者非正式的形式，如报告、会议和其他手段等较为具体地比照计划对结果进行监控，然后找出结果与计划之间的偏差，最后通过计划和组织来解决问题。但是对于领导而言，实现一个远景需要激励和鼓舞员工——通过诉诸于基本的但往往未被利用的人类需要、价值观和情感，使员工即便在变革遇到巨大障碍时也能朝着正确的方向前进。

从领导学的一般原理来看，领导与管理的区别主要体现在以下三个方面。

（1）领导具有全局性，管理具有局部性。也就是说，领导侧重于战略，管理侧重于战术。领导活动注重对组织内部各个组成部分进行整体性的计划、协调和控制，而管理则是一种技术性较强的工作，其目的在于提高某项工作的效率。

（2）领导具有超前性，管理具有当前性。领导活动致力于整个组织发展方向的规定，这主要体现在决策和目标的制定等方面，而管理则侧重于当前活动的落实。

（3）领导具有超脱性，管理具有可操作性。领导要从根本上、宏观上把握活动过程，而管理却必须注意细节问题，要通揽对人、财、物、时间、信息的安排与配置，使诸因素得到合理运用。

领导与管理也有一定的联系：领导通过管理实现目标，管理是一种方法，是一种程序，领导是驾驭在管理之上，管理是领导实现目标、计划、成效的体现，通过管理可以更好地实现生产运作的程序化和效率化。领导就像大脑，通过管理实现各个组织密切协作配合，完成组织预定的目标。

领导者是决策者，管理者是执行者。任何一个企业，都必须既有领导又有管理。只有领导而无管理，领导的意图和目的往往比较难以实现；同样，如果只有管理而无领导，管理的愿望和目的也难以达到。领导者与管理者虽有相同之处，但绝不可以混为一谈，正确认识两者的区别与联系有助于对日常的管理活动进行更好的把握，从而促进组织的发展。

二、领导者特质

（一）国外学者的观点

美国学者 James M. Kouzes 和 Barry Z. Posner 在著作《领导力》（*The Leadership Challenge*）中，公布了几十年的研究结果，说明了人们愿意追随的领导者应该具备的特点和素质情况。其中排名靠前的六个特质分别是诚信的、有胜任力的、能激励人的、有前瞻性、聪明的、心胸宽广。

心理学家 R. M. Stogdill 曾于 1948 年和 1974 年两次对领导特质理论进行调查研究。他在 1974 年得出的结论表明，领导者必须具备八个方面的能力或素质，即成就、韧性、洞察力、主动性、自信心、责任感、协调能力、宽容、影响力和社交能力。

领导特质理论经过 20 世纪中期的进化，到 20 世纪 70 年代发展为魅力型领导理论。美国亚利桑那州立大学公共管理学院 Afsaneh Nahavandi 教授在《领导学——领导的艺术与科学》（*The Art and Science of Leadership*）中提出：领导者不是天生的，而是培养出来的。书中提到魅力型领导者的特征包括高度自信，对自己的理念深信不疑，尽力充沛、热情高涨，优秀的表达和沟通能力，积极形象塑造、角色模仿、印象管理。

除领导特质理论外，其他领导和领导力理论也都或多或少地涉及领导力的构成。英国领导学学者 John Adair 认为领导者在履行职责时需要展现以下品质或特性：群体影响力、指挥行动、冷静、判断力、专注和责任心。美国学者哈维·罗森认为领导者必须具备八项要素，即前瞻性、信任、参与意识、求知精神、多样性、创造性、笃实精神和集体意识。

美国领导学学者 Kevin Cashman 从领导能力开发的角度讨论了领导力。他认为，领导是由内向外的，领导不是一个人所做的事情，它源自个体内部的某个地方。一个人可以通过 7 种路径实现由内至外的领导，即目标控制、变化控制、人际控制、本质控制、平衡控制、行动控制和个人控制。Cashman 提出的 7 条路径也就是领导者必须具备的 7 种能力。

美国学者 Richard L. Hughes 等在《领导学》（*Leadership: Enhancing the Lessons of*

Experiences）中进一步区分了基本领导技能和高级领导技能。基本领导技能主要包括以下内容：从经验中学习，沟通，倾听，果断，提供建设性反馈，对有效的压力管理的指导；构建技术方面的任职能力，与上级构建良好的关系，与同事构建良好的关系，设置目标，惩罚，召开会议。高级领导技能主要包括以下内容：授权，调解冲突，谈判，解决问题，提高创造力，诊断个人、群体及组织层面的绩效问题，工作团队的塑造，排除团队塑造障碍，高层团队的创造，领导力开发计划、可信度和辅导。

美国学者 Elwood N. Chapman 在《发现，然后培育领导力》（*Essential Steps Every Manager Needs to Know*）中提出了一个经典的领导力形成模式，该模式包括 6 个要素，即充满理想色彩的使命感、果断而正确的决策、共享报酬、高效沟通、足够影响他人的能力和积极的态度。需要注意，领导力深深扎根于其赖以生存的土壤——被赋予力量的被领导者，领导者的力量来源于被领导者而不是他们的上级。他们还给出了领导力公式，领导力是前五个要素之和与第六个要素的乘积。

（二）领导力五力模型[①]

根据领导力概念谱系，领导力是支撑领导行为的各种领导能力的总称，其着力点是领导过程；领导力是为确保领导过程的进行或者说领导目标的顺利实现服务的。基于领导过程进行分析，领导者必须具备以下 5 种领导能力。

（1）对应于群体或组织目标的目标和战略制定能力（前瞻力）。

（2）对应于或来源于被领导者的能力，包括吸引被领导者的能力（感召力）及影响被领导者和情境的能力（影响力）。

（3）对应于群体或组织目标实现过程的能力，主要包括正确而果断决策的能力（决断力）和控制目标实现过程的能力（控制力）。

这 5 种关键的领导能力就构成了领导力五力模型。

5 种领导能力对领导者而言都非常重要，但这些领导能力并不处于同一层而，在 5 种领导力中，感召力是最本色的领导能力，一个人如果没有坚定的信念、崇高的使命感、令人肃然起敬的道德修养、充沛的激情、宽厚的知识面、超人的能力和独特的个人形象，他就只能成为一个管理者而不能修炼为一个领导者，因此，感召力是处于顶层的领导能力；但是，一个领导者不能仅仅追求自己成为"完人"，领导者的天职是带领群体或组织实现其使命。这样就要求领导者能够看清组织的发展方向和路径，并能够通过影响被领导者实现团队的目标，就此而言，前瞻力和影响力是感召力的延伸或发展，是处于中间层面的领导能力；同时，领导者不能仅仅指明方向就万事大吉，在实现目标的过程中随时都会出现新的意想不到的危机和挑战，这就要求领导者具备超强的决断力和控制力，重大危急关头能够果断决策、控制局面、力挽狂澜，也就是说，作为前瞻力和影响力的延伸和发展，决断力和控制力是处于实施层面的领导能力。

---

① 经过课题攻关，中科院基于领导过程构建了领导力五力模型（苗建明、霍国庆等，2006）。

（三）六维领导力模型

基于思维导图的概念，北京大学汇丰商学院领导力研究中心提出 360°领导力模型，即六维领导力模型，这 6 种领导力分别是持续成长的学习力、多谋善断的决策力、整合资源的组织力、带队育人的教导力、达成绩效的推行力、凝聚人心的感召力。

1. 感召力

感召力是最本色的领导能力，领导学理论中最经典的特质论研究的核心主题就是感召力。感召力主要来自以下 5 个方面。

（1）具有坚定的信念和崇高的理想；
（2）具有高尚的人格和高度的自信；
（3）具有代表一个群体、组织、民族、国家或全人类的伦理价值观和臻于完善的修养；
（4）具有超越常人的大智慧和丰富曲折的阅历；
（5）不满足于现状，乐于挑战，对所从事的事业充满激情。

2. 前瞻力

前瞻力从本质上讲是一种着眼未来、预测未来和把握未来的能力。具体分析，前瞻力的形成主要与下述因素有关。

（1）领导者和领导团队的领导理念；
（2）组织利益相关者的期望；
（3）组织的核心能力；
（4）组织所在行业的发展规律；
（5）组织所处的宏观环境的发展趋势。

3. 影响力

影响力是领导者积极主动地影响被领导者的能力，主要体现如下。

（1）领导者对被领导者需求和动机的洞察与把握；
（2）领导者与被领导者之间建立的各种正式与非正式的关系；
（3）领导者平衡各种利益相关者特别是被领导者利益的行为与结果；
（4）领导者与被领导者进行沟通的方式、行为与效果；
（5）领导者拥有的各种能够有效影响被领导者的权力。

4. 决断力

决断力是针对战略实施中的各种问题和突发事件而进行快速和有效决策的能力，主要体现如下。

（1）掌握和善于利用各种决策理论、决策方法和决策工具；
（2）具备快速和准确评价决策收益的能力；
（3）具备预见、评估、防范和化解风险的意识与能力；
（4）具有实现目标所需要的必不可少的资源；
（5）具备把握和利用最佳决策及其实施时机的能力。

5. 控制力

控制力是领导者有效控制组织的发展方向、战略实施过程和成效的能力，一般是通过下述方式来实现的。

（1）确立组织的价值观并使组织的所有成员接受这些价值观；
（2）制定规章制度等规范并通过法定力量保证组织成员遵守这些规范；
（3）任命和合理使用能够贯彻领导意图的干部来实现组织的分层控制；
（4）建立强大的信息力量以求了解和驾驭局势；
（5）控制和有效解决各种现实的和潜在的冲突以控制战略实施过程。

无论是哪一种领导力模型，都是领导者领导能力的高度抽象，准确地说，是作为领导学研究对象的一般领导者的领导能力的概括。在现实的领导实践中，只有杰出的领导者才能够在全部领导能力方面都达到极高的水准，真正实现领导者的全面发展。对大多数领导者而言，他们的领导能力发展不够均衡，在某种或某几种领导能力方面存在薄弱环节，用管理学中的"木桶原理"来说明，也就是存在领导能力"短板"。

第二节 创业团队

创业团队（Entrepreneurial Team）是指在新企业创建初期由两个或两个以上才能互补、责任共担、所有权共享、愿为共同的创业目标而奋斗，且处于新企业高层管理位置的人共同组成的有效工作群体。

美国学者 Stephen P. Robbins 在其《组织行为学》（*Organizational Behavior*）一书中指出：团队是指在特定的可操作的范围内，为实现特定的目标而合作的人的共同体。他强调了为了实现团队的目标，必须在团队内部进行有效的沟通。Jon R.Katzenbach 认为团队有以下特征：① 团队拥有一个共同的任务和目标；② 成员同舟共济，共同承担风险与责任；③ 成员间知识技能具有互补性；④ 成员之间信息共享，彼此尊重、诚信；⑤ 对团队的事务尽心竭力，全方位奉献。

一、创业团队的作用

现代企业，需要的是少走从前的弯路，而从一开始就走规范化管理道路，因此，创业者在注册公司时就应该组建创业团队。一个好的创业团队对新创科技型企业的成功起着举足轻重的作用。新型风险企业的发展潜力（以及其打破创始人的自有资源限制，从私人投资者和风险资本支持手中吸引资本的能力）与企业管理团队的素质之间有着十分紧密的联系。一个喜欢独立奋斗的创业者固然可以谋生，然而一个团队的营造者却能够创建出一个组织或一个公司，而且是一个能够创造重要价值并有收益选择权的公司。

创业团队的凝聚力、合作精神、立足长远目标的敬业精神会帮助新创企业渡过危难时刻，加快成长步伐。另外，团队成员之间的互补、协调以及与创业者之间的补充和平衡，对新创科技型企业起到了降低管理风险、提高管理水平的作用。

一项针对 104 家高科技企业的研究报告指出，在年销售额达到 500 万美元以上的高成长企业中，有 83.3%是以团队形式建立的；而在另外 73 家停止经营的企业中，仅有 53.8%有数位创始人。这一模式在一项关于"128 公路一百强"的研究中表现得更为明显：100 家创立时间较短、销售额高于平均数几倍的企业中 70%有多位创始人。

挪威科学技术大学 Arild Aspelund 教授对新创技术型公司的创业团队研究表明，创业是一个包含众多人的组织形成过程，特别是这个过程更为复杂的技术型公司要求输入更多的能力。他还研究了团队成员在创业过程的不同阶段个人经历、能力和资源控制水平对新企业死亡率的影响，认为创业团队的素质能提高新创企业的生存状况，创业团队对技术型公司企业产生影响最大的并不是团队本身的大小，而是团队成员的经历。另外，广泛的经验问题比团队的异质性影响更大。

二、创业团队的组成要素

创业团队需要具备 5 个重要的组成要素。

1. 共同价值观

共同价值观是团队的核心和基石，是团队的灵魂，也是维系团队发展的精神支柱，它对创业团队来说最为重要，具有导向、凝聚、约束和激励的作用，会成为团队的基因。力求企业长远发展的团队成员很可能在短期内不注重收益，而"以利为先"的团队成员则会将眼前利益放在首位。如此一来，创业团队内便会形成价值观的冲突，与没有共同价值观的人合作，团队内部的关系将充满冲突和不满。

麦肯锡管理咨询公司合伙人 Tom Peters 曾经指出："一个伟大的组织能够长期生存下来，最主要的条件并非结构形式或管理技能，而是我们称之为信念的那种精神力量"，这里所说的"精神力量"就是共同价值观。价值观是人们选择行动的判断标准，它能决定管理活动的成效和方向，是组织文化理论的核心概念。大部分企业之所以能够成功，在于员工能够分辨、接受和执行组织的价值观。

2. 目标及计划

创业团队应该有一个既定的共同目标，为团队成员导航。没有目标，创业团队就没有存在的价值。目标在初创企业的管理中常以初创企业的远景、战略等形式体现。目标包括总目标以及各种实现总目标的计划。

在初创企业成立和步入成熟期时，创业团队的首要任务是通过努力提升企业的技术实力、拓展市场、增强管理、把握企业发展方向以及规划长远发展。为了推动团队最终实现这个目标，需要将总目标再加以分解，设定若干可行的、阶段性的子目标。

3. 团队成员

在一个创业团队中，不同的成员通过分工来共同完成创业团队的目标。团队的规模不宜过大，因为冗余人员有可能会令整个团队的高效运转变成一纸空谈。此外，规模过大还会导致团队内产生小团体，这势必会削弱团队的凝聚力。但是，团队成员也不宜过少，否则团队应有的功能以及优势就无法实现。

4. 团队定位

创业团队的定位，包括创业团队在初创企业中处于什么位置，创业团队最终应对谁负责等，也包括创业团队成员的定位，个体作为成员在创业团队中扮演什么角色等。

5. 权限划分

创业团队当中，主导人物的权限大小与其团队的发展阶段和初创企业所处行业相关。在权限划分当中，创业团队应明确每个成员在企业运营中所拥有的权力和承担的职责。权限的划分不能重叠，也不能空缺。

三、团队成员的角色划分

"团队角色理论之父" Meredith R. Belbin 博士将团队角色定义为个体在群体内的行为、贡献以及人际互动的倾向性，并提出 9 种团队角色。Belbin 团队角色理论被广泛用于全世界的组织中。

（1）智多星。智多星创造力强，充当创新者和发明者的角色。他们为团队的发展和完善出谋划策。通常他们更倾向于与其他团队成员保持距离，运用自己的想象力独立完成任务，标新立异。他们对于外界的批判和赞扬反应强烈，持保守态度。他们的想法总是很激进，并且可能会忽略实施的可能性。他们是独立的、聪明的、充满原创思想的，但是他们可能不善于与那些气场不同的人交流。

（2）外交家。外交家是热情的、行动力强的、外向的人。无论公司内外，他们都善于和人打交道。他们与生俱来就是谈判的高手，并且善于挖掘新的机遇、发展人际关系。虽然他们并没有很多原创想法，但是在听取和发展别人想法的时候，外交家效率极高。就像他们的名字一样，他们善于发掘那些可以获得并利用的资源。由于他们性格开朗外向，所以无论到哪里都会受到欢迎。外交家为人随和，好奇心强，乐于在任何新事物中寻找潜在的可能性。然而，如果没有他人的持续激励，他们的热情会很快消退。

（3）审议员。审议员是态度严肃的、谨慎理智的人，他们有着与生俱来对过份热情的免疫力。他们倾向于三思而后行，做决定较慢。通常他们非常具有批判性思维。他们善于在考虑周全之后作出明智的决定。具有审议员特征的人所作出的决定，基本上是不会错的。

（4）协调者。协调者最突出的特征就是他们能够凝聚团队的力量向共同的目标努力。成熟、值得信赖并且自信，都是他们的代名词。在人际交往中，他们能够很快识别对方的长处所在，并且通过知人善用来达成团队目标。虽然协调者并不需是团队中最聪明的成员，但是他们拥有远见卓识，并且能够获得团队成员的尊重。

（5）鞭策者。鞭策者是充满干劲的、精力充沛的、渴望成就的人。通常，他们非常有进取心，性格外向，拥有强大驱动力。他们勇于挑战他人，并且关心最终是否胜利。他们喜欢领导并激励他人采取行动。在行动中如遇困难，他们会积极找出解决办法。他们是顽强又自信的，在面对任何失望和挫折时，他们倾向于显示出强烈的情绪反应。鞭策者对人际关系不敏感，好争辩，可能缺少对人际交往的理解。这些特征决定了他们是团队中最具竞争性的角色。

（6）凝聚者。凝聚者是在团队中给予最大支持的成员。他们性格温和，擅长人际交往并关心他人。他们灵活性强，适应不同环境和人的能力非常强。凝聚者观察力强，善于交际。作为最佳倾听者的他们通常在团队中备受欢迎。他们在工作上非常敏感，但是在面对危机时，他们往往优柔寡断。

（7）执行者。执行者是实用主义者，有强烈的自我控制力及纪律意识。他们偏好努力工作，并系统化地解决问题。广而言之，执行者是典型的将自身利益和忠诚与团队紧密相连、较少关注个人诉求的角色。然而，执行者或许会因缺乏主动而显得做事一板一眼。

（8）完成者。完成者是坚持不懈的、注重细节的。他们不太会去做他们认为完成不了的任何事。他们由内部焦虑所激励，但表面看起来很从容。一般来说，大多数完成者都性格内向，并不太需要外部的激励或推动。他们无法容忍那些态度随意的人。完成者并不喜欢委派他人，而是更偏好自己来完成所有的任务。

（9）专业师。专业师是专注的，他们会为自己获得专业技能和知识而感到骄傲。他们首要专注于维持自己的专业度以及对专业知识的不断探究之上。然而由于专业师们将绝大多数注意力都集中在自己的领域，因此他们对其他领域所知甚少。最终，他们成了只对专一领域有贡献的专家。但是很少有人能够一心一意钻研，或有成为一流专家的才能。

一个成员很可能身兼数职，但是，一个团队中不能出现角色重叠。因为只要出现职能重复或职位重复的情况，今后必然会有各种矛盾和冲突出现，甚至最终可能导致整个创业团队解散。

四、创业团队的类型

依据创业团队的地位平等性和成员间依赖性的强弱，创业团队可以划分为不同类型，包括风铃形（领袖型）创业团队、环形（伙伴型）创业团队、星形（核心型）创业团队和散点形创业团队。

1. 风铃形创业团队

风铃形创业团队是指存在一个"领袖"式的主导人物，但成员相互间的独立性较强的团队。团队中的"领袖"往往是掌握了较强的技术或较好的创意之后，寻找合伙人加入该创业团队的人。风铃形创业团队的特点如下：

（1）"领袖"的话语权较大；

（2）决策速度较快；

（3）权力集中，导致决策失败的可能性增加；

（4）在"领袖"和"支持者"的意见不统一时，"支持者"较为被动；如果"支持者"离开团队，对团队的影响相对较小；

（5）不易形成权力重叠；

（6）寻找团队目标的速度较快；

（7）团队的执行力非常强。

2. 环形创业团队

环形创业团队是由怀揣着共同的目标且相互依赖的成员组成的团队，这种创业团队没有一个明确的领导，而且它的形成常常是经过成员的共同协商后，将创业理念厘清，最终组合在一起的。环形创业团队的特点如下：

（1）团队中各个成员的话语权较平等，没有特定的"领袖"；

（2）决策时，往往是大家相互讨论，因而决策速度较慢；

（3）做出错误决策的可能性较小；

（4）在各"协作者"意见不统一时，成员倾向于采用协商的态度来解决冲突；如果冲突升级，有成员离开团队，对整个团队的结构产生很大影响；

（5）由于团队成员的平等性，团队当中容易形成权力重叠；

（6）寻找团队目标的速度较慢；

（7）团队的执行力非常强。

3. 星形创业团队

星形创业团队集合了领导和成员的相互依赖两种特点。这种类型的创业团队中存在一个核心人物，他并不像"领袖"那样有着绝对的权威，而是在做决策的时候充分地考虑团队成员的意见。核心人物更多的是负责协调和统筹等内部管理工作，而团队成员之间是相互依赖的，地位也是平等的。星形创业团队的特点如下：

（1）核心人物的选择多数是由团队成员投票决定的，所以具有令人信服的领导地位；

（2）由于核心人物的存在，团队做决策的速度较快；

（3）由于核心人物考虑成员的意见，决策失误的可能性较小；

（4）当核心人物和普通成员发生意见冲突的时候，普通成员较为被动；且冲突升级的时候，普通成员可能会离队；

（5）不易形成权力重叠；

（6）寻找团队目标的速度比较快；

（7）团队的执行力非常强。

4. 散点形创业团队

散点形创业团队是指团队中不存在权威的领导，同时成员之间相互独立，工作中并不相互依赖的团队。这种创业团队的内部存在较为严格的规则以约束和聚合团队成员。这种类型的创业团队往往出现在创业初期，而且团队中仅有一个模糊的创业目标，随着理念日渐清晰，散点形创业团队往往会向其他类型发展。散点形创业团队的特点如下：

（1）各成员的话语权较为平等；

（2）团队做决策的速度较慢；

（3）做出错误决策的可能性较小；

（4）成员之间发生意见冲突的时候，往往会平等讨论，通过协商解决问题；

（5）有可能形成权力重叠；

（6）寻找团队目标的速度较慢；

（7）团队的执行力较弱。

五、创业团队的组建

(一)组建原则

(1)目标明确合理原则。目标必须明确,这样才能使团队成员清楚地认识到共同的奋斗方向是什么。与此同时,目标也必须是合理的、切实可行的,这样才能真正达到激励的目的。

(2)互补原则。创业者之所以寻求团队合作,其目的就在于弥补创业目标与自身能力间的差距。只有当团队成员相互间在知识、技能、经验等方面实现互补时,才有可能通过相互协作发挥出"1+1>2"的协同效应。

(3)精简高效原则。为了减少创业期的运作成本、最大比例地分享成果,创业团队人员构成应在保证企业能高效运作的前提下尽量精简。

(4)动态开放原则。创业过程是一个充满了不确定性的过程,团队中可能因为能力、观念等多种原因不断有人在离开,同时也有人在要求加入。因此,在组建创业团队时,应注意保持团队的动态性和开放性,使真正完美匹配的人员能被吸纳到创业团队中来。

(二)组建程序

(1)明确创业目标。创业团队的总目标就是要通过完成创业阶段的技术、市场、规划、组织、管理等各项工作实现企业从无到有、从起步到成熟。总目标确定之后,为了推动团队最终实现创业目标,再将总目标加以分解,设定若干可行的、阶段性的子目标。

(2)制定创业计划。在确定了一个个阶段性子目标以及总目标之后,紧接着就要研究如何实现这些目标,这就需要制定周密的创业计划。创业计划是在对创业目标进行具体分解的基础上,以团队为整体来考虑的计划,创业计划确定了在不同的创业阶段需要完成的阶段性任务,通过逐步实现这些阶段性目标来最终实现创业目标。

(3)招募合适的人员。招募合适的人员也是组建创业团队最关键的一步。关于创业团队成员的招募,主要应考虑两个方面:① 考虑互补性,即考虑其能否与其他成员在能力或技术上形成互补。这种互补性形成既有助于强化团队成员间彼此的合作,又能保证整个团队的战斗力,更好地发挥团队的作用。一般而言,创业团队至少需要管理、技术和营销三个方面的人才。只有这三个方面的人才形成良好的沟通协作关系后,创业团队才可能实现稳定高效。② 考虑适度规模,适度的团队规模是保证团队高效运转的重要条件。团队成员太少则无法实现团队的功能和优势,而过多又可能会产生交流的障碍,团队很可能会分裂成许多较小的团体,进而大大削弱团队的凝聚力。一般认为,创业团队的规模控制在2~12人最佳。

(4)职权划分。为了保证团队成员执行创业计划、顺利开展各项工作,必须预先在团队内部进行职权的划分。创业团队的职权划分就是根据执行创业计划的需要,具体确定每个团队成员所要担负的职责以及相应所享有的权限。团队成员间职权的划分必须明确,既要避免职权的重叠和交叉,也要避免无人承担造成工作上的疏漏。此外,由于还处于创业过程中,面临的创业环境又是动态复杂的,不断会出现新的问题,团队成员可能不断出现更换,因此创业团队成员的职权也应根据需要不断地进行调整。

（5）构建创业团队制度体系。创业团队制度体系体现了创业团队对成员的控制和激励能力，主要包括团队的各种约束制度和各种激励制度。一方面，创业团队通过各种约束制度（主要包括纪律条例、组织条例、财务条例、保密条例等）指导其成员避免做出不利于团队发展的行为，实现对其的行为进行有效的约束、保证团队的稳定秩序；另一方面，创业团队要实现高效运作需要有效的激励机制（主要包括利益分配方案、奖惩制度、考核标准、激励措施等），使团队成员看到随着创业目标的实现，其自身利益将会得到怎样的改变，从而达到充分调动成员的积极性、最大限度发挥团队成员作用的目的。要实现有效的激励首先就必须把成员的收益模式界定清楚，尤其是关于股权、奖惩等与团队成员利益密切相关的事宜。需要注意的是，创业团队的制度体系应以规范化的书面形式确定下来，以免带来不必要的混乱。

（6）团队的调整融合。完美组合的创业团队并非创业一开始就能建立起来的，很多时候在企业创立一定时间以后随着企业的发展逐步形成的。随着团队的运作，团队组建时在人员匹配、制度设计、职权划分等方面的不合理之处会逐渐暴露出来，这时就需要对团队进行调整融合。由于问题的暴露需要一个过程，因此团队调整融合也应是一个动态持续的过程。在完成了前面的工作步骤之后，团队调整融合工作专门针对运行中出现的问题不断地对前面的步骤进行调整直至满足实践需要为止。在进行团队调整融合的过程中，最为重要的是要保证团队成员间经常进行有效的沟通与协调，培养强化团队精神，提升团队士气。

第三节　高效创业团队

很多研究和实践都证明，团队型创业的成功率高于个人型创业，一个优秀的团队对于创业的成功起着举足轻重的作用，团队工作的形式可以使团队成员相互取长补短，以此拥有更多的资源、更广阔的视野和更强的能力。因此，唯有组建一支高效的创业团队，依靠团队的智慧和力量，创业的成功才有保障。

一、高效创业团队的特点

（1）清晰的目标。高效的团队对于要达到的目标有清楚的了解，并坚信这一目标包含重大的意义和价值。而且，这种目标的重要性还激励着团队成员把个人目标升华到群体目标中去。在有效团队中，成员愿意为团队目标做出承诺，清楚地知道希望他们做什么工作，以及他们怎样共同工作完成任务。

（2）互补的相关的技能。高效的团队是一群有能力的成员组成的。他们具备实现理想目标所必需的技术和能力，而且相互之间能够良好合作的个性品质，从而出色完成任务。

（3）合理的人数构成：4～10人。

（4）高度的忠诚、承诺、活力。高效团队成员对团队表现出高度的忠诚和承诺，为了能使群体获得成功，他们愿意去做任何事情。每个人都具有充分活力，愿意为目标全力以赴，觉得工作非常有意义，可以学习成长，可以不断进步。

（5）相互的信任。成员间相互信任是有效团队的显著特征，也就是说，每个成员对其他人的行为和能力都深信不疑。

（6）良好的沟通。这是高效团队一个必不可少的特点。群体成员通过畅通的渠道交换信息，包括各种言语和非言语信息。此外，管理层与团队成员之间健康的信息反馈也是良好沟通的重要特征，有助于管理者知道团队成员的行动，消除误解。就像一对已经共同生活多年、感情深厚的夫妇那样，高效团队中的成员能迅速准确地了解一致的想法和情感。

（7）适当的领导。团队领导人对于照顾团队任务的达成与人员情感的凝聚，保有高度的弹性，能在不同的情境中做出适当的领导行为。

（8）最佳绩效。能够在有限的资源之下，创造出最佳的绩效，即团队能够做出当时的最佳决策并有效执行。

（9）肯定与欣赏。成员能够真诚地赞赏，使对方了解你的感受或他对小组的帮助。这是帮助团队成长向前的动力。

（10）士气。个人以身为团队的一分子为荣，个人受到鼓舞并拥有自信自尊，组员以自己的工作为荣，并有成就感和满足感，有强烈的向心力和团队精神。

二、高效创业团队的原则

高效的创业团队的组建原则，应该具有以下特征。

1. 目标明确，志同道合

创业者要打造一支优秀的企业团队，首先要明确团队的目标和使命。团队的目标很重要，因为目标就是方向，没有目标的团队就失去了存在的意义。所以，创业者要让团队成员清楚自己的奋斗目标和使命，将工作都围绕一个共同的目标展开，才能达成团队目标。在明确团队的目标后，团队的领头人应该以这个共同的目标为出发点来召集团队的成员。寻找创业搭档就和找对象一样重要，对方是你事业上的另一半，你和你的伙伴应是志同道合的，有共同的价值观和人生观。

该如何选择团队成员呢？创业者应选择那些认同公司价值观、能够优势互补的人来团队工作。价值观的认同很关键，如果大家不认同公司的价值观，就不能实现良好的沟通，也就没有效率可言。

2. 优势互补，相得益彰

创业者在组建团队时要用人所长，以达成优势互补。创业团队成员不能是清一色的技术型人才，也不能全都是做终端销售的人。在一个优秀的创业团队中，成员应该各有各的长处，大家结合在一起，相互补充，相得益彰。

相对来说，一个优秀的创业团队必须包括以下几种人：一个创新意识非常强的人，他可以帮你决定公司未来的发展方向，相当于公司的战略决策者；一个策划能力极强的人，能够全面细致地分析整个公司面临的机遇与风险，考虑成本、投资、收益的来源及预期收益，甚至还可以负责规范公司的管理章程、设计长远规划等工作；一个执行能力较强的成员，具体负责联系客户、接触终端消费者、拓展市场等工作。此外，如果是一个技术类的创业公司，那么还应该有一个研究高手（甚至是研究型领导者）；当然，这个创业团队还需要有人掌握必要的财务、法律、审计等方面的专业知识。唯有这样，团队成员的配备才算合格。

3. 建章立制，做到有章可循

"没有规矩不成方圆"，一个团队如果想要提升战斗力，必须建立健全的游戏规则，如岗位职责、权利的界定，团队成员沟通、交流方式的确立等。这些规则应能保证一个团队的正常运行，激发团队成员的主动性、积极性和创造性，使整个团队充满活力。

创业者在建立内部制度时，一定要制定相对完善的股东协议，明确合作伙伴和原始投资人之间的关系。对合伙创业而言，现在是"股份+期权"的契约年代。不管是兄弟创业还是合伙创业，能够做大、做强的企业不多，这是因为我们对于创业契约文化还不够了解。在组建团队时，有一些事情需要合伙人坐下来板着面孔谈清楚，提前做好约定。创业者与朋友共同创业时，千万别说"请你来帮我"，而是要事先讲好规则。友情不能维持合伙关系，事实上生意上的合伙关系很容易破坏多年的友情。

4. 职责清晰，分工明确

准确的自身角色定位，是团队建设的重要砝码。事实上，一个企业、一个部门想要创造出优良绩效，首先要对每位成员做出准确的定位，做到职责清晰、分工明确、资源共享、消除壁垒，从而使团队实现高效运行。

明确角色定位能为团队的高效运作提供有力的保障。这是因为明确了各自的职责后，就能有效确保团队成员各司其职、各尽其力，避免了因不规范而相互扯皮的现象。

5. 心胸博大，宽厚待人

创始人应该有博大的心胸，能宽厚待人，懂得如何与人合作，让团队成员体会到合作带来的快乐、喜悦，并分享劳动成果。

一个人的心胸决定了他所能达到的事业高度。宽容是领导者首先必备的一种道德品质，是合作的黏合剂。唯有和谐的合作才能让合作者感到愉快，才能激发出合作者最大的工作热情和才智，打造一个有竞争力的团体。在合作过程中，不要太计较小事。创业团队里最关键的人自然是企业的领军人物，而其对员工的管理要审时度势，宽严有度。

6. 建立有效的沟通机制

有效的沟通能及时消除和化解领导与成员之间、各部门之间、成员之间的分歧与矛盾。因此，企业必须建立良好的沟通环境，以增强团队凝聚力，减少"内耗"。对管理者来说，首先应意识到沟通的重要性。管理就是沟通，许多企业的管理问题多是由沟通不畅引起的。良好的沟通可以使人际关系和谐，有助于团队顺利完成工作任务，达成绩效目标。沟通不良会导致生产力低下、品质与服务不佳，使成本上升。

7. 宽容对方，求同存异

由于团队成员在认识上的差异，加上在信息沟通上的障碍、态度的相悖及利益的互斥，矛盾和冲突在所难免。当破坏性的矛盾和冲突发生后，大家就应该坐下来，通过协商的办法来解决，但在协商中也应注意一些技巧的运用。

一个企业能否走得更远，取决于领导和创业团队成员的基本素质。企业的成长是人才成长的集中体现，企业的成功也是人才的成功。组建一支优秀的创业团队，对任何企业而言都是一项至关重要的工作，它决定着创业的成败。而优秀团队的标准是团队成员拥有高度责任感、丰富的行业经验和合作的心态。

第四节　创业团队的管理

一、创业团队的管理技巧

1. 创业团队精神的培育

培育共同的企业价值观，领导者自身的影响力，激发参与热情，共同的危机和忧患意识，良好的协调和经常性的沟通。

2. 创业者的产权安排

股权结构类型：高度集中型、适度分散型、过度分散型。

股权结构的设计原则：人力资本所有者与投资人共同分享利润、采用期权制度、遵循股权动态变化。

3. 创业团队的绩效评估

团队成员内部互相评议（每个成员的贡献由其他成员评估）、用户满意度（成员评估团队+负责人评估成员）、管理层评估（上级管理部门对团队业绩进行评估）。

4. 创业团队的报酬合理分配

形成分享财富的理念，综合考虑企业和个人目标，规范制定报酬制度的程序，实施合理分配方案（创业思路、商业计划准备、敬业精神和风险、工作技能、经验、业绩记录或社会关系、岗位职责），综合考虑分配时机和手段。

二、创业团队的风险控制

1. 选择合理的团队成员

建立优势互补的创业团队是保持创业团队稳定性的关键，也是规避和降低团队组建模式风险的有效手段。在团队创建初期，人数不宜过多，能满足基本的需求即可。在成员选择上，要综合考虑成员在能力和技术上的互补性，基本保证具备理想团队所需的 9 种角色。而且，成员的能力和技术应该处于同个一等级，不宜差异过大。如果团队成员在对项目的理解能力、表达能力、执行能力、社会资源能力、思维创新能力等方面存在较大的差异性，就会产生严重的沟通和执行障碍。

此外，在选择成员时还要考虑创业激情的影响。在企业初创期，所有成员每天都需要超负荷工作，如果缺乏创业激情和对事业的信心，不管其专业水平多高，都可能成为团队中的消极因素，对其他成员产生致命的负面影响。

案例

"携程网"创业团队

"携程网"的成功,除了抓住互联网快速发展的契机,有一个良好的创业团队是关键。"携程网"的团队成员来自美国甲骨文公司、德意志银行和上海旅行社等,是技术、管理、金融运作和旅游的完美组合。大家共同创业,分享各自的知识和经验,避开了很多创业"雷区"。

2. 确定清晰的创业目标

创业团队在实践中要不断总结和吸取教训,形成一致的创业思路,勾画出共同的目标,以此作为团队努力的目标和方向,鼓励团队成员积极掌握工作内容和职责,竭诚与他人合作交流,贡献个人能力。

创业团队的目标必须清晰明确,能够集中体现出团队成员的利益,与团队成员的价值趋向一致,并保证所有团队成员都能正确理解,这样才能发挥鼓励和激励团队成员的作用。此外,创业团队的目标还必须切实可行,既不应太高,也不应太低,而且能够随着环境和组织的变化及时更新和调整。

案例

"交大铭泰"创业团队

1998年成立于北京的交大铭泰,主要从事研究、开发及销售以翻译软件为主的四大系列软件产品。其在创业初期就确定了三年内成为我国最大应用软件和服务提供商的目标以及具体的发展战略。明确的创业目标保证了团队成员的稳定性,其成员自创业以来基本上没有太大变化,这不仅带来了企业凝聚力的提高,也使交大铭泰在企业创新方面取得了较大突破。交大铭泰很快成为国内第一个通用软件上市公司,亚洲首只"信息本地化概念股",2004年香港股市第一家上市企业。

3. 制定有效的激励机制

正确判断团队成员的"利益需求"是有效激励的前提。实际上,不同类型的人员对于利益的需求并不完全一样,有些成员将物质追求放在第一位,而有些成员则是希望能够获得荣誉、发展机会、能力提高等其他利益。因此,创业团队的领导者必须加强与团队成员的交流,针对各成员的情况采取合理的激励措施。

创业团队的利润分配体系必须体现出个人贡献价值的差异,而且要以团队成员在整个创业过程中的表现为依据,而不仅是某一阶段的业绩。其具体分配方式要具有灵活性,既包括股权、工资、奖金等物质利益,也包括个人成长机会和相关技能培训等内容,并且能够根据团队成员的期望进行适时调整。

🎓 **案例**

腾讯创业团队

腾讯公司马化腾的创业团队多年来十分稳定，与其利润分配机制的有效性是分不开的。虽然腾讯公司的股权多次转让，但是它的 5 位创办人一直共同持有公司的大部分股份。公司的上市更是使创业团队的 5 位成员均成为亿万富翁。

三、创业团队的社会责任

创业团队尤其是初创期的创业团队，基本就是一个创业企业的全部载体，因此，在提企业社会责任的同时，创业团队也需要关注自身的社会责任。

（1）创造最大的经济效益，是创业团队首要的社会责任。

就创业企业生存的基础而言，创业企业要生存就必然要追求利润。创业团队经营企业的重点在于讲究效益，以最少的成本，获得最大的利润。同时向国家缴纳税赋，为巩固国防、为社会建设、为丰富和满足民众生活提供保障。

（2）扩大就业，提升员工素质和收入，是创业团队重要的社会责任。

从创业企业内部管理来说，创业企业还要注意创业企业内部员工在分配上的公平合理，注重对员工的培训和教育。要按规定给员工办理各种保险，保证员工的各种合理福利。社会就业扩大、员工素质提高、员工收入不断增长是社会稳定的重要基础，也是创业企业对社会稳定作出的重要贡献。

（3）注重社会道德，是创业团队不可或缺的社会责任。

就创业企业和外部关系而言，在创业企业利益和社会利益发生冲突时，创业团队宁可牺牲自己的利益也要保护社会的利益，有的创业企业经营活动和社会责任具有密切的联系，在追逐利润的同时更要注重社会道德。

习　题

1. 领导与管理有什么异同？
2. 创业团队的组成要素是什么？
3. 创业团队组建的原则和程序是什么？
4. 高效创业团队具备什么样的特征？

第七章
商业模式的分析与设计

商业模式（Business Model）是当今创业者、风险投资家、财经媒体等津津乐道的专业词汇。在任何一场创新创业大赛或创业项目的路演中，评委或投资人一定会对创业项目的商业模式认真研读和仔细询问。久负盛名的美国现代管理学之父彼得·德鲁克曾经说过："当今企业之间的竞争，不是产品和服务之间的竞争，而是商业模式之间的竞争。"在实务中，很多公司高管也会把商业模式的创新放在公司各项事务中最优先发展的地位。商业模式定义了企业在整个商业生态系统中存续的逻辑和价值；而商业模式的设计和创新则是企业在各自赛道中生存发展乃至脱颖而出的最重要的战略层面的商业策略之一。企业的组织架构搭建、人力资源招聘、供应链管理、产品研发、业务运营等各项业务活动都需要围绕商业模式来设计。因此，在今天竞争如此激烈的商业变革中，商业模式不断地获得商界、学界和创业者们前所未有的重视绝非偶然。

作为创新创业课程的初学者，首先应着重把商业模式的内涵和逻辑学习透彻；然后通过学习商业模式画布这一分析和设计商业模式的高效工具来加深对商业模式的理解；最后结合一些具体的企业案例来学习传统商业模式与互联网商业模式。

第一节 商业模式的概念与演进

我们凭什么创业？我们如何才能创业成功？这是每一个创业者都需要面对与渴望得到答案的问题，也称为"创业者之问"。事实上，当你作为一个初出茅庐的创业者想要真正地开启一项事业或邀约你的小伙伴加入之时，你所面临的挑战是方方面面的。例如，你准备为客户传递什么样的价值理念？你用什么样的产品或服务承载你的价值理念？你准备把产品或服务提供给哪个客户群体？你有怎样的销售渠道将你的产品或服务交付给你的客户？你有可靠的供应商吗？你怎么定价又如何控制成本？对这些问题的回答，反映了不同创业者对自身创业行为的定位或理解，也关系到每个创业企业未来的成功与否。但是，当我们去采访一些初创企业的时候，往往会发现很多企业往往只能够对这一系列问题中的部分问题进行较为详细的回答，对于一些重要的问题并没有深入地进行过思考，甚至压根没能关注到；对于这些问题的回答又经常是凌乱无序的。商业模式是一个非常集成化的概念，如果每个创业者都能够透彻地掌握好商业模式的内涵与逻辑，通晓商业模式核心要素的构成，对于他们回答好"创业者之问"，进而更全面、更清晰地谋划创业之路，都将是有所裨益的。

一、商业模式的基本概念

在正式学习商业模式的概念之前，我们先来看看创新创业领域成功者的体会，这些创业先驱们在回顾自己辉煌且坎坷的创业历程时，往往对什么是商业模式都有着切身体会。例如，奇虎360创始人周鸿祎曾在其自述中这样描述商业模式：你能提供什么样的产品，给什么样的用户创造什么样的价值；在创造用户价值的过程中，用什么样的方法获得商业价值。创办了蓝色光标和拉卡拉两家上市公司的创业家孙陶然在他的演讲中则这样定义商业模式：商业模式的本质就是企业怎么赚钱，商业模式简单来讲就是能不能够做出一个有人愿意花钱来买的产品，并且找到一个把这个产品源源不断卖出去的方法。

创业先驱们对商业模式的表述既通俗易懂又不尽相同，但是都抓住了商业模式的本质，即"价值创造"。简单地说，咖啡店通过提供美味的咖啡饮品来赚钱；快递公司通过提供及时的快递投送服务来赚钱；通信公司通过提供便捷的电信服务来赚钱等。这些阐述在学理上可能不够完备和严谨，因此我们将提供更精确完备的内涵表述。这里，我们采用清华大学雷家骕教授等提出的关于商业模式的界定，将其划分为逻辑与内涵两个部分。商业模式的逻辑，指的是企业在一定的价值链或价值网络中如何为客户提供产品和服务，并使企业自身获取利润的商业逻辑；商业模式的内涵，指的是企业为了实现客户价值的最大化和企业利润的最大化，把能使企业有效运行的各种要素整合起来，形成完整、高效、具有独特竞争力的运营系统，并通过提供产品和服务而使该系统持续实现盈利目标的整体解决方案。

其实，即便是在学术界，商业模式也一直没有形成公认和统一的概念，但是这并不影响我们抓住商业模式的本质，即在刚刚提到的"价值创造"本质的基础上，进一步分别考虑价值链上买卖双方的交易，把它拓展为价值创造、价值传递和价值实现三个环节。具体地说，创业企业把承载了某种价值的产品或服务创造出来并交付给潜在的客户，进而换取高于成本的收益，从而实现盈利。其中，提供有价值的产品或服务是价值创造的过程，交付给潜在的客户是价值传递的过程，而实现盈利是价值实现的过程。只有把这个过程持续循环下去，创业企业才能够生存下来。当这个过程被不断地深化和放大，创业企业就能够不断地实现发展和壮大。

在创业企业的实际运作中，如果从创始人到高管团队乃至每一个层级的员工都能够对企业的商业模式有一个统一的认识，那么企业这艘航船往往就能够保持稳定甚至高速前进。然而，由于创始人团队不同的知识背景或认知基础，或是高管处于不同的决策情景，他们通常会对商业模式有着不同视角的理解。例如，公司首席战略官会更多地把商业模式与企业的战略创新意图、组织行为、制度安排、竞争优势和可持续发展等较为宏观的因素关联起来；公司首席运营官更多地会把商业模式与企业的资源组织调配、交易结构设计、内部流程优化等企业日常运作等较为微观的因素关联起来；公司首席财务官则更多地会把商业模式与收入、价格、产量、成本等决定利润的财务因素关联起来。上述对商业模式的战略视角、经济视角和运营视角分别涉及了商业模式的若干核心要素，无非是在解决不同的具体问题时产生了不同维度下的具体认识。当我们构建和分析企业的商业模式时，需要把上述三个方面综合起来考虑，从而系统地凝练或剖析商业模式的本质，进而在实务中有效地利用商业模式这一概念指导创新创业的实践。

长期跟踪研究表明，成功的商业模式往往呈现出如下特征：一定是企业在长期的探索中沉淀下来的，往往具有独特性，也是竞争对手难以模仿的。例如，在奇虎360创始人周鸿祎于2008年推出免费的360杀毒软件之前，所有的杀毒软件都需要付费。这是一个典型的免费模式和收费模式之间的竞争。当时的传统杀毒软件厂商中有瑞星、金山、卡巴斯基、诺顿，并没有360安全卫士的一席之地。为什么周鸿祎坚持让360杀毒软件永远免费，并提供比收费软件更好的杀毒服务？这绝非周鸿祎草率的商业冒险，而是其在对传统杀毒软件厂商竞争格局和互联网安全发展趋势的综合研判下，对传统互联网安全概念的完全颠覆，即首先通过免费杀毒软件迅速抢占市场，进而围绕免费杀毒业务做周边产品。也正是凭借这次商业模式的创新，奇虎360脱颖而出并迅速成为中国最大的互联网安全服务提供商。当很多传统杀毒软件厂商还在忙于对奇虎360口诛笔伐时，殊不知这场商业模式的创新很快就会把他们无情淘汰。

二、商业模式演进的影响因素

在世界经济全球化、市场化和信息化成为不可阻挡趋势的今天，企业身处的经营环境正发生着巨大的变化，面临的挑战也日益激烈。企业只有不断对商业模式进行调整，才能够顺应市场的变化，满足客户的需求，从而在竞争中不断保持优势。因此，任何一个企业乃至一个行业的商业模式都不会是一成不变的。也就是说，商业模式一定是一个动态发展和不断升级的过程，那么推动商业模式演进的动力是值得我们重点关注和研究的。

商业模式的创新不仅广泛地受到产业转型、技术革命、消费升级和政策导向等因素的影响，还可能源于竞争对手的率先发难。一般来说，如果企业有一定的前瞻性并且能够主动顺应这些因素的变化，那么这种商业模式的创新就可能让企业成为行业新的领跑者，进而获得巨大的商业成功。例如，二十多年前横空出世的戴尔计算机，凭借着在PC领域率先推出的"直销订购模式"，使其能够对客户快速响应并保持低成本优势，并最终成为PC行业的佼佼者。而更多的企业，却只能被动地应对竞争对手在商业模式上提出的挑战，因此这就需要对领跑者的商业模式做出及时准确的分析以便做出及时的战略调整和业务转型。

（一）产业转型的影响

随着工业经济时代向互联网时代的过渡，特别是2008年全球金融危机之后，中国产业转型的步伐越来越坚定，即从高能耗、高污染转向低能耗、低污染，从粗放型转向集约型，从低附加值转向高附加值。这给了新经济、新服务、新农业、新材料、新能源等新兴产业无限生机。仅以新经济领域为例，百度、腾讯、美团、摩拜单车、滴滴出行、去哪儿网、苏宁易购、旷世科技、完美世界等公司迅速崛起，深刻地影响了人们的衣食住行、改变了人们的消费习惯、提升了人们的生活质量。在新经济领域催生出的商业模式创新和变革也显得异彩纷呈。我们也将在第二节中重点介绍互联网商业模式。2019年以来，席卷全球的新冠肺炎疫情，又让全世界重新认识到做实、做强、做优实体经济的重要意义。习近平总书记强调，要一手抓传统产业转型升级，一手抓战略性新兴产业发展壮大，推动制造业加速向数字化、网络化、智能化发展，提高产业链供应链稳定性和现代化水平。可以预见，像比亚迪汽车、宁德时代、蔚来汽车这样的企业必将引领新的创业投资风口，而那些能够紧紧围绕数字化、网络化、智能化进行商业模式创新的中小型企业也一定会有新的机会。

（二）技术革命的影响

技术革命给人类社会带来了巨大的进步，也为商业模式的创新奠定了技术基础。仅以近十年来的互联网技术为例，它不仅给人们的日常生活带来了翻天覆地的变化，也悄无声息地改变了各个行业。在传统互联网阶段，互联网技术造就了搜狐、新浪、网易等门户网站，也造就了优酷、土豆这样的数字娱乐平台。这一崭新的"互联网平台模式"对传统媒体、新闻、广告、出版、娱乐等行业进行了颠覆。随着移动互联网技术和智能手机技术的发展，移动互联网融合了移动随时、随地、随身和互联网开放、分享、互动的优势，让在线搜索、在线聊天、移动网游、智能手机、电视、在线阅读、网络社区、移动支付等大行其道。除此之外，建立在移动互联网技术革命基础上崭新的商业模式，如共享模式、电商模式、社群模式等层出不穷。例如，共享模式下造就了自行车行业的摩拜单车、共享充电宝行业的怪兽充电等一大批独角兽企业。近年来，"互联网+"对各个行业的渗透无处不在。将"互联网+"思维、大数据、云计算、人工智能、生物科技等技术融入制造业之中，造就了小米科技、旷世科技、商汤科技、寒武纪科技、大疆创新、蔚来汽车、信达生物等各个领域的商业模式创新和成功典范。

（三）消费升级的影响

党的十九大报告明确指出："中国特色社会主义进入新时代，我国社会主要矛盾已经转化为人民日益增长的美好生活需要和不平衡不充分的发展之间的矛盾。"随着人均可支配收入的递增，全国居民恩格尔系数逐步下降，国人的消费结构持续优化并不断升级，特别是在养老、新零售、大健康等方面的需求日益增长。随着新兴消费业态迅猛发展，让人们耳目一新的商业模式也应运而生。以咖啡消费量为例，中国每年以 15%～20% 的幅度快速增长，远高于全球 2% 的平均增速。2020 年，咖啡市场规模约 3 000 亿元，2025 年将可能达到 1 万亿元。与此同时，人们对于咖啡品质的要求也提高了，消费者不再满足于速溶咖啡。在咖啡消费升级的过程中，充分利用移动互联网和大数据技术的新零售模式也被星巴克这样的老牌咖啡烘焙商和零售商采用。在经历了新冠疫情的不利影响之后，我国经济又重拾消费增长发展步伐，在扩大内需形成国内经济大循环的大趋势下，在食品、饮料、服装、医药、卫生、文具、其他日用品等大消费领域的商业机会一定会层出不穷。未来只有围绕人们"衣、食、住、行、用、服务"的现实需求，前瞻性地设计好商业模式，找到准确的市场切入点才可能获得商业成功。

（四）政策导向的影响

党和国家的政策导向对商业模式的创新也起着决定性作用。在过去 10 年间，在互联网技术和资本的双重加持下，国内在线教育市场一路狂飙。据报道，2020 年在线教育行业市场规模同比增长 30%以上，达到 2 500 亿元，其中至少有 1 000 亿元以上是学前教育至高中教育（简称 K12 教育）的在线教育市场贡献的，而 K12 教育线下市场更达到了 8 000 亿～9 000 亿元。从被称为在线教育元年的 2013 年开始，在"线上线下融合"（Online-Merge-Offline，OMO）的商业模式创新下，好未来、作业帮、高途课堂、跟谁学等迅速成为头部企业。然而，K12 教育在发展中也暴露出一些问题，比如愈演愈烈的学科培训加重了青少年学习压力，高昂的培训费助长了家长的经济焦虑。因此，为了切实提升学校育人水平、持续规范校外线上线下培训市场，有效减轻义务教育阶段学生过重的作业负担和校外培训负担，中共中央办公厅、国务院办公厅于 2021 年 7 月 24 日联合印发了《关于进一步减轻义务教育阶段学生作业负担和校外培训负担的意见》。这无疑为近乎"疯狂"的 K12 教育学科培训市场摁下了停止键，抱着赚快钱思维的资本和创业者都会"溜之大吉"。可以预见，未来教育培训行业聚集的将是真正热爱教育的创业者。那些积极响应国家政策，在体育、音乐、美术、信息技术、劳动教育等素质教育领域以及职业教育领域致力于提高用户体验、创新教研、创新商业模式的创业企业才可能取得成功。

三、商业模式的核心要素与商业模式画布

亚历山大·奥斯特瓦德和伊夫·皮尼厄在《商业模式新生代》一书中，将商业模式包括的九大核心要素归纳为价值主张（也称价值服务）、客户细分（也称客户群体）、渠道通路、客户关系、核心资源、关键业务、重要合作（重要伙伴）、收入来源和成本结构。这九大核心要素实际上呈现了交易结构中的买卖双方围绕"价值主张"这个最核心要素而完成"价值创造""价值传递"和"价值实现"的过程。

为什么说"价值主张"是九大核心要素中最为重要的要素呢？这是因为，如果创业企业不能够为客户提供有价值的产品或服务，那么这项交易就无法达成。为了实现"价值主张"的创造，创业企业首先要围绕客户找准定位：① 服务的客户群体是谁。例如，巴黎贝甜深受年轻人喜爱，好利来旗下顶级蛋糕品牌黑天鹅则受付费意愿更高的人士所青睐。② 通过什么渠道通路与客户接触并把产品或服务送达给客户。例如，传统的白酒企业需要通过各地的经销商来分销，而京东商城上的很多中小型企业则直接通过电子商务平台来触达客户。③ 怎么建立和维系客户关系。例如，如何开发新客户，如何与他们建立连接，并且采取什么手段促进双方及时、有效地沟通。创业企业接下来要审视自己：一是拥有哪些核心资源，如可能是发明专利、技术秘密，也可能是管理团队；二是能开展哪些关键业务，如生产制造出某种产品或提供某种咨询服务；三是为了生产出令客户满意的产品或交付服务，又需要有哪些重要伙伴或重要合作，如供应商是否能够为你及时交付原材料，或者交付的零部件质量是否合格。

为了更有逻辑地把商业模式上述九大要素以及要素之间的关系说清楚，亚历山大·奥斯特瓦德在《商业模式新生代》一书中又提出了商业模式画布的概念。所谓商业画布（Business Model Canvas），是指一种能够帮助企业将复杂的商业模式进行清晰可视化表达的工具。我们参考亚历山大·奥斯特瓦德在《商业模式新生代》中绘制的商业画布模型，如图 7-1 所示。虽然企业的商业模式不尽相同，但是都可以用商业模式画布来清晰地呈现其商业模式的构成要素。在图 7-1 中，我们把一张表划分为 9 个模块，每个模块都分别标记上一个核心要素。其中，处于上方中间的模块是价值主张，我们在前面刚刚解释了，为什么价值主张是最核心的要素；价值主张左侧的三个模块都关乎创业企业，分别是核心资源、关键业务和重要合作；价值主张右侧的三个模块都关乎客户，分别是客户细分、渠道通路、客户关系；在商业模式画布的下方是两个模块，关乎企业的营收和成本，分别称为收入来源和成本结构。接下来我们将逐一来解释这九大核心要素。

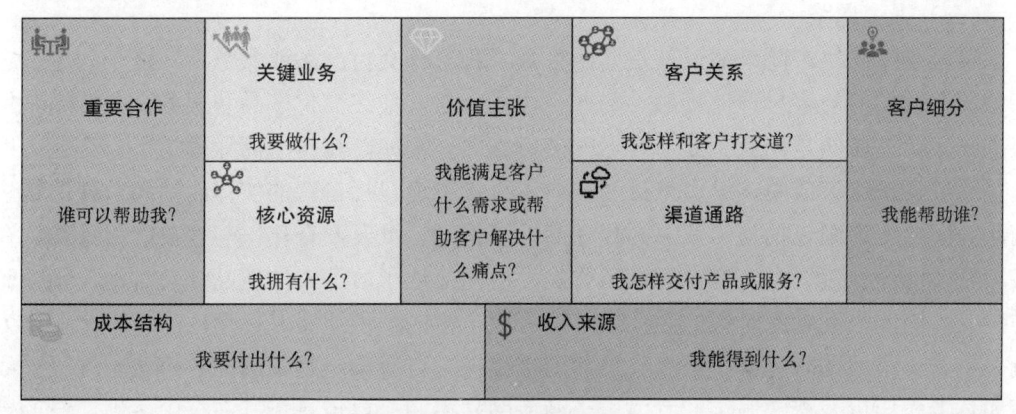

重要合作 谁可以帮助我？	关键业务 我要做什么？ 核心资源 我拥有什么？	价值主张 我能满足客户什么需求或帮助客户解决什么痛点？	客户关系 我怎样和客户打交道？ 渠道通路 我怎样交付产品或服务？	客户细分 我能帮助谁？
成本结构 我要付出什么？				收入来源 我能得到什么？	

图 7-1　商业模式画布

（一）客户细分

客户细分模块，简单地说就是要回答好"我能帮助谁？"这个问题，它描绘了一个企业期望和计划要服务的特定人群或组织。不同的客户的消费需求、偏好和行为有所差异。因此，企业首先必须要做出决定，即企业要为哪一个客户细分区隔提供产品或服务。例如，一个专注于特卖的电商企业将客户聚焦在 20~40 岁的中高收入女性群体，这些客户的特点是注重"品牌"和"正品"，并且对于价格十分敏感。当创业企业锁定其细分客户之后，就需要通过商业模式的设计来向客户传递其价值主张，即回答好为谁创造价值？谁又是最重要的客户？不同的客户可能需要提供不同的商品品质，不同的客户可能需要不同的分销渠道，不同的客户贡献的毛利率不同，不同的客户重复购买的消费行为也是不同的。有的创业企业聚焦于一个很窄的小众市场，如高端定制的服装。有的创业企业则可能选择面对一个大众市场，如智能手机、无线耳机等电子消费品。

（二）价值主张

价值主张（也称为"价值服务"）模块，简单地说就是要回答好"我能满足客户什么需求或帮助客户解决什么痛点？"这个问题，它描绘了企业向客户传递的一种经营理念和策略，既包含与竞争对手的相似之处，更体现与竞争对手的差异之处。例如，有的企业在品质、价格、售后服务等方面更优更好。当创业企业确定好客户群体之后，就需要精心设计商业模式中的价值主张了。以滴滴为例，滴滴秉持的价值主张是"让出行更美好"，围绕这一价值主张，滴滴打车 App 提供了多种出行解决方案——面向商务、高品质需求人群推出的专车、豪华车，面向上班族推出的出租车、快车、拼车等不同业务。这都是在满足不同用户不同的出行需求，也是在诠释"让出行更美好"的承诺。创业企业首先要让客户受益，客户才有付费意愿，才可以为创业企业贡献营收和利润。价值主张也可有多种具体类型，有一些价值主张是可以定量测量的，如你的产品比竞品更加价廉物美；有一些价值主张却只能够被定性描述，比如你的服务给客户更好的消费体验。创业企业一定要量力而行、因地制宜地选择适当的价值主张，向目标客户群体最大限度地展示自身产品或服务的内在价值。一般来说，只有满足了客户需求、解决了客户痛点的价值主张，才会被客户青睐。

（三）渠道通路

渠道通路模块，简单地说就是要回答好"我怎样交付产品或服务？"这个问题，它描绘了企业如何与客户群体接触、沟通、达成交易，最终交付产品和服务，并传递其价值主张。渠道通路是创业企业与客户的接口界面。例如，在传统商业模式下，企业可以选择通过直接渠道或间接渠道来接触客户。直接渠道包括自营的实体店铺和自建的销售团队；间接渠道则包括与第三方的代理商、经销商、批发商合作来与客户取得连接。在移动互联网商业模式下，客户可以用智能手机便捷地了解上市的新品，及时地反馈体验与感受。因此，互联网时代的企业通常有着更丰富的渠道通路。以运动品牌李宁服饰为例，销售渠道就同时包含了自有渠道和间接渠道。自有渠道是指其在各个城市开设的线下实体专卖店以及李宁服饰的官方电子商务网站；间接渠道是指其在全国各地广泛的销售商合作伙伴渠道，以及在天猫、京东这样的电商平台开设自营店。通过渠道通路，企业不仅能够接触客户群体，还能够与有合作意向的伙伴建立联系。渠道通路发挥着提升公司的价值主张在客户和渠道伙伴心目中认知的重要作用。创业企业在搭建自己的渠道通路时，必须始终围绕把自身的价值主张，连同产品或服务向市场顺利推广这一目标，充分考虑渠道的成本效率，通过灵活地组合运用各种渠道实现最佳的效果。

（四）客户关系

客户关系模块，简单地说就是要回答好"我怎样和客户打交道？"这个问题，它描绘了企业为实现价值主张，主动与既定的客户群体建立起的特定关系。这个特定关系可能是买卖关系，也可能仅仅是一次接触联络。创业企业建立和维护客户关系的目的在于最终有机会达成以交易为目的买卖关系。客户关系具有差异性、持续性、双赢性等特征。不同的客户有不同的消费需求、偏好和行为，他们对于创业企业传递的价值主张的理解或认同也可能存在差异，因此不同的客户就可能需要进行差异化的客户关系管理。一旦建立了良好的客户关系，企业往往不容易失去这些客户。在建立和深化客户关系的过程中，企业可以大大降低交易成本，不断深入了解客户的需求或痛点，从而持续完善自身的商业模式。客户关系可以划分为多种类型，可以是以客服中心、直接通信等手段来实现企业与客户群体的直接互动；也可以是客户通过自助服务终端来反馈消费体验；或者是通过在线社区、线下社区等方式与客户进行面对面交流；还可以综合运用上述多种方式以提高客户黏性。以樊登读书的发展历程为例，这个最初致力于提供在线阅读书籍的知识服务平台，逐渐开拓了线下社群和各种线下活动，并通过开设实体书店来实现与客户更多的连接与交流。企业应该清楚既定客户对应的客户关系类型。有哪些已经建立的关系？建立和维持这些关系的成本如何？这些关系应当如何与商业模式画布中的其他模块如渠道通路相匹配？

（五）核心资源

核心资源模块，简单地说就是要回答好"我拥有什么？"这个问题，它用来描绘维持商业模式持续、有效运转所必需的各种资源。核心资源既是企业安身立命之本，也是创业企业竞争优势的最直接体现，其对企业的重要性不言而喻。核心资源是企业能够创造并传递价值主张、产生竞争优势、赢得并维系客户的必要条件。核心资源可以是实体资产、知识资产、人力资源、金融资产等。其中，实体资产包括经营场所、生产资料、信息系统、销售网络等；知识资产包括品牌、商誉、技术秘密、发明专利、版权、著作权和客户数据等；人力资源则是企业的运营团队、技术团队等；金融资产主要是指货币资金，也包括企业潜在的融资能力。人力资源通常是投资者非常看重的核心资源，因为一个一流的团队可以把二流的项目做得非常完美，但是如果团队能力不足，一流的项目也可能会失败。不同的商业模式所需要的核心资源也不尽相同。对于一个科创板的"硬科技"上市公司来说，技术秘密和发明专利无疑是最核心的资产。公开数据显示，截至2021年7月19日科创板311家注册公司，平均每家科创板上市公司专利申请量为330件，有效专利量为173件，授权发明专利量为94件。核心资源可以是自有的，如果独特性越强，则竞争优势越大。核心资源也可以是从重要伙伴那里获得的。企业想要长期保持竞争优势，就需要尽可能低成本地从外界获取核心资源。创业企业应该清楚，为了实现价值主张需要哪些核心资源？为了保持渠道通路和维系客户关系需要投入哪些核心资源？哪些核心资源是自己已经具备的，哪些又需要从重要伙伴中获取？

（六）关键业务

关键业务模块，简单地说就是要回答好"我要做什么？"这个问题，它用于描绘企业为了确保其商业模式的可行而必须要做的重要事情。关键业务是企业价值主张的重要体现和载体。企业的价值主张、渠道通路、客户细分都是企业设定自身关键业务需要综合考量的因素。不同的商业模式下，其关键业务也会有所差异。以制造企业为例，对于生产厂商海信电器来说，不断迭代研发智慧家电是其关键业务之一；对于淘宝或京东这样的互联网交易平台类公司来说，提供便捷的网络交易服务则是它们的关键业务之一；对于毕马威会计师事务所来说，提供公平公正的鉴证业务、税务咨询服务则是它的关键业务之一。创业企业通常会有若干项关键业务。以专注于智能硬件和电子产品研发，以及智能家居生态链建设的创新型企业小米科技为例，独特新颖的研发设计、严格细致的质量监控、低成本的原材料采购、全面覆盖的渠道与终端管理等，这些都是小米科技的关键业务。对于一个创业企业来说，一定要能够清晰地罗列出所有的关键业务，从而为每项关键业务分配核心资源，把企业的核心资源向这些业务活动倾斜，才能不断强化其竞争优势。同时，企业的关键业务也应该不断创新升级，从而让企业的价值主张更加具有权威性和影响力。

（七）重要合作

重要合作模块，简单地说就是要回答好"谁可以帮助我？"这个问题，它用于描绘商业模式有效运行所需要的供应商、合作伙伴等关系网络。创业企业绝不是商业生态系统中的一个"孤岛"，它一定只是身处价值链或价值网络中的一个单元，并且和供应商、合作伙伴、客户群体都密切依存。一方面，创业企业在价值链中向客户群体传递价值主张、提供产品和服务；另一方面，创业企业需要得到供应商、合作伙伴等的帮助，以获取核心资源、降低经营风险。与供应商、合作伙伴建立的合作关系往往是其构建和完善关键业务、优化商业模式的基石。例如，上面提到二十多年前横空出世的戴尔计算机，其取得成功的主要因素是进行了"直销订购"的商业模式创新，进而形成了能够对客户快速响应和低成本的竞争优势；这就需要戴尔计算机构建高效一体化的采购供应体系，并且与一大批供应商或者采购伙伴形成很好的合作关系。除了与供应商的合作，与其他合作伙伴常见的重要合作形式也很丰富，如非竞争者之间的联盟、竞争者之间的合作和共同建立新公司等。创业企业应该识别出，哪些关键业务需要合作伙伴支持？谁是关键合作伙伴？谁是关键供应商？又需要从关键合作伙伴那里获得哪些核心资源？

（八）收入来源

收入来源模块，简单地说就是要回答好"我能得到什么？"这个问题，它描绘了创业企业从所有付费的客户群体中获得的经济收入。创业企业创新和设计商业模式的最终目的是要获得价值，而收入来源就是价值实现的具体表现形式。有人把客户群体模块比作是商业模式的心脏，而收入来源模块就是维持心脏健康跳动的血液。例如，一个创业企业不断从客户身上赚取收入，那么它就拥有充足的资金来聘雇员工，进而不断提升关键业务、维持良好的客户关系、保持顺畅的渠道通路等；又如，一些创业企业选择在初期通过免费的方式来吸引客户、培养消费习惯，但是如果产品或服务总是不被客户认可，总是不能够提升客户的付费意愿，始终也不能够产生充足的收入，那么创业企业的研发、设计、生产、营销以及售后服务都将成为无源之水，最终无法实现持续经营。同一个商业模式可以包含多种类型的收入来源。例如，对于上市公司完美世界（股票代码：002624）来说，按照行业可以划分为游戏板块收入和影视板块收入；按照产品可以划分为PC端网络游戏收入、移动网络游戏收入、主机游戏收入、电视剧收入、艺人经纪业务收入；按照地区可以划分为境内业务收入和境外业务收入。创业企业要清楚，各类收入来源的贡献比例分别是多少？客户更愿意为何种价值主张进行支付？各类收入的提升空间是多少？各类收入分别与对应的成本做比较后，哪一种收入来源带来的利润更为丰厚？

（九）成本结构

成本结构模块，简单地说就是要回答好"我要付出什么？"这个问题，它用来描绘一个商业模式在运行中为了获取收入来源所引发的所有成本或费用及其组成结构。获取核心资源、开发关键业务、开辟渠道通路、保持客户关系，几乎所有的模块在运行时都会引发各种成本或费用的发生。因此，成本有时又被称作是获得收入来源的必要之"恶"。企业一方面需要考虑如何控制成本的大小；另一方面又不能够一味地降低成本或费用，而应该权衡如何为了获得更大的收入来源而适当增加成本或费用的支出。因此，根据成本不同的驱动方式，商业模式可以分别划分为成本驱动模式和价值驱动模式。所谓成本驱动模式，是指企业侧重于在每个环节都尽可能地优先考虑降低成本。例如，国内的廉价航空公司——春秋航空公司就是典型代表。它们通过简化机内服务，包括不提供餐食、不提供免费行李托运、减少租用机场较昂贵的登机桥设施以全面控制飞行成本，从而为乘客提供低廉的票价，进而提高飞机的载客数量和载客率。所谓价值驱动模式，是指企业首先注重的是为客户提供较高品质、较好体验感的产品或服务，甚至不惜代价地为客户提供定制化的解决方案以强化顾客满意度和忠诚度。例如，五星级宾馆首先注重的是顾客至上、服务至上，因此建设豪华的设施、聘雇高素养的服务人员都是必要的投入。按照成本性态的不同，成本又可以划分为固定成本和变动成本两大类。成本性态，是指成本跟随业务量或产量的变化模式。固定成本，是指在一定业务量或产量的范围内，不受业务量或产量增减变动影响而能保持不变的成本或费用。例如，公司办公场所的租金、机器设备的折旧、管理人员的工资等。变动成本，是指随着业务量或产量增减变动而发生等比例变动的成本或费用。例如，原材料采购成本、直接人工成本等。事实上，大多数创业企业的成本结构都是混合成本结构，既有固定成本，又有变动成本。不同的成本结构，决定了企业面临的不同的经营风险。

综上所述，我们逐一地介绍了商业模式画布中的9个模块。在实务中，这9个模块的不同组合可以形成不同的商业模式，而每个模块也有很多种可能的选择或替代方案。创业者所要做的就是从各种可能的组合中找到最能发挥企业独特的竞争优势、展现企业价值的那个方案。商业模式画布作为一个非常实用的分析工具，在新产品的创意或上市、对老产品的复盘诊断和更新迭代以及对标竞争对手竞品等应用场景中都可以得到广泛应用。因此，广大优秀创业者若能了解并熟练运用商业模式画布，无疑能在创业之路上如虎添翼。

第二节　传统商业模式和互联网商业模式

在本章的第一节中，我们学习了商业模式的概念和分析与设计商业模式的实用工具商业模式画布，以及推动商业模式演进的影响因素。在商业模式发展的进程中，前后出现了工业经济时代下的传统商业模式和互联网经济时代下的互联网商业模式两个阶段。本节将分别介绍传统商业模式和互联网商业模式的内涵、特点和主要类型。我们将首先聚焦于实体经济和实体商业，介绍传统商业模式，通过对传统商业模式及其演进过程的描述，了解其基本业态和运行逻辑；然后介绍互联网商业模式的演进与发展，让大家了解互联网商业模式的主要类型和特点。希望通过对传统商业模式和互联网商业模式下具体类型的介绍，使读者对商业模式有更深入和透彻的理解。

一、传统商业模式

中国作为世界互联网大国,虽然其互联网商业模式发展非常迅猛,但是绝大多数行业或企业还依赖于传统商业模式。而互联网商业模式也并非横空出世,很多互联网模式也是互联网技术对传统商业模式赋能的产物。因此,我们还是需要先学习和研究工业经济时代的传统商业模式、主要类型与创新形式。

(一)传统商业模式的概念

传统商业模式下价值创造、价值传递和价值实现的过程,可以按照价值链或渠道通路传递的顺序来表达,在这个过程中分别由以下四个主体逐级参与,即厂商—代理商(或经销商)—零售商—客户(图7-2)。例如,一家化妆品生产厂商,在推出一款新品之后,首先与全国各地的代理商签订订货协议;然后代理商为当地的购物中心、超市或便利店等零售商供货,客户最终就可以在这些实体店当中购买到这款化妆品。

在传统商业模式下,各个环节的获利方式比较容易理解,即通过各级之间的差价获得盈利。厂商作为产品或服务的生产者,要尽量降低生产成本,扩大出厂价格与生产成本之间的差额从而获得更多利润。代理商在厂商与零售商中间起到承上启下的作用,在渠道通路中发挥着非常重要的作用。拥有强大市场网络的代理商往往可以通过大批量采购而压低采购价,拉开从上游厂商处获得的采购价与销售给下游零售商的代理价之间的差额从而扩大利润。零售商处于渠道通路的后端,是将产品或服务直接销售给客户的中间商。零售商凭借丰富的市场经验及其稳定庞大的客源提升其与代理商议价的能力;同时又通过选址、店铺环境、服务态度和购进畅销商品提高销量和单价,从而扩大利润。在这个过程中,还有两个市场主体参与其中,分别是厂商的原材料供应商,以及为厂商和代理商服务的物流配送商。原材料供应商和物流配送商都是厂商的重要合作伙伴。

图7-2 传统商业模式下的渠道通路与市场主体

(二)传统商业模式的主要特征

传统商业模式发展了百余年,即便是在互联网商业模式大行其道的今天,也依然不能够被完全替代。传统商业模式在运行中呈现出两个主要特征。

(1)传统商业模式运行中必然伴随实物基础设施的建设。例如,需要建设仓库、店铺、办公楼和商品展示厅等,其中最重要的是要在具有潜在客户群体的地方开设实体店铺并展示其产品或服务。传统商业模式在发展中涌现出各种业态,其巅峰时期便是各类零售实体店大行其道的时候,如百货店、超级市场、便利店、折扣店等。

(2)在传统商业模式下,价值传递的路径较长。从价值链的视角,可以清楚地看到,作为产品或服务提供者的厂商不能够直接面对终端客户群体,而需要经由代理商和零售商连接客户,这样势必会造成一些弊端:① 流通环节较多。从设计、生产、批发再到零售，厂商必然更多地依赖渠道通路中的代理商和零售商，厂商的利润因此被压缩，而厂商增加的成本最终都将转嫁给客户，导致客户也不满意产品或服务过高的购入价格。面对强大的代理商或零售商，很多厂商长期处于对下游无法控制且与竞争对手同质化竞争的不利境地。② 对客户的响应比较慢。厂商不能够直接面对客户，因此不能够及时了解到客户群体对于产品或服务的反馈意见，进而影响厂商对客户需求变化的响应速度。③ 造成运营资金大量占用和存货周转率下降。市场响应的滞后必然会引发原材料和产品的积压、仓储成本上升等一系列问题，运营资金大量占用和存货周转率下降将削弱企业的竞争力。

在终端客户消费偏好和消费行为日益表现出个性化、差异化和自主化的趋势下，传统商业模式的弊端逐渐显现。实际上，传统商业模式的基本商业逻辑是"以厂商为中心"。在这种模式下，企业首先要进行市场调研和客户细分，进而在商业模式运行中依据客户细分；然后集中核心资源，铺设渠道通路，打造关键业务，维持重要合作与客户关系。但是，这样却忽略了客户需求的个性化、多样化，更忽略了客户需求的发展变化。目前，创业企业的成功与否不再只依靠市场开发能力和制造能力，还取决于能否紧密跟进客户需求并将其转化为产品或服务组合的速度和质量。

（三）传统商业模式的主要类型

随着时代的进步，传统商业模式也在不断更新与发展。我们在这里给大家介绍几种典型的传统商业模式，即店铺模式、"饵与钩"模式、"免费+收费"模式、"硬件+软件"模式和直销模式等。

1. 店铺模式

前面提到的百货店、超级市场、便利店、折扣店和仓储式会员店，它们共同的特点可以总结为店铺模式的定义，即在具有潜在客户群体的地方开设实体店铺以展示其产品或服务。百货店，是一种以集中销售综合品类商品为特点的零售业态；超级市场，是实行由客户自选式服务的开放式商品销售的零售业态；便利店，是以位于居民区附近且经营即时性商品为主的自选式购物方式的小型零售业态；折扣店，是通过在采购、存储、流通、店内陈列和销售等各个环节降低成本，进而向顾客提供低价但物有所值的商品为主要目的的零售业态；仓储式会员店，是以会员制为基础，目标客户以中小零售商、餐饮店、集团购买和能够自行驾驶汽车前往的人群为主的零售业态。每一个商业零售业态的出现都意味着商业模式的一次创新升级。例如，对比百货店，超级市场实现了"低价高质"的价值主张；而便利店弥补了超级市场路途遥远、排队等候时间较长等问题；折扣店考虑了客户群体对价格的敏感性；仓储式会员店的会员制则有效地提升了客户的忠诚度。

2. "饵与钩"模式

"饵与钩"模式，也称为"搭售模式"，即以基本产品为"饵"，以搭售产品为"钩"。也就是说，首先以相对低廉甚至是亏损的价格卖出基础产品，但是与基础产品相关且需要不断购买的消耗品或者是服务的价格则比较昂贵。1976年，雀巢公司推出了世界上第一款咖啡胶囊产品。雀巢公司把咖啡豆经过特殊处理制成咖啡粉后密封于胶囊之中，需要冲泡咖啡时，把这种咖啡胶囊放入专用的胶囊式咖啡机内冲煮即可。在这个消费过程中，客户一次性购买了胶囊式咖啡机，但是却需要持续购买咖啡胶囊。一颗 5~6 元人民币的咖啡胶囊看起来似乎不贵，但是对于有经常性冲泡需求的消费者来说，这可能比购买咖啡豆制作现磨咖啡要昂贵不少。"饵与钩"模式在很多场景下都得到应用。例如，剃须刀（饵）和刀片（钩），智能手机（饵）和通信服务（钩），打印机（饵）和墨盒（钩），相机（饵）和胶卷（钩）。

3. "免费+收费"模式

"免费+收费"模式，是指首先通过提供免费的产品或服务吸引大量客户，然后通过提供更高级别的收费产品或服务或者向客户之外的第三方来收费来获利的商业模式。例如，超市对一次购买超过一定金额的客户提供免费配送的服务；一些软件产品会给一定的试用期，在试用期之内客户可以免费使用，但是超过试用期就需要付费。又如，一些产品的基础版本或功能是免费的，而高级版本或功能则需要收费。Adobe PDF 阅读软件的阅读功能是免费的，如果用户想要使用编辑功能则需要额外付费；网易云音乐对于广大公众来说是可以免费下载并使用的，但是如果需要收听更高品质的歌曲就需要支付费用以成为高级会员。电台或一些纸媒通常对大众是免费的，但是它们通过植入向第三方收费的广告业务来获利。大众也可以免费下载或使用 360 杀毒软件、百度搜索等产品，360 公司和百度公司则通过向公众之外的第三方收费来获利。

4. "硬件+软件"模式

"硬件+软件"模式，是指企业既进行产品制造又进行内容开发，通过独特且丰富的内容来增加客户对产品使用的黏性。例如，美国苹果公司既进行硬件制造又进行软件开发。苹果公司之前开发的系列产品 iPod classic、iPod nano、iPod touch 和 iPod shuffle，不但产品外观精美时尚，而且还安装了自己研发的 iTunes 软件，便捷地将音乐购买、下载、管理、播放等功能集成于一体；而 iPhone 和 iPad 等都搭载苹果公司自己开发的移动操作系统 iOS 系统，并预置了拍照与编辑、Remote Mouse（无线遥控器）、1Password（跨平台的密码管理工具）等一系列具有强大功能的应用软件。在苹果公司精心构筑的硬件和软件生态中，消费者对其硬件和软件的使用都产生了严重的双向依赖，以至于想更换其他品牌手机时，不得不需要同时考虑软件使用的习惯。

5. 直销模式

直销模式，是指企业不通过代理商或经销商等中间商，也不通过超市、专卖店等销售渠道，直接把商品销售给顾客的一种模式。专卖店就是一种典型的直销模式，是指专门经营或授权经营一个主要品牌商品的零售业态。专卖店专卖一个品牌或一类产品，必然会大大增强产品的终端销售能力和顾客的满意度。随着通信技术和媒体技术的发展，电话直销、电台直销、电视直销的形式先后出现。电话直销在一定的时间内能够精准、快速地将信息传递给目标客户；电台直销和电视直销受众面广泛，一般选在收视率或收听率较高的频道栏目和时段插播，通过反复播放录播的广告内容加深受众的记忆并引导其进行购买。直销模式通过缩短或者摒弃分销渠道来降低商品的流通成本，进而能够给终端客户提供一个有吸引力的低价。戴尔计算机的创始人迈克尔·戴尔形象地评价自己的商业模式为"两点之间，直线最短"。戴尔计算机建立了基于 Web 的直销模式，客户可以访问其电子商务网站定制个性化的 PC，成功地实现了低成本、低价格和低库存的运营，戴尔电脑也成为个人 PC 行业的佼佼者。

可以看到，传统商业模式在商业实践中不断得以优化升级。但是，传统商业模式并不是"以客户为中心"，而是建立在"以厂商为中心"的商业逻辑之下。因为在互联网出现之前，消费者和厂商之间的信息是不对称的，消费者主要是通过厂商、代理商或零售商来获取各种商业信息，消费者并不具有主动获取商业信息的能力。

二、互联网商业模式

随着互联网、人工智能、大数据、物联网等新技术的广泛应用，工业、商业和金融业都发生了巨大的变化，互联网商业模式应运而生。互联网商业模式，是指企业利用互联网平台，针对其目标市场进行准确的价值定位、聚集客户，并通过有效整合企业内外部资源，连接各种商业渠道或整合传统商业类型、不断满足客户需求、提升客户价值以实现长期持续盈利的全新商业逻辑的运作系统。

（一）互联网商业模式与传统商业模式的比较

在"以厂商为中心"的传统商业模式下，厂商通常会不断设计开发新的产品，每一款新品在市场投放中，都需要消耗大量的资源。但是，并不是每一款新品都会获得成功，这是因为价值主张可能不一定能够满足消费者的诉求。就算是获得成功的产品，在经历了成长期和成熟期之后也必然要进入衰退期，因为消费者的诉求是动态变化并不断提高的。与传统商业模式不同，互联网商业模式是"以客户为中心"。在互联网时代，厂商和渠道商不再具有绝对的信息优势和控制优势。与此相反，消费者可以通过互联网快速而便捷地获得各种商业信息。互联网时代的商业模式，可以更紧密地连接厂商与消费者，让消费者更深入地参与到价值创造、价值传递和价值实现的过程中来。这样一来，厂商与消费者就共同完成了价值分享。例如，平台、社群、共享经济等都是互联网时代的专属用语。与此同时，互联网的普及与应用也为中小型创业公司提供了机会，它们只需要花费较少的成本就可以利用互联网便捷地建立起广泛的信息网络或销售网络，将企业的价值主张、产品或服务的信息传递到更广泛的市场，从而与大公司一决雌雄。

（二）互联网商业模式的分类

在互联网发展的历程中，按照互联网终端设备的发展，大致可以划分为传统互联网阶段与移动互联网阶段。传统互联网阶段也称为 PC 端时代，人们主要依靠 PC 访问互联网，门户网站模式在这个阶段应运而生。门户网站如新浪和搜狐、提供搜索引擎服务的百度都是在这一时期相继崛起的典型的互联网企业。移动互联网阶段则是移动设备的时代，访问互联网的入口从 PC 端转向移动终端，如智能手机、平板电脑，电商模式从此取得了快速的发展。近年来，随着智能手机的普及，移动互联网模式下的电商模式获得了更加强劲的发展动能，迎来了更加广阔的发展空间。

（1）门户网站模式。互联网门户网站，是指提供综合性互联网信息资源和相关信息服务的应用系统，通常有着统一的用户界面。我们比较熟悉的门户网站包括搜索引擎式门户百度、综合资讯网站新浪、财经信息网站和讯网等。这些门户网站通过为广泛用户提供海量免费的信息资源与信息服务，吸引潜在消费者的注意力并引导其持续访问网络，从而为在门户网站进行广告宣传的厂商或渠道商提供网络流量。20世纪90年代中后期，我国三大门户网站（新浪、网易、搜狐）先后在纳斯达克成功上市，标志着我国互联网商业模式的第一个黄金发展期。新浪、网易、搜狐都具有免费的形式、丰富海量的信息服务、专业充实的内容、大量的用户与访问量等优势，同时向厂商、渠道商提供付费网络广告、付费信息服务。厂商通过互联网门户网站来开展一系列的电子商务活动以实现产品宣传和市场开拓，从而可能大大降低各种交易成本。

（2）电商模式。电商模式是指厂商和消费者通过以互联网为基础设施的第三方电子交易平台实现信息、产品/服务传送以及结算款的交易模式。按照交易对象的不同，又可以划分为以下几个类别：① B2C（Business to Customer）模式，即企业或商家对个人客户的电子商务。B2C模式为消费者提供了一个新型的购物环境——网上商店，消费者通过互联网和终端设备在网上购物和支付。典型的B2C公司如美国的Amazon，中国的天猫、京东、当当网等。② B2B（Business to Business）模式，即企业对企业的电子商务。B2B模式不仅有助于企业实现议价、签单、交货和售后服务，也为企业间建立合作联盟提供了可能，企业可以更好地实现水平或垂直形式的业务整合。典型的B2B公司如阿里巴巴等。③ C2C（Customer to Customer）模式，即指个人对个人的电子商务。同消费者之间进行交易的传统模式相比，C2C模式不再受到时间和空间的限制，节约了大量的市场沟通、互信建立成本。典型的C2C公司如eBay、淘宝等。④ O2O（Online to Offline）模式，即从线上到线下的电子商务。O2O模式让互联网成为线下交易的前端，很多厂商既有网上商城又开设线下实体店，如苏宁易购、国美电器等。随着移动终端、支付软件等日臻成熟，O2O开始和大众的日常生活密切关联。典型的O2O公司有餐饮行业的美团、饿了么，二手汽车交易行业的人人车、瓜子网等。

（3）社交电商。社交电商是在网络社交场景下实现电子商务的交易模式，也是电商模式的新发展。随着微信、抖音、快手、小红书等社交媒体平台的迅速发展，社交电商的生态系统日渐成熟，并迅速发展。近年来，一些综合电商平台开始重视社交功能的提供，电商平台很好地把关注、点赞、分享、讨论、互动等社交化元素融入电子商务的交易中，这远比电商平台上提供的广告、软文更有吸引力。拼多多就是一家成功地把社交元素注入购物过程以增强共享式购物体验的新型电商平台。苏宁易购、京东商城和网易严选也都相继推出了会员邀请、拼购、好友分享砍价等互动性很强的促销活动。社交电商重视客户的消费体验，这又颠覆了之前以产品/服务的搜索或展示为中心的模式，从而让消费者通过社交活动不断参与分享和传递厂商的价值主张。社交电商的基本逻辑就是在熟人社会中用老用户来吸引新用户，这无疑能够为商家在消费者群体中形成口碑效应并进行"裂变式"传播，从而更好地激发新的消费者的需求、倍增消费者的用户黏度。在"价值创造、价值传递和价值实现"这一价值主张的传递过程中，"价值分享"成为价值实现的最佳结果。社交电商在发展中，出现了拼购、会员制、社区团购、内容类等创新形式。以内容类社交电商为例，其优质的内容与产品形成良性协同，从而引发和保持消费者的购买行为。比如，小红书就是一家典型的内容类社交电商，它为年轻消费者提供了一个发现和标记生活的平台。消费者可以利用移动端带来的碎片化时间浏览分门别类的网络社区，这些社区广泛涉及美妆、旅游、美食、健身等热门主题，用户也在该平台认识有趣的消费达人。

比较传统互联网商业模式，互联网商业模式为厂商和渠道商提供了触达客户更广泛、服务客户更高效、促销投入成本更低廉的商业机会。但是，互联网商业模式的出现和发展并不是对传统商业模式的彻底替代，它们都在不同的行业领域焕发着自己的光彩。创业企业需要根据自身的特点优势和面对的具体情况来分析确定选择何种模式或采取两种模式的融合。深入了解这两种商业模式的内涵、类型与特点，有利于企业审视创业环境、找到自身价值定位、聚焦行动策略。

习　题

1. 请找到一个你熟悉或喜欢的创业企业，利用商业模式画布对其商业模式中的九大核心要素进行分析。

2. 请根据一家采取了 O2O 商业模式实践的企业，谈一谈移动互联网时代"互联网+"对传统行业的影响认识。

3. 以下关于商业模式的说法不正确的是（　　）。

A. 商业模式就是指一个企业能提供什么样的产品，给什么样的用户创造什么样的价值；在创造用户价值的过程中，又用什么样的方法获得商业价值

B. 商业模式就是指企业通过最优实现形式满足客户需求、实现客户价值，同时实现自身持续盈利目标的整体解决方案

C. 当今企业之间的竞争，已经不再是简单的产品和服务之间的竞争，其实质是商业模式之间的竞争

D. 互联网商业模式下企业的利润率一定比传统的商业模式下利润率高

参考答案：D。

4. 商业模式有九大要素，以下不属于九大要素之一的选项是（　　）。

A. 客户群体　　　B. 关键业务　　　C. 宏观经济形势　　　D. 价值主张

参考答案：C。

5. 商业模式画布使用的典型应用场景包括（　　）。

A. 新产品创意设计时

B. 新产品上市之前的策划时

C. 对老产品进行复盘诊断或更新迭代时

D. 对标竞争对手的竞品时

参考答案：A、B、C、D。

6. 传统的商业模式是类似（　　）这样的价值传递链条。

A. 代理商 – 厂家 – 零售商 – 客户

B. 厂家–代理商–零售商–客户

C. 厂家–代理商–客户–零售商

D. 厂家–零售商–代理商–客户

参考答案：B。

7. 传统商业模式下的实体店形态有（　　）。

A. 专卖店　　　B. 百货店　　　C. 超市　　　D. 便利店

参考答案：A、B、C、D。

8. 互联网商业模式包括以下这些形式，分别是（　　）。

A. 门户网站模式　　　　　　B. 电商模式

C. 社交电商模式　　　　　　D. 以上都不是

参考答案：A、B、C。

9. 以下关于一个企业的商业模式的看法正确的是（　　）。

A. 创业企业的商业模式无论遇到什么困难都一定要坚持不变

B. 传统商业模式在互联网商业模式的冲击下受到挑战

C. 企业的商业模式一定要在发展过程中动态调整

D. 以上都正确

参考答案：B、C。

第八章
商业计划书的内容与撰写

制作一份优秀的商业计划书往往是创业者正式开启创业之路前的必修课。很多情况下，名不见经传的创业者无法直接见到风险投资公司的高层。那么一份要点鲜明、内容完备、逻辑缜密、感染力强的商业计划书就是打动投资经理、投资总监和投资委员会，最终顺利地帮助企业获得融资的"敲门砖"。相关研究也表明，拥有商业计划书的创业项目通常比没有商业计划书的项目融资成功率高出数倍。商业计划书是创业企业成功获得融资的重要工具，但是编撰商业计划书的意义远远不止在于吸引潜在投资者。著名风险投资家 Eugene Kleiner 指出：如果你想踏踏实实地做一份工作的话，写一份商业计划书能迫使你进行系统的思考。例如，一个自认为构思还不错的创业项目，如果在和朋友们交流之后就会发现不少疏漏之处，一旦落笔写出来自己都可能质疑其可行性。商业计划书在递交给投资人的时候，首先是创业者自己能够清晰确认并坚定实施的行动蓝图，是企业战略规划与执行、筹资、融资、运营等一切经营活动的指南。因此，对于创新创业课程的初学者，我们在本章中有必要带领大家一起来学习商业计划书的主要内容和编制技巧。

第一节 商业计划书的主要内容

一、商业计划书的定义

商业计划书（Business Plan）又称创业计划书，通常是创业者在创业的初期阶段为了向潜在的投资者、创业团队、公司骨干、合作伙伴等全面展示公司或项目的商业逻辑、团队构成、现有情况、发展战略、业务规划、行动策略、融资用途、收益回报和投资风险等相关内容的书面材料。一份好的商业计划书通常具有逻辑清晰、内容完整、数据翔实、装订精致的特点。从商业计划书的定义和特征中我们可以看到以下特点。

（1）商业计划书的阅读者不仅仅是投资者。在公司创建的初期为了说服重要的核心成员加盟创业团队，引起合作伙伴（如供应商、代理商、零售商）对创业项目的兴趣，检验目标市场或客户的反候，都需要以书面形式的商业计划书向他们清晰地描绘和展示未来的前景。

（2）商业计划书是一份全方位的项目计划书。因此，商业计划书中各个模块都需要互相衔接和对应。比如，现有情况和发展战略要与商业逻辑相匹配，业务规划要与发展战略匹配，团队构成和融资用途要与业务开拓相匹配。

（3）商业计划书一定要建立在科学的调研分析的基础之上。商业计划书代表了创业者的行事风格、沟通策略和诚信承诺。如果商业计划书的调研分析模棱两可、文字表达草率随意、引用数据不够扎实、业务增长预测和财务预算不合理，这将大大影响投资者对创业项目的研判。而且商业计划书通常会在投资圈中流转，一旦有知名投资机构对创业者的诚信产生了质疑，其他投资机构也就不会轻易相信这个创业者了，创业者很可能百口莫辩并将痛失融资机会。所以，商业计划书一定要经过创业团队的深思熟虑、反复修改、不断迭代、细致审核后方可向外部公开。商业计划书必然会涉及创业企业的一些商业信息，如商业模式创新、市场营销策略、技术机会分析，所以创业者在把商业计划书提交给投资机构之前，一定要和对方签订创业计划书保密承诺。值得一提的是，有的创业团队是理工科背景，没有经济、管理、财务、法律等方面的知识储备，也不具备撰写商业计划书或洽谈融资的经验，这时可以聘请有投融资背景的专业人士来指导撰写工作或代为撰写，比如帮助创业团队来计算盈亏平衡点、测算投资回报率等。但是，商业计划书的"内核"部分必须要经过创业团队深思熟虑和反复迭代。

二、编撰商业计划书的意义

在创业实务中，一些创业者对于商业计划书的编撰总有误解。例如，有的创业者感觉自己的团队很优秀，技术上独树一帜，选择的赛道也符合行业发展的趋势，没有必要花费太多的时间和精力去编撰商业计划书。殊不知，投资者往往比创业者思考得更加冷静和全面。投资者首先要考虑的是，创业项目在商业上是否能够获得成功。如果面对的是一个肯定无法获利或很难顺利退出的创业项目，他们宁可不投资。草率敷衍的商业计划书可能表明该创业团队的策划能力不够、对未来的不确定性的应对考虑不足，这必然让投资者失去信心。因此，在开始准备撰写商业计划书之前首先应该明确商业计划书编撰的意义。一般来说，编撰商业计划书的意义主要有以下三点。

（1）促使创业者凝练商业逻辑、发掘短板和不足。安德鲁·查克阿拉基斯指出，用强悍又善诱的商业计划书，把你的商业金点子转化成金子。这其实明确了商业计划书的一个重要功能是帮助创业者如何把相对凌乱而发散的创意整理成能够落地执行的策略和行动。在这个过程中，创业者不断地去思考如何将商业模式画布上缺失的"拼图"逐一弥补上，进而凝练出"闭环"的商业逻辑。例如，渠道通路是创业企业最为棘手的问题，那么就可以做进一步的分析，到底缺失的"拼图"是什么？——是因为对渠道的管控乏力，或因为终端销售人员的能力不足，还是因为对经销商的考核激励不够。在这个过程中，创业企业实现对自身的优势进行重新评估，并促进其对各类风险的进行预测、识别和管控。

（2）促进创业团队内部全面理解并明确创业的目的、方向和方位。在实践中，创业团队和核心骨干对创业的目的或方向往往比较清晰，但是对创业的方位却并不清楚。在创业企业发展的路线图中，"方向"是路线图中未来的位置，而"方位"是路线图中现在的位置。很多创业企业奋斗的方向是对的，但是却总是找不准自身的方位，虽然投入了很多核心资源，却总是兜兜转转、举步不前，多数情况下就是因为迷失了企业的方位。因此，通过撰写创业计划书的方式，可以帮助企业把自身的现状与未来的发展方向连接起来考虑，进而进行全面的思索和重新定位。只有创业企业上下能够对创业目的、方向和方位形成统一的认同，才能够合理地进行内部部署，并提高经营战略执行的工作效率。

（3）促进创业者与投资者更好地沟通，进而提升投资者的信心。风险投资机构或私募股权投资基金的投资人工作十分繁忙，他们每天都要主动或被动地接触很多的创业者，翻阅大量份商业计划书。因此，如何在最短的时间内让投资人对创业团队和创业项目产生极大的兴趣、愿意与创业者尽快面谈并进一步做深入的了解，一份制作完整、规范的商业计划书就是最佳沟通工具。如果创业者能够让投资人迅速地在商业计划书中抓住创业项目的价值主张、竞争优势和盈利前景等投资人最为关注的要点，投资人会认为创业者不仅有着一腔热忱，还有着缜密的商业思维，从而增进投资人对创业团队的信任、对创业项目的信心。

对于充满创业梦想的广大大学生创业者来说，学习撰写商业计划书是大学生把创业想法转化成为行动方案的必修课。大学生在撰写商业计划书的过程中，能够培养统摄全局的系统思维能力、严谨缜密的逻辑能力以及流畅的文字表达能力，也能够锻炼其市场调研能力和产品设计能力。

三、商业计划书的组成

商业计划书通常没有标准文本格式，实务中可能也很难找到两份完全一样的商业计划书，但是按照商业惯例，商业计划书的框架结构是相似的，通常包括以下8个方面。

（一）封面、内容摘要和目录

商业计划书的封皮通常应该简洁美观，且包含一些必要的信息。所谓简洁美观，应该遵循宁简毋繁、宁稳毋乱、宁明毋暗的原则。融资活动是一项严肃认真的商务活动，吸引人的主要是内容而不是形式，因此创业团队在封面选择上应该给投资人以稳重的印象。在封面上，一般还应当写上企业的名称、创业者的联系方式、告诫阅读者注意保密的提示语以及公司的 LOGO 等。内容摘要列示在创业计划书正文的最前面，是投资人最先阅读的部分，通常不超过一页；旨在用简洁确切的语言把商业计划书中最精华的部分呈现给投资人。创业者应该从投资人的视角来撰写内容摘要，也就是提前帮助投资者总结出有价值的投资要点。目录则是商业计划书的框架，对于一份页数比较多的商业计划书，目录能够帮助投资人迅速地查阅到其最关心的部分。

（二）项目背景和项目定位

项目背景，可以分别从宏观的行业分析、中观的市场分析和微观的竞争分析这三方面来进行阐释。行业分析可以描述行业的历史沿革、行业政策、行业规模、行业集中度、产业链上下游企业、行业中的标杆企业、发展趋势等。市场分析，主要是从目标市场和目标客户的需求来进行分析，主要包括市场痛点和市场容量等。其中，市场痛点是目标客户在刚需消费中难以忍受并希望明显被改善的问题；市场容量，是指市场的规模大小。很多投资者非常关心市场容量的天花板。竞争分析，是要分析处于同一赛道中的竞争对手有哪些，针对竞争对手与竞品的威胁有哪些机会、优势和劣势。项目定位，是指在既定行业、市场和竞争态势下创业者的市场定位和目标客户群定位。当市场定位和项目定位明确后，商业模式画布中的价值主张、渠道通路、重要合作等定位也随之确定。有一些刚需消费同时还是高频消费，即消费场景在生活或工作中经常发生。如果创业者能够发现市场痛点，并且是高频刚需、市场容量巨大的需求，那么这样的项目定位将受到投资者的关注。不过，很多创业者提出的需求多为伪需求或非刚性需求，这就很难打动投资者了。

（三）公司架构与创业团队

公司组织架构，可分为公司的股权结构和内部管理架构。股权结构，源于公司股东协议，是股东之间权力配置的结果，是公司治理结构的基础，股权结构也决定了公司的控制权。在商业计划书中，应该把公司股权结构的历史沿革、股东名单、实际控制人、股权分配比例等信息进行逐一介绍。内部管理架构部分，通常应该提供公司的组织结构图，并描述公司的股东会、董事会、高管、各职能部门名称和职责范围、各部门的负责人、公司的薪酬体系等。创业团队是投资人最为关注的内容之一，因为创业团队对于创业项目的成败起着决定性的作用。在风险投资领域有着这样的话：宁可投资一流的团队和二流的项目，也不投资二流的团队和一流的项目。一个连续创业且有成功创业经验的创业者，就比一个创业的"小白"更容易得到投资人的青睐。因此，在商业计划书中一定要把创业者和核心高管的学历背景、工作经验和创业经历做一个翔实的介绍。

（四）战略规划与执行方案

在商业计划书中，不但要告诉投资人创业企业的历史沿革和发展现状，更要告诉投资者未来的战略规划，以及战略规划逐步落地的执行计划。战略规划是企业发展的纲领，它指导企业的全面发展，明确企业资源的配置依据，牵引企业的各项执行方案。战略规划是一个战略体系，包括发展战略、竞争战略、营销战略、融资战略、技术创新战略、人力资源战略等。发展战略，是一定时期内企业的发展方向和总体规划，这一部分可以分阶段、分年份地进行描述。竞争战略，是企业脱颖而出的策略，这一部分要告诉投资者究竟是选择成本领先战略、差异化战略、还是集中化战略。营销战略，要告诉投资者产品策略、定价策略、渠道策略和促销策略，要描述可实现的销售目标、可实施的营销计划等。融资战略可以在下面的"财务预测与融资计划"部分进行描述。技术创新战略，要告诉投资者根据竞争态势和自身实力究竟要选择进攻战略还是防御战略，究竟要选择自主创新战略、模仿创新战略还是合作创新战略。执行方案部分，要描述清晰的工作进度安排、明确的责任人、清晰的里程碑计划、可检验的工作成果。

（五）项目风险预测与应对

市场瞬息万变，企业面临着各种风险，如政策风险、市场风险、经营风险、财务风险等。政策风险，是指由于国家宏观政策或法律法规变化导致的不确定性；市场风险，是指市场价格波动导致的不确定性；经营风险，是指企业在生产经营过程中，由于产、供、销各个环节的波动造成的不确定性；财务风险，是指企业因为借入资金而丧失的还本付息以及净利润变动的不确定性。很多创业投资者是风险偏好型，但是投资机构不仅关注投资回报，更关心投入资金的安全。因此，创业者与其对潜在的风险避而不谈，不如在商业计划书中直接披露可能遇到的风险，这彰显了对投资人关注点的关切。再缜密的战略规划与执行方案都需要根据实际情况进行及时调整，企业遇到各种风险在所难免，在商业计划书中应当描述企业对可能面临的风险的识别、管控以及应对策略。

（六）财务预测与融资计划

财务预测是在创业企业业务活动的历史统计并综合考虑其发展趋势的基础上，对未来的筹资活动、投资活动做出的科学预测和估算。企业通常要把财务预测和业务活动预测有机结合起来考虑，并计算盈亏平衡点、编制模拟的财务报表（包括资产负债表、利润表和现金流量表等）。在准确的财务预测的基础上，创业团队才能够根据融资需求提出科学合理的融资计划。融资计划包括融资方式、融资渠道、融资金额、股权出让、融资用途、过往融资经历等。在融资金额中，要说明在可预见的6～12个月，需要多少资金，资金分别会用在哪些方面，同时又能够完成哪些里程碑目标。在编制财务预测与融资计划时，还应当测算投资者非常关心的一些核心财务数据和财务指标，如销售收入、销售成本、营业利润、应收账款、存货、股东权益报酬率、销售净利率、资产负债率、流动比率、存货周转率、应收账款周转率等。

（七）资本退出

投资者非常关注其投入资本的流动性，资本也不可能陪伴创业企业一路走下去。所以，天使投资、风险投资、私募股权投资这些有着不同的风险偏好的资本，在企业的发展过程中不断进行交接棒、助力企业的发展。在这一部分，应当明确地告诉潜在的投资者，在什么时候他们能够以何种形式退出，并获得多少相应的投资回报。资本退出的方式有股权转让退出、创业团队回购退出、首次公开发行上市退出、借壳上市退出、清算退出。在这些退出方式中，上市退出无疑是回报率最高的方式。目前，国内有深圳的创业板、中小板，上海的主板。2021年9月，习近平总书记在中国国际服务贸易交易会全球服务贸易峰会上发表视频致辞，表示要"深化新三板改革，设立北京证券交易所，打造服务创新型中小企业主阵地"。因此，登录北京证券交易所将成为创业企业、特别是创新型中小企业最佳的资本退出方式。

（八）附件

正文中的一些文字、数据或结论往往需要一些书面材料来做佐证。而这些佐证如果放在正文，会使得正文篇幅过于冗长，也影响投资者对正文部分的阅读。因此，应该将这些佐证材料作为附件放在正文之后。这些书面材料通常包括（但不限于）购销合同、

143

获奖证明、市场调研报告、专利授权书、相关政策文件、生产工艺流程图、高管履历、组织架构图、行业资质等。

第二节　编写商业计划书的步骤与技巧

成功的商业计划书往往有一些共通的特征，如内容系统、亮点鲜明、逻辑缜密、依据充分、可行性强。如果创业者的商业计划书能够满足以上特征，那么融资成功的概率将大大增加。如何来撰写一份优秀的商业计划书呢？商业计划书在撰写中是否有一定的"程式"可遵循？本节将给大家重点介绍一下商业计划书的撰写步骤和撰写技巧。

一、商业计划书的编写步骤

（一）商业计划书的编写目的和读者对象

一般来说，商业计划书的主要撰写目的是进行外部股权融资。外部股权融资的对象通常是专业的投资机构，如风险投资基金、私募股权基金。创投界对于商业计划书的基本制式与核心内容都是有要求的，正如本章第一节所阐述的，在商业计划中就应该侧重于这些专业的读者对象所关注的要点。比如，必须对商业模式、核心竞争力、团队优势、盈亏平衡分析、核心财务数据、资本退出方式等进行详细地论述。如果商业计划书的主要撰写目的是进行外部债权融资，就需要从银行等债权人关注的要点进行撰写，如资产负债率、流动比率、速动比率等长、短期偿债能力。有的时候，商业计划书也是公司内部管理的工具，那么其读者对象就是公司内部的高管和骨干员工。此时其侧重点就应该是对公司的战略规划、执行方案、项目的实施进度等的描述。

（二）搜集所需要的信息资料

搜集充足的信息资料将有助于创业者完成一份成功的商业计划书。商业计划书内容丰富，需要有大量的资料进行佐证支撑。一般来说，信息资料分为两大类，一类是企业内部的资料；另一类是企业外部的资料。内部资料，包括公司控股股东和实际控制人的基本情况及持股比例表、股东签署的协议、工商登记证明文件、合同文件、审计报告、评估报告、验资报告、会议纪要等；外部资料，包括国家政策法规、行业研究报告、统计年鉴、网络媒体信息等。应该对已经具备的信息资料制作清单，同时明确缺少的信息资料，并对于缺少的信息资料应该进行补充。例如，可以考虑组织专人对上游的供应商、下游的客户等进行面对面的访谈，或进行问卷调查获得数据，或从专业的第三方咨询机构购买，或组织行业内专家分析座谈。商业计划书的撰写是一个不断积累资料，循序渐进的修订过程，所以信息资料可能需要不断补充收集。甚至在商业计划书交给投资者之后，还可以根据投资者的建议补充相关支撑材料。

（三）设计商业计划书的框架

接下来，创业者就需要给出商业计划书的基本框架。值得一提的是，在商业计划书撰写的具体过程中，创业者可以根据企业自身的实际情况对相关内容有所侧重，目录标题和编排顺序也可以灵活安排。下面首先介绍了一个大学生创业企业的商业计划书的基本框架或核心要点。

- 封面
- 投资要点
- 目录
- 项目背景与问题提出
- 项目定位与解决方案
- 市场分析与进入策略
- 商业模式
- 竞争优势
- 核心团队
- 战略规划与执行现状
- 股权结构
- 财务预测与融资计划
- 资本退出方式
- 附录

在这个示例中，我们仅给出了一级标题。很多商业计划书的目录框架是有二级、甚至三级标题的。因为一级标题往往比较简要抽象，如果想让投资人尽快地看到你商业计划书中的亮点，可以通过二级或三级标题来呈现。如果在撰写工作中，能够明确二三级标题的内容，说明思考得很透彻，也便于后期撰写工作的展开。我们接着向大家展示一个大学生创业团队参加创新创业大赛的商业计划书实例的目录，见表8-1。

表8-1 商业计划书目录

一、公司概述
1. 公司简介
2. 公司使命
3. 公司的商业模式与主要业务
3.1　商业模式
3.2　主要业务与产品
二、K12教育行业分析
1. K12教育市场
1.1　K12教育市场发展历程
1.2　K12教育市场乱象丛生
2. K12教育产品现状
2.1　产品种类丰富，侧重不同
2.2　产品质量堪忧，弊端显露
3. 行业存在的痛点
3.1　情景之一：家长的选择迷茫

续表

  3.2 情景之二：学生的使用感受被忽略
  3.3 情景之三：教育主管部门的关切
三、国内外教育测评行业
 1. 国内外相关测评公司介绍
 2. 第三方教育测评机构的机遇与挑战
  2.1 国家教育政策引导第三方教育测评行业的发展
  2.2 市场需求催生教育测评机构的高质量发展
  2.3 第三方测评教育机构存在的合理性与合法性
  2.4 当前第三方教育产品测评机构发展中存在的问题
 3. 我们的定位
四、收入来源与成本结构
 1. 收入来源
 2. 成本支出及其结构
五、竞争分析、营销计划与重要里程碑
 1. 竞争分析
 2. 营销计划
  2.1 营销战略
  2.2 服务内容
  2.3 价格制定依据
 3. 重要里程碑
  3.1 企业长期目标
  3.2 成长阶段
六、融资计划
 1. 财务预测分析
 2. 融资策略
 3. 退出机制
七、团队介绍
 1. 参赛成员简介
 2. 股权结构

（四）开始编写商业计划书

  在完成了上述三个步骤之后，就可以正式着手商业计划书的撰写工作了。一般来说，可以把撰写工作分配给团队中不同的成员，每个人负责一部分。但是，到了商业计划书最后统稿的时候，一定要注意文本前后的逻辑一致与相互对应。创业者也可以找一些优秀的商业计划书作为参考蓝本，但是不要对模板生搬硬套。每个创业企业都有差异之处，一定要把本企业的核心亮点展现出来才能够得到投资者的青睐。可以尽可能地多使用一些数据和图表，这样可以让商业计划书显得更加有说服力。商业计划书的撰写过程也是一个创业者不断丰富其对自身创业项目认知的过程。在这个过程中，创业者可以把尚未成熟的商业计划书拿出来与朋友、天使投资人、行业领域的专家或是投资领域的专家一起研讨，并根据他们的建议不断完善。

二、商业计划书的编写技巧

（一）开门见山、直奔主题

商业计划书是进行融资洽谈的商务交流工具，所以一定要开门见山地介绍自己的创业项目。很多商业计划书花费了大量的篇幅在项目背景介绍上，如国民经济增长速度、行业发展历史沿革，但是仔细读起来这些内容与创业项目的定位、市场的痛点并没有特别直接的关系。投资人喜欢创业者用简洁明快、直奔主题的方式来表达想法。因此，必须把与主题无关的内容进行删节。商业计划书也不宜一味地用图片、文字、装帧等方式进行过度的"视觉营销"，精准平实、直奔主题、切中要害的陈述往往能打动投资者。

（二）尽可能地搜集和占有更多的资料

商业计划书要力求引用的资料全面翔实。例如，对产业链上下游企业的生态状况、竞争对手企业与竞品的优劣、潜在消费者及其偏好，都要言之有据，这样才会让投资人觉得创业团队的功课做得特别扎实。实际上，在商业计划书的撰写工作中，很大一部分精力都会投入到资料的搜集和整理工作中去。如果一些结论仅仅建立在创业者的主观判断之上，将无法获得投资人的信任。很多专业投资机构的投资经理都有着丰富的业界经验，如果创业者摆出的佐证资料不够充分，投资者会认为其对行业和市场的理解深度不够，融资活动就可能宣告失败。

（三）从投资人的关切点出发、不要自说自话

很多创业者或多或少都会有一些"自恋"情结，总觉得自己的项目很好而市场上资本充足。既然"酒香不怕巷子深"，这样的商业计划书往往就会偏离投资人的关注点。例如，有的创业者在商业计划书中会强调消费者的"痛点"多么显著、市场增速和容量如何潜力巨大，但是投资者可能会更加关注当前是否介入的最好时间窗口；有的创业者在商业计划书中会强调自己研发的技术非常先进，甚至能够完全替代现有的技术，但是投资者可能会更加在意技术替代的可行性；有的创业者在商业计划书中会强调自己的商业模式十分新颖，但是投资者可能会更加想知道你的商业模式是否能够行得通。创业者一定要多从投资人的视角思考，而不是在自己的思维定式下来撰写商业计划书，这样才会提高商业计划书对于投资人的可阅读性。

（四）亲力亲为、不要全权委托代笔

创业项目是创业团队的"亲生骨肉"，商业计划书的撰写也一定要亲力亲为。在前文中曾提到，可以借助专业人士或专业机构的工作来进行商业计划书的撰写，但是创业项目的亮点、优势、威胁、风险，这些情况只有创业者自己才真正知道。在撰写商业计划书之前，很多投资者并不清楚自身的一些短板和长板，而商业计划书不断迭代的过程恰恰也是创业者深入思考的过程。所以，创业者一定要重视商业计划书的撰写工作。一些创业者聘请专业人士或专业机构全权代笔撰写商业计划书，结果到了路演的时候，对其中的一些要点"一问三不知"，这样在投资人面前就难免造成不好的印象。

（五）告诉投资人执行现状、不要只展望未来

随着国内创投业的快速发展，投资人更加理性和专业。投资者更愿意"锦上添花"而不是"雪中送炭"。创业者很难凭借一个创意加上一本商业计划书就赢得投资者的信服并顺利获得融资。所以，创业者在商业计划书中不能够仅展望美好的未来，一定要着重描述当前的执行现状。例如，投入了多少资金，招募了多少人员，项目研发进展到什么程度，已经积攒了多少客户，客户的活跃度和留存率又如何等。如果创业团队始终还停留在创意阶段，核心成员也多半是利用业余时间来兼职参与，商业模式也未经过市场检验，那么即便是再好的创业项目，投资者也通常都会选择观望等待。所以，创业者一定要在商业计划书中明确地把这些实质性的进展描述出来，这有利于投资人看到创业者的决心、承诺和行动。

习　题

1. 请简要描述商业计划书的核心内容。

2. 请组成 3~5 人的学习小组，一起研讨一个创新创业项目，并撰写相应的商业计划书、准备路演 PPT。

3. 融资目的的商业计划书主要包括哪些内容？（　　）

　　A. 企业产品或服务的特点　　　　B. 核心竞争优势

　　C. 商业模式和营销规划　　　　　D. 核心团队介绍

　　E. 详细的财务预测和分析

　　F. 明确的资本退出方案

参考答案：A、B、C、D、E、F。

4. 商业计划书中的融资计划部分通常要明确以下哪些内容？（　　）

　　A. 未来 12 个月的融资金额

　　B. 融资后主要使用在哪些方面

　　C. 这一轮融资后把项目推进的里程碑目标，未来几年的财务业绩预测

　　D. 企业的团队分工

参考答案：A、B、C。

5. 一份成功的商业计划书的特征包括（　　）。

　　A. 可行性强　　B. 内容系统　　C. 主次分明　　D. 亮点鲜明

　　E. 逻辑缜密　　F. 依据充分

参考答案：A、B、C、D、E、F。

6. 在开始动笔撰写商业计划书之前需要做的准备工作包括（　　）。

　　A. 确定商业计划书的编撰目的　　B. 确定商业计划书的读者对象

　　C. 搜集你所需要的信息资料　　　D. 设计商业计划书的框架

参考答案：A、B、C、D。

7. 商业计划书中市场概况部分包括（　　）。

A. 政治和社会环境因素是否会对创业企业的产品或服务带来重大的影响
B. 市场容量和市场增长速度测算
C. 竞争对手分析
D. 客户特征分析

参考答案：A、B、C、D。

第九章
创业融资

资金是企业经济活动的第一个持续推进力。企业能否获得稳定的资金来源,及时充分筹措组合生产要素所需的资金,对企业的经营和发展起着重要作用。所以对于创业者来说,如何筹措足够的资金,维持企业的生存和发展,是企业必须解决的问题。企业融资是指企业根据自身的生产经营状况、资金拥有情况以及将来经营发展的需要,采用一定的方式,通过一定的渠道筹措资金,组织企业的资金供给的行为、活动,是企业筹措资金的行为和过程。创业融资比成熟企业融资所需的条件更为严格。创业企业的融资,对于创业者和资金提供者来说,都面临着很多不确定性因素。成熟的企业可以借成熟的资本市场进行融资。

第一节 创业融资渠道

因为资金是创业企业和创业者的必要要素之一,创业初期的风险比较大,资产相对较少,所以一般的投资机关和银行不想向创业企业投资和贷款。因此,寻找资金来源是创业者必须考虑的重要因素。对于创业者来说,能否迅速、高效地筹集资金,是创业企业立足的关键,更是创业的原动力。创业者在创立企业之前,需要有关融资的知识。创业融资渠道是指企业筹措资金来源的方向和通道,体现资本的源泉和流量,融资渠道主要由社会资本的提供者和数量分布决定。了解融资渠道的特点和实用性,有利于创业者充分利用开设融资渠道,实现各种融资渠道的合理组合,有效筹措所需资金。融资渠道主要包括个人资本融资、机构融资和政府特别支援资金、网络融资、知识产权融资。

一、创业融资渠道类型

(一)个人贷款

创业企业有融资的劣势,很难通过银行贷款和债券发行等传统方法获得资金,个人融资是创业融资的主要部分。据美国人口普查局对创业者的调查,63.6%的企业从创业者手中获得了创业阶段的资金,10%的企业创始人从朋友和家人中获得了本人,只有2.7%的企业通过筹措资金从外部创造了资本,仅有4%的企业创始人获得各种风险投资公司、战略投资者、战略投资者、私有实体的首创资本。我国的情况也是一样，世界银行所属的国际金融公司（IFC）对北京、成都、顺德、温州四个地区的民间企业进行了调查，我国私营中小企业在初期创业阶段基本上完全依靠自己的资金，其他金融机构的贷款比重很小。

1. 自我融资

创业者将自己的大部分资金投入到创新企业。一方面，这在抓住商业机会的过程中，可以持有很多股票。另一方面，也有有效的约定。给其他投资者足够的信心。谁都应该知道创业者。创业有风险。在准备创业的时候，他必须放弃原来的待遇，把自己的精力和智慧投入到创新企业。那么，至今为止积累的经验能否进入新创业呢。答案是肯定的，创业者应该把自己的大部分资金投入到创新企业。一方面，设立新的企业是抓住商业机会实现价值的过程，尽可能多地投入自己的资金，创业者可以在新创企业中拥有很多的股份。这样，个人才能和资产在创业活动中共同创造巨大的价值。另一方面，自我融资是有效的约定。我们之前已经分析了创业的不确定性和信息的不对称性，造成了创业融资的很多困难。在投身创业的过程中投入自己的资金本身就是信号。对于其他投资家，创业者对自己认定的商机有足够的信心。创业者慎重使用一分钱。那是自己的血汗钱。这个信号向其他的资金所有者积极暗示新企业的投资，适度缓和信息的不对称性，提高对新企业的投资的可能性。当然，在难以获得外部资金的情况下，自己融资也是不得已的选择。

2. 好友的融资

好朋友也是融资的重要来源。创业初期，创业者缺乏正规的融资抵押资产。创业企业借入了非正式的金融。我从家人、家人、朋友那里获得了创业资金。家庭是市场经济的三大主体之一，在创业中发挥着重要的支持作用。特别是在我国，以家庭为中心，包括创业融资在内的很多创业活动都受到了重要的影响。家族成员和挚友为了和创业者的个人关系想投资。这有助于克服非个人投资者的不确定性。在创业初期，创业者往往缺乏正规融资的担保资产，缺乏社会资金筹措的信用和业绩。因此，非正规的金融贷款——从创业者的家人、亲戚、朋友那里获得创业所需的资金是非常有效的，也是常见的融资方法。据调查，企业初创期75%以上的资金来源于自身积累和民间借款。在企业发展阶段，其资金来源主要是第一批货物时的自筹资金、预留收益和银行贷款。

从家人和朋友那里获得资金比较容易，但是和所有的融资渠道一样，对家人、亲戚、朋友的融资也是不利的。创业者必须明确取得的资金的性质是债权性资金还是权益性资金。借用"五缘"等传统社会网络关系，必须以现代市场经济游戏规则、合同原则和法律形式规范贷款和融资行为，保障各方利益，减少不必要的纠纷。为了避免将来的问题，创业者必须告诉家人和朋友有利和不利。为了将今后发生问题时对家人和朋友关系的不利影响降到最低，必须告诉他们风险。

3. 天使投资

天使投资是自由投资家和非官方机构对创意创业项目和小型创业企业进行的一次性初始投资，是未组织化的创业投资形式。在与创业者机会一致的过程中，创业者的作用更大,更主动。与其他投资相比,天使的投资最初是帮助人的外部资金,即使还处于创业的构思阶段,只要有潜力,就可以获得资金。天使投资有三个特征:① 直接对企业进行权益投资。② 天使投资不仅提供现金,还提供专业知识和社会资源支持。例如,惠普公司创业时,斯坦福大学的弗雷德里克·塔曼教授不仅提供了538美元的天使投资,还帮助惠普公司生产振荡器。另外,惠普公司还向帕罗阿尔特银行融资1 000美元,在业务技术等方面给予了创业者很大的支持。③ 投资过程简单,资金可以在短期内到位。

4. 中国天使投资和股票投资市场发展概况

2014年中国大陆天使投资机构募集39支投资资金,同比增长25.81%,募集金额10.68亿美元,同比增长 179.85%。新天使投资基金的平均金额为 2 738.46 美元,同比增长114.23%。继 2013 年之后,受风险投资(VC)市场持续低迷的影响,2014 年有越来越多的传统 VC 机构加入了天使投资基金。

(资料来源:清科研究中心,2015 年 3 月)

天使投资家在决定投资方面不仅重视产品和市场,更重视创业者个人。一般包括创业者的热情、可靠性、专业知识、人气度、过去的创业记录等。天使投资对创业者更多投资,在与创业者机会一致的过程中,创业者的作用更大,更具有主动性。天使投资家一般有两种人:一是创业成功者;二是企业管理人员或高中科研机构的专业人员。他们有充裕的资金。他们对天使投资感兴趣的理由,不仅是投资于自己熟悉的行业或感兴趣的行业,还得到了资金回报,并拥有自己的资金和经验。

(二)机构融资

1. 商业银行贷款

以企业常见的融资方式,有个人生产经营贷款、个人创业贷款、个人补助金、个人小型设备自备、个人流动性资金贷款等。另外,金融机构还向创业者提供了很多金融商品。例如,北京银行设立"创意贷款"文化创意企业贷款,对文化创意企业和文化创意集成区的建设进行定制。其他途径包括信用卡透支和信用卡现金提取等。向银行融资是企业最普遍的融资方法,创业者也可以通过银行融资来弥补创业资金不足。现在,中国的商业银行发行了越来越多的个人经营贷款,包括个人生产经营贷款、个人创业贷款、个人产业贷款、个人小型设备贷款、个人流动资金贷款、裁员失业者小额保证贷款和个人临时贷款等类型。但是,由于创业者的经营风险高,价值评估困难,银行不愿意冒着太大的风险向创业企业提供融资。这种贷款往往要求创业者提供担保,包括抵押、抵押、第三方保证等。

近年来,为了缓和中小企业融资困难,我国金融机构推出了许多新金融产品。中国人民银行营业管理部在 2009 年 9 月发售的《北京中小企业信用革新所在地商品汇编》中罗列了北京 24 家金融机构面向中小企业推出的 120 种金融创造产品。这些产品有自己的业务范围和适用组的需要量体。创业者应该注意银行贷款的商品和政策的变化,选择最适合自己的银行贷款。

2. 中小企业间贷款

中小企业之间的互助机构是指中小企业在向银行融资过程中,根据合同约定,以依法设立的担保机构保证的方式向债务人提供担保，债务人不能按时履行债务的担保机构承担合同规定的偿还责任，是保障银行债权实现的金融支援制度。从海外实践和我国的实际情况来看，信用保证可以为中小企业的创业和培训融资提供便利，分散金融机构的信用风险，推进银行企业的合作，是解决中小企业融资难的一个固定口。从20世纪20年代开始，很多国家为了支持本国中小企业的发展，相继设立了向中小企业提供融资保证的信用机构。目前，世界48%的国家和地区建立了中小企业的信用保证系统。中小企业的信用保证系统是各国或地方政府的银行企业关系再生、信用观念强化、金融风险消除、中小企业融资环境改善等重要手段。

作为激发和维持经济活力的重要环节，近年来，中国政府已成为中小企业解决融资困难的主要力量。从1999年的试行到现在，我国已经形成了以中小企业信用保证为主体的担保业和多阶段中小企业的信用保证体系，经过近几年的摸索和规范，特别是国家税收优惠等政策，各种保证机构的资本金稳步增加。2015年3月，中华人民共和国工业和信息化部发布《进一步促进中小企业信用保证机构健康发展的意见》，充分发挥了中小企业信用保证机构缓和中小企业融资困难、"大众创造、大众创新"中的重要作用我建议进一步促进保证机构的健康发展。

3. 非银行金融机构贷款

以发行股票、债券、接受信用委托、提供保险等形式筹措资金，为长期投资筹措资金的金融机构的融资。包括企业集团财务公司、金融租赁公司、汽车金融公司、货币经纪人等。

4. 风险投资

另外，企业投资是指投资者向初创企业提供资金支持，取得该公司股份的融资方式。风险投资公司投资有发展可能性的风险企业，实现企业的快速成长。来源包括个人、政府、企业、机构投资者、商业银行、海外投资者等。

5. 风险板上市融资

风险投资板市场具有资本市场的一般功能，可以为创业期苦于资金的中小企业提供融资渠道。创业板市场的成长性高，科技含量高，青睐对适合新经济、新服务、新农业、新材料、新能源和新商业模式的企业。不仅有助于创业者的收益，也有助于提高创业企业的知名度。

（三）政府融资

1. 科技部科技创新基金

经国务院批准设立，是支持科技型中小企业技术革新的政府特别基金。通过资金筹措、贷款利率、资本金投入等方式，支援和引导科技型中小企业的技术革新活动，包括贷款利息、无偿资金和资本金的投入。通过资金援助、贷款政策赔偿和资本投入等方式，支援和引导科技型中小企业的技术革新活动。根据中小企业项目的特点，创新基金的支持方式主要有以下两种。

（1）贷款利率。对于有一定水平、规模和利益的创新项目，原则上贴息利用银行贷款，扩大生产规模。一般按照贷款年利率的50%～100%给予补助金。利息的合计金额一般不超过 100 万元，个别重大项目不得超过 200 万元。

（2）无偿援助。主要是中小企业在技术革新中对产品的研究、开发以及中试阶段的必要补助，科研人员可以用科技成果来帮助企业建立成果转化，补助金额一般不超过 100 万元。资本金投入对于少数起点较高、更广泛的创新内涵、具有较高的创新水平、有后续创新潜力、生产开始后有较大市场、有望形成新兴产业的项目可以采用成本投入方式。

2. 地方性优惠政策

地方政府支持创业企业的发展，如税收优惠、小额贷款、中小企业信用担保、创业基地建设等扶持政策。如上海对开业三年内的创业企业提出小额贷款担保政策，保证金达到 100 万元，其中 10 万元以下的贷款可以免除个人担保。各地政府在支持创业企业发展方面，纷纷出台税收优惠、小额贷款、中小企业信用担保、创业基地建设等扶持政策。如上海对注册开业 3 年内的创业企业出台小额贷款担保政策，保证金额将达到 100 万元，其中 10 万元以下的贷款项目可以免除个人担保。另外，企业家组织在贷款期间根据当地失业、协保人员、农村剩余劳动力的情况，补助一定的贷款利率。对于前期投资资金较大、就业效果明显的创业项目，可以通过论证支持创业前的小额贷款担保。全国很多地区都有类似的创业优惠政策和支援政策。

（四）知识产权融资

1. 获得知识产权作为价格

股东可以用货币出资，也可以以知识产权的非货币财产作为价格出资，允许知识产权的股份取得，明确以知识产权为生产要素的准则。创业企业还可以股东使用事实权等货币股价，以依法转让的非货币财产作为价格出资。2014 年 3 月 1 日实施的《中华人民共和国公司法》（以下简称《公司法》）第二十七条规定："股东可以用货币出资，并使用实物、知识产权、土地使用权等以货币进行评价根据法律可以转让的非货币财产也可以作为价格出资"。明确了允许知识产权取得，并将知识产权作为生产要素的原则。

《公司法》还规定，不限制股东（发起人）的货币出资比例，无形资产可以 100%出资。这意味着股东用专利、商标、软件著作权等无形资产 100%出资，可以有效减轻股东的货币出资压力。根据《公司法》的规定，除法律、行政法规规定不得出资的财产外，股东可以用知识产权等进行货币评价，并且可以法律转让的非货币财产作为价格进行出资。对于出资的非货币财产，必须评估价格。

2. 知识产权抵押贷款

知识产权抵押贷款是合法拥有的专利、商标权、著作权中的产权，通过评估向银行申请贷款，是商业银行基金探索的小企业融资的渠道。主要包括质权设定、质权设定加担保、质权设定加上其他质权担保的三种形式。知识产权抵押贷款是指合法拥有的专利权、商标权、著作权中的财产权，经评估后向银行申请融资是商业银行积极探索的小企业的融资渠道。知识产权抵押贷款可以采用以下三种形式：① 质权担保。以知识产权的质权设定为主要担保形式，以第三方的连带责任保证（担保公司）为补充工会担保。

② 在质权设定中加入其他担保。③ 以知识产权为主要担保形式，以不动产、设备等固定资产担保或个人连带责任保证等其他担保方式作为补充担保。

知识产权抵押贷款仅限于借款人在生产经营过程中的正常资金需求。贷款期限一般为 1 年，最长不超过 3 年。贷款额度一般控制在 1 000 万元以内。最高可达 5 000 万元。贷款利率采用风险定价机构，原则上以中央银行的基准利率为基础，以 10%以下的比例浮动。质权设定率：发明专利最高 40%，实用新型专利最高 30%，知名商标最高 40%，一般商标最高 30%，要求至少 1 年以上投入市场。根据企业的现金流情况采用多种偿还方式。

3. 知识产权信托

知识产权信托是以知识产权为基准的信托，知识产权者为了自己拥有的知识产权的商业化、产品，将知识产权转移到信托投资公司，代替其进行经营管理，知识产权者获得收益。在我国，现在的知识产权信托广泛用于专利信托、商标信托、著作权信托等方式。知识产权信托是以知识产权为目标的信托，为了将知识产权者所有的知识产权产业化、商品化，将知识产权转移到信托投资公司。根据知识产权的种类，结合我国现有的信托实例，现在的知识产权信托包括专利信托、商标信托、著作权信托等方式。美国、欧洲、日本等知识产权信托广泛应用于电影拍摄、动画制作等短期需要大量资金的行业资金筹措、流动资金少的文化产业公司。将方案出售给投资方，预计将来部分销售额的"信托收益权"，制作公司等筹集资金制作新作品。

4. 知识产权的证券化

参与知识产权证券化的主体包括发起人（原权益人）、特设运营商（SPV）、投资者、受托管理者、服务机构、信用评级机构、信用增强机构、流动性提供机构。近年来，美国、英国、日本等知识产权的证券化急速发展。在美国，知识产权的有价证券化的对象资产非常广泛，从电子游戏、音乐、电影、娱乐、娱乐、娱乐、主题公园等文化产业相关的知识产权，到时尚设计的品牌、最新医药品的专利、半导体芯片、甚至到专利诉讼的胜诉金，几乎所有的知识产权都已经成为证券化的对象。在日本，产业省于 2002 年宣布将信息技术、生物等领域的企业持有的专利权证券化，成功将光学专利进行了资产证券化。

二、创业融资渠道的选择

（一）新兴行业渠道的选择

创业活动的差距是千差万别的，参与行业、初期资源素质、面临风险、预计收益有很大差异，不同行业面临着不同的竞争环境、行业集中度及经营战略等。对于高科技产业和有独特商业创意的企业来说，经营风险高，收益高，创业者有良好的背景，可以考虑股权融资的方式。另外，创业者的融资需求有阶段性的特征，不同阶段的资金需求量和风险程度有差异。不同的融资渠道提供的资金数量和要求的风险程度也不同。

新兴业界在种子期和起始期，企业在高度的不确定中，不仅可以获得自我融资和亲友的支持，还可以从外部投资者那里获得"天使资本"。虽然创业者的投资很少，但是从商业银行接受融资很难。在血缘和信赖关系的基础上建立的个人资金是这个阶段融资的主要途径。企业进入成长期后，形成了前期的经营基础，发展潜力逐渐显现，资金需求量也比以前增加了。

（二）传统行业渠道选择

在传统产业中，经营风险比较小，收益比较容易预测，债券资金容易获得。实际上，创业企业在初期阶段很难满足金融机构的融资条件，债券资金大多采用民间融资方式。对于从事传统产业的企业，由于经营风险小，收益很容易预测，主要是考虑债权融资的方式来实践。大部分创新企业没有具备银行和投资者要求的特征，在风险和预期收益方面也处于不利状况，个人资金、给亲友融资等只能靠自力更生。

传统产业在成长前期，在获得正现金流之前，创业者很难获得贷款。就算获得了，也很难支付预约的利息。在成长期后期，企业表现出更好的成长性，并具有一定的资产规模，可以要求银行贷款、商业信用等债权融资方式。企业进入成熟期后，债券、股票等资本市场可以为企业提供丰富的资金来源。如果创业者选择不继续经营企业，可以选择公开上市、管理层收购或其他股份转让方式退出企业，取得自己的成果。

（三）融资成本的选择

融资渠道不同，融资成本也不同。债务融资的成本是使用债务资金所需的利息。一般来说，支付期间短，支付金额固定。在债权融资中，要弥补各种融资渠道之间的优缺点，组合使用各种具体的债权资金，相互合作，最大限度地削减资金成本。

在股票融资中，投资者获得企业的一部分股票，其未来的潜在收益是不受限制的，虽然不必像利息那样无条件定期支付，但影响到创业者对企业的控制。很多创业投资公司要求一系列保护投资者利益的否决权，并且向企业的经营管理中介绍人。即使创业者和团队在初期拥有相对多的份额比例，往往在二次三轮融化后，创业者的份额被大幅稀释，政策决定效率和控制权受到影响。因此，在很多情况下，权益融资的成本比债务融资的成本高。

太高的融资成本对创业企业来说是很大的负担，可以抵消创业企业的成长效果。因此，即使初期的资金很难获得，创业企业也要寻求较低的综合资金成本的融资组合，在投资收益率和资金成本的平衡中选择。

（四）对持股权的态度选择

创业者对控制的态度影响融资渠道的选择。一些创业者不愿投资者共同拥有自己创立的企业的一些所有权，想维护对企业的控制权。其他投资者重视企业迅速扩大，实现跳跃式发展，能否获得期望的财产。为此，他们想从外部引进投资，甚至安排到别人的管理企业。

哈佛大学教授诸姆·沃瑟曼先生的观点来看，创业者需要在"富翁"和"国王"之间选择。"富翁"公司更有价值，但失去 CEO 的地位和主要决策权，请站在公司里。如果是国王的话，可以保留对公司决策的控制权，但往往公司价值会降低。对于首创者来说,"富翁"未必比"国王"优秀,反之亦然。这样的政策决定关系到创业的初心。

第二节 创业融资流程

一、创业融资准备

(一)融资准备

创业融资不仅是技术性的问题,也是社会性的问题。机会适合总是准备好的人。新创业企业是否接受融资与融资的前期准备是否充分有关。在创业者融资之前,需要获得个人信用和广泛的人脉资源。

1. 个人信用

市场经济是信用经济。信用对于国家、企业、个人来说也是宝贵的资源。个人信用被称为"个人信用的历史记录"或"个人信用记录",这是人们和银行交易时关于贷款和还款行为的记录,这是银行决定贷款、贷款数量和贷款期限的重要依据之一。在创业融资中,信用发挥着重要作用。信用太差的话,信用度低,融资会很难。因此,平时应重视培养自己的信用意识。为了保证创业者的融资顺利进行,创业者必须努力创造好的个人信用记录。信用的确立一般从向银行融资开始,越早越能在银行创造借款记录,构筑个人信用的基础。

2. 人脉资源

创业者的网络形成了创业者的社会资本。根据研究,创业者的人脉关系对创业融资有着直接的促进作用。在社会合作中建立起来的人脉会给创业带来有用的信息和资源。创业融资的过程往往是创业者通过建立人际关系来获得融资资本的过程。社会网络资源是创业生产力,创业者应充分利用人脉资源,广结善缘,为创业融资奠定基础。

(二)融资估算

各创业者在融资前必须明确资本需求量。也就是说,资本需求量的估算是融资的基础。对于创业者来说,首先需要理解自己的用途,以财务数据为基础,全面考察企业的经营环境、市场状况等外部条件。

1. 注册注册费用

新企业的注册有标准流程。注册和注册需要一定的费用,主要包括注册资本和注册过程中的相关手续费。

2. 启动资金

注册完成后,企业开始正常运作之前的费用支出将成为启动资金,分为固定资产投资(包括经营场所费、设备费、开业费等)和流动资产投资(包括原材料和商品库存、促销费、工资、租赁费、保险费、其他费用等)。

3. 成本利润

企业的利益体现在一定时期的经营成果上。企业的利润表主要通过"利润=收入−成本"的公式计算,按营业利润、利润总额、净利润的顺序制作。

4. 融资概算

根据企业设立所需资金和企业的营业收入、营业成本和利润,结合市场情况预测企业的发展计划,确定企业融资的需要量。为了进行融资预测,需要根据企业自身情况和法律的具体计划综合估计资金需求量。

5. 经营周转所需资金

运营一个项目至少要准备三四个月的营业运转资金,包括人员工资、水电费、电话费、材料费、广告费、维修费等。项目在最初运行时,至少要经过3个月的市场培养,其间收益往往少,甚至损失也大,因此必须事先充分准备资金。

二、实施创业融资

(一)寻找资金来源

在估算融资需求量后,确定资金来源,即融资渠道和对象。创业者应该首先调查自己的人脉,然后收集各方面的信息,最后慎重考虑企业的股票、债券、经营权的比例。

1. 个人资本融资

创业初期风险高,不确定性大,很难吸引金融企业的关注。根据世界银行的调查,中国民间中小企业创业初期资金的90%是由创业者和创业团队的家人和挚友提供的。

2. 机构资本融资

随着企业进入发展期和成熟期,许多前景光明的企业吸引越来越多的投资机构资金注入。初期路线主要有银行贷款、商业信用融资、融资租赁、创业投资基金等。

3. 其他社会融资

其他的社会融资包括科技企业的中小企业创业基金、中小企业的国际市场开拓资金、大学生的创业优待政策、资金筹措平台等。

(二)融资项目展示

一些融资项目除了游说、提供相应的资料外,还应提交完整的创业计划书,与投资者深入接触。这不仅帮助创业者的投资努力,也能让他们理解自己的战略和发展计划。

1. 项目展示的要点

作为创业者,可能需要面对各种各样的听众。展示的重点是成为巨大市场、市场的胜利者。

2. 金融演讲稿

金融演讲稿总结了企业过去的成果、现阶段的状况、将来的展望等。

3. 项目展示技术

对于演讲的技术,投资家可能对商业本身有兴趣。因此,为了确保演讲的质量,内容不能太多。不仅是产品,通过发掘顾客,理解竞争模式,让投资者理解你的市场定位,创业者企业成为投资家的选择。

(三)金融政策决定

融资政策决定是为了筹措经营所需资金而制定最合适的融资方案,是各企业面临的问题，也是企业生存和发展的重要问题之一。

1. 融资渠道的选择

融资时，需要根据企业的发展时期选择融资途径。投资初期，可以通过自己资金、亲友资金、天使投资、合作伙伴等进行融资。进入启动期后，可以用抵押贷款来筹集资金。企业进入成长期后，融资渠道也就更多了。

2. 融资方式的比较

根据资金来源的性质，融资分为债券融资和股权融资。前者是贷款性质的融资，资金所有者向使用者提供资金，在约定的时间给予固定报酬。后者根据资金的比例拥有企业的控制权，可以参与重大决策。

3. 融资方式的选择

根据企业类型不同，采用的融资方式也不同。对于新兴行业，股权性融资多；对传统企业，债权性融资多。

4. 创业融资原则

在筹措资金时，创业者在自己可以承担的风险基础上，遵守一定的原则，包括合法性的原则、合理性的原则、适时性的原则、便利性的原则和杠杆性的原则。

习　题

1. 思考创业初期的创业融资渠道中，私人融资的来源主要包括哪些？
2. 列举知识产权融资包含的主要内容。
3. 你能简述融资估算中的主要步骤吗？你认为哪个步骤最为重要？
4. 思考具体的创业融资决策中，需要注意哪些问题。

参 考 文 献

一、著作类

[1] 杰弗里·蒂蒙斯. 创业学 [M]. 6 版. 北京：人民邮电出版社，2011.

[2] 刘丽君. 知识创业教育导论——理工科研究生创新创业型人才的有效培养模式研究 [M]. 北京：北京理工大学出版社，2010.

[3] 孙洪义. 创新创业基础 [M]. 北京：机械工业出版社，2017.

[4] 安弗莎妮·纳哈雯蒂. 领导学——领导的艺术与科学 [M]. 7 版. 刘永强. 程德俊，译. 北京：中国人民大学出版社，2018.

[5] 谢雅萍. 创业团队管理 [M]. 北京：高等教育出版社，2020.

[6] 贾德芳，王硕. 创业团队建设与管理 [M]. 北京：清华大学出版社，2021.

[7] R·梅雷迪恩·贝尔宾. 管理团队：成败启示录 [M]. 袁征，等译. 北京：机械工业出版社，2017.

[8] 笛德，本珊特，帕维特. 创新管理：技术，市场与组织变革的集成 [M]. 北京：清华大学出版社，2002.

[9] [美] 彼得·德鲁克，[美] 约瑟夫·马恰列洛. 德鲁克日志 [M]. 蒋旭峰，王珊珊，译. 上海：上海译文出版社，2006：1.

[10] 雷家骕，葛健新，王华书，等. 创新创业管理学导论 [M]. 北京：清华大学出版社，2014.

[11] 亚历山大·奥斯特瓦德，伊夫·皮尼厄. 商业模式新生代 [M]. 黄涛，郁婧，译. 北京：机械工业出版社，2016.

[12] J.D.瑞安，盖尔·P.希杜克. 成功的创业计划：从目标到实施 [M]. 北京：机械工业出版社，2004.

[13] 程东升. 李彦宏的百度世界 [M]. 北京：中信出版社，2009.

[14] 三谷宏治. 商业模式全史 [M]. 马云雷，杜君林，译. 南京：江苏凤凰文艺出版社，2016.

[15] 郑翔洲，叶浩. 新商业模式创新设计：商业模式创新设计 [M]. 北京：电子工业出版社，2013.

[16] 李东. 商业模式构建：互联网+时代的顶层布局路线图［M］. 北京：北京联合出版公司，2016.

[17] 王旭亮. 人人都要懂的互联网思维（全彩色图解版）［M］. 北京：人民邮电出版社，2015.

[18] 亚历山大·奥斯特瓦德，奥斯特瓦德，皮尼厄，等. 价值主张设计：如何构建商业模式最重要的环节［M］. 北京：机械工业出版社，2015.

[19] 蒂姆·克拉克，亚历山大·奥斯特瓦德，伊夫·皮尼厄. 商业模式新生代：一张画布重塑你的职业生涯，个人篇：you a one-page method for reinventing your career［M］. 北京：机械工业出版社，2012.

[20] 魏炜，朱武祥. 发现商业模式［M］. 北京：机械工业出版社，2009.

[21] 稻盛和夫. 领导者的资质［M］. 北京：机械工业出版社，2014.

[22] 詹姆斯·M. 库泽斯，巴里·Z. 波斯纳. 领导力：如何在组织中成就卓越［M］. 北京：电子工业出版社，2013.

[23] 陈威如，余卓轩. 平台战略：正在席卷全球的商业模式革命［M］. 北京：中信出版社，2013.

[24] 王建华. 利润的雪球——中国本土市场 30 种盈利模式（博瑞森管理丛书）［M］. 北京：企业管理出版社，2013.

[25] 吴军. 智能时代：大数据与智能革命重新定义未来［M］. 北京：中信出版社，2016.

[26] 迈克尔·波特. 竞争优势［M］. 北京：华夏出版社，1997.

[27] 迈克尔·迪屈奇. 交易成本经济学［M］. 北京：经济科学出版社，1999.

[28] 彭维刚. 全球企业战略［M］. 北京：人民邮电出版社，2007.

[29] 熊彼特. 经济发展理论［M］. 北京：商务印书馆，1990.

[30] 柴春雷，惠清曦，叶圆怡. 商业模式创新设计案例研究［M］. 北京：中国科学技术出版社，2016.

[31] 维杰·库玛，库玛，胡小锐，等. 商业模式 101 设计法［M］. 北京：中信出版社，2014.

[32] 李振勇. 商道逻辑：成功商业模式设计指南［M］. 北京：中国水利水电出版社，2009.

[33] 徐亚明，刘忠明，吕源. 战略管理［M］. 北京：经济管理出版社，2009.

[34] 谢德逊. 源创新. 转型期的中国企业创新之道［M］. 北京：五洲传播出版社，2012.

[35] 林桂平，魏炜，朱武祥. 透析盈利模式：魏朱商业模式理论延伸［M］. 北京：机械工业出版社，2014.

二、期刊类

[1] 董卓宁，孟宪博. 新时代高校创新创业教育范式探析[J]. 自然辩证法研究，2018，34（03）：125-128.

[2] 高校创新创业教育改革与发展问题研究（笔谈）[J]. 教育研究，2018，39（05）：59.

[3] 杜天宝，于纯浩，温卓. 大学生创新创业政策扶持体系优化研究[J]. 经济纵横，2019（09）：88-94.

[4] 张庆晓，许礼刚，王轶珍. 美国高校开展一流创新创业教育的经验及启发[J]. 黑龙江高教研究，2020，38（04）：98-102.

[5] 甄月桥，沈婷，钱昆. 美国高校创新创业教育体系研究[J]. 教育评论，2017（11）：71-75.

[6] 黄兆信，朱雪波，王志强. 欧盟创业教育的实施路径与变革趋势[J]. 全球教育展望，2015，44（02）：80-89.

[7] 马永斌，柏喆. 大学创新创业教育的实践模式研究与探索[J]. 清华大学教育研究，2015（6）：99-103.

[8] 任泽中. 构建"纵横有道"的大学生创新创业能力培育体系[J]. 中国高等教育，2016（12）：60-62.

[9] 黄兆信，黄扬杰. 创新创业教育质量评价探新——来自全国1231所高等学校的实证研究[J]. 教育研究. 2019（07）.

[10] 夏雪花. 新时代高校创新创业教育与思想政治教育融合的途径探析[J]. 思想理论教育导刊，2021（08）：136-140.

[11] 李亚员，李畅，牛亚飞. 高校创新创业教育生态系统建设的中国特色探析[J]. 思想教育研究，2021（04）：129-134.

[12] 夏春雨. 大学生创业教育的实践与思考[J]. 江苏高教，2004（6）：106-108.

[13] 冯华，杜红. 创业胜任力特征与创业绩效的关系分析[J]. 技术经济与管理研究，2005（6）：17-18.

[14] 唐靖，姜彦福. 创业能力概念的理论构建及实证检验[J]. 科学学与科学技术管理，2008，29（8）：52-57.

[15] 徐华平. 试论我国高校的创业教育[J]. 中国高教研究，2004（2）：70-71.

[16] 俞金波，黄文光. 大学生创业类人才培养校企合作模式研究[J]. 思想教育研究，2010，5：38-40.

[17] 陈霞玲. 高校创新创业教育模式与实践研究——以美国四所高校为例[J]. 国家教育行政学院学报，2019，7：74-81.

[18] 梁尚鹏. 新时代背景下青年创业的时代使命及推进路径[J]. 中国青年研究，2018（02）：108-114.

[19] 梁朋,郭玲,王伟."双创"背景下高等院校创业人才培养体系研究[J].沈阳农业大学学报(社会科学版),2021(03):1-7.

[20] 徐新洲.产教融合和科教融合驱动高校创新创业教育研究[J].产业与科技论坛,2021,20(21):101-102.

[21] 秦俊,肖静.基于OBE理念的高校创新型工程人才的培养路径[J/OL].武汉理工大学学报(社会科学版),2021(04):149-153[2021-11-03].

[22] 赵芷莹.创新创业背景下高校创客教育的实践与发展[J].现代商贸工业,2021,42(31):86-87.

[23] 孙巧珍.互联网时代大学生创新创业能力培养路径——评《互联网+职业生涯规划与创新创业教育案例教程》[J].中国科技论文,2021,16(10):1167.

[24] 郑前进,张文秀.一流大学"互联网+""双创"大赛情况比较研究[J].创新创业理论研究与实践,2021,4(16):195-198.

[25] 王永珍."互联网+"双创大赛中加强思想政治教育的思考[J].创新与创业教育,2021,12(03):162-167.

[26] 王安东,陈龙,罗丹.近三届"创青春"全国大学生创业大赛金奖项目分析[J].创新创业理论研究与实践,2021,4(08):152-153+156.

[27] 黄雪娇.大学生创业团队特征对创业绩效的影响研究——以"创青春"全国大学生创业大赛优秀创业团队为例[J].教育教学论坛,2018(40):1-4.

[28] 童金莲,周梓轩.大学生创业能力构成要素辨析[J].创新创业理论研究与实践,2020(1):4.

[29] 林嵩,冯婷.公司创业的概念内涵和支持要素[J].生产力研究,2009(04):49-51.

[30] 戚振江,赵映振.公司创业的要素、形式、策略及研究趋势[J].科学学研究,2003(z1):5.

[31] 王娅,衣冠勇.创业概念模型综述[J].科技创新与生产力,2016(6):4.

[32] 雷培莉,杨金月,曹建华,等.中国大学生创业成功和失败案例分析——以蒂蒙斯模型分析[J].经济研究导刊,2012(12):2.

[33] 葛宝山,王立志,姚梅芳,等.经典创业模型比较研究[J].管理现代化,2008(01):10-12.

[34] 康聪聪.基于创业过程分析的创业人才素质模型构建及课程设计[J].科技创业月刊,2019,032(008):99-101.

[35] 克里斯蒂安·尼尔森,刘丹阳.丹麦奥尔堡大学的创业教育[J].世界教育信息,2016(12).

[36] 吴远征,倪杰,董玉婷.基于多维动态创新模型的大学生创新创业提升策略[J].实验室研究与探索,2016,35(002):205-210.

163

[37] 盛亚,陈剑平,朱科杰.基于 Sahlman 模型的大学生合作创业成功因素研究[J].2021（2013-4）：48-51.

[38] 熊爱玲.中国创业者素质模型构建[J].中小企业管理与科技,2017,503（05）：67-70.

[39] 郑美群,吴秀娟.创业者素质模型的构建[J].人才开发,2008（10）：18-19.

[40] 刘春英,李鹏.以创业者素质培养为导向的大学生创业教育路径研究[J].2021（2014-3）：72-75.

[41] 常建坤,李时椿.中外成功创业者素质研究[J].山西财经大学学报：高等教育版（4）：66-69.

[42] 李双双.从知识型人力资本胜任力研究方法看IT业成功创业者胜任素质[J].经济生活文摘月刊,2012.

[43] 白凯,李建玲.国外关于创业者素质特征研究现状述评[J].中国青年研究,2012（04）：80-83.

[44] 张红,葛宝山.创业学习、机会识别与商业模式——基于珠海众能的纵向案例研究[J].科学学与科学技术管理,2016,37（6）.

[45] 张洪金,胡珑瑛,谷彦章.用户体验、创业者特质与公司创业机会识别——基于京东公司的探索性案例研究[J].管理评论,2021.7

[46] 胡洪浩,王重鸣.创业警觉研究前沿探析与未来展望[J].外国经济与管理,2013.12

[47] 林嵩,姜彦福,张帏.创业机会识别：概念、过程、影响因素和分析架构[J].科学学与科学技术管理,2005,（06）：128-132.

[48] 张秀娥,祁伟宏,李泽卉.创业者经验对创业机会识别的影响机制研究[J].科学学研究,2017（03）：419-427.

[49] 蔡壮华,郑炳章,杨旭辉.创业机会理论综述[J].河北地质大学学报,2008,31（3）：133-137.

[50] 王朝云.创业机会的内涵和外延辨析[J].外国经济与管理,2010,32,376（6）：23-30.

[51] 张秀娥,孙中博.创业机会识别机制解析[J].云南社会科学,2012（4）：94-97.

[52] 姜彦福,白洁.创业机会识别过程中经济因素的评价[J].技术经济,2005,（05）：1-5.

[53] 唐君军.创业机会识别的影响因素研究[J].企业改革与管理,2016(24)：1-13.

[54] 杨波,张卫国.不确定性环境下的创业机会识别研究[J].经济与管理,2009（07）：91-99.

[55] 杨俊.企业家创业机会的感知过程[J].经济管理,2006（21）：39-42.

[56] 刘万利,胡培,许昆鹏.创业机会真能促进创业意愿产生吗——基于创业自我效能与感知风险的混合效应研究[J].南开管理评论,2011,14（5）：83-90.

[57] 斯晓夫,王颂,傅颖. 创业机会从何而来:发现,构建还是发现+构建?——创业机会的理论前沿研究[J]. 管理世界,2016,32(3):115-127.

[58] 陈文沛. 关系网络与创业机会识别:创业学习的多重中介效应[J]. 科学学研究,2016,34(9):1391-1396.

[59] 林嵩,张帏,姜彦福. 创业机会的特征与新创企业的战略选择——基于中国创业企业案例的探索性研究[J]. 科学学研究,2006,24(2):268-272.

[60] 梁强,张书军,李新春. 基于创业机会的新创劣势和应对策略分析与启示[J]. 外国经济与管理,2011,33(1):19-25.

[61] 黄昱方,秦明青. 创业团队异质性研究综述[J]. 科技管理研究,2010(16):142-145.

[62] 刘刚,李超,吴彦俊. 创业团队异质性与新企业绩效关系的路径:基于动态能力的视角[J]. 系统管理学报,2017a,(4):655-662.

[63] 卢俊义,程刚. 创业团队内冲突、合作行为与公司绩效关系的实证研究[J]. 科学学与科学技术管理,2009(5):117-123.

[64] 牛芳,张玉利,杨俊. 创业团队异质性与新企业绩效:领导者乐观心理的调节作用[J]. 管理评论,2011(11):110-119.

[65] 朱仁宏,曾楚宏,代吉林. 创业团队研究述评与展望[J]. 外国经济与管理,2012(11):11-18.

[66] 于兆良,孙武斌. 团队心理资本的开发与管理[J]. 科技管理研究,2011,31(2):157-160.

[67] 王国锋,李懋,井润田. 高管团队冲突、凝聚力与决策质量的实证研究[J]. 南开管理评论,2007,10(5):89-93.

[68] 叶竹馨,买忆媛. 创业团队的认知结构与创新注意力:基于TMS视角的多案例研究[J]. 管理评论,2016,28(4):225-240.

[69] 吕洁,张钢. 团队认知的涌现:基于集体信息加工的视角[J]. 心理科学进展,2013,21(12):2214-2223.

[70] 吕途,林欢,陈昊. 创业团队认知能力对创业绩效的影响——以双元创业即兴为中介[J]. 科技进步与对策,2021,38(5):29-37.

[71] 朱秀梅,裴育,费宇鹏. 团队创业激情形成与作用机制研究[J]. 外国经济与管理,2021,43(1):121-135.

[72] 孙继伟,邓莉华. 创业团队冲突导致创业失败的探索性研究[J]. 科技进步与对策,2021,38(17):134-143.

[73] 吴静,周嘉南."中国合伙人"为何"分手":创业团队冲突演化路径分析[J]. 管理评论,2020,32(10):181-193.

[74] 许楠,田涵义,刘浩. 创业团队的内部治理:协作需求、薪酬差距与团队稳定性[J]. 管理世界,2021,37(4):216-229.

[75] 王庆，陈刚．创业团队风险感知的情绪传染［J］．武汉理工大学学报（社会科学版），2017，30（3）：1-8．

[76] 胡桂兰．创业团队风险感知与创业决策关系研究——基于团队沟通的中介作用分析［J］．技术经济与管理研究，2014（7）：36-40．

[77] 苏郁锋，吴能全，周翔．创业团队导向与绩效关系研究——基于团队资源获取与团队领导说服力的中介调节模型［J］．软科学，2016，30（2）：93-97．

[78] 吴晓波，许宏啟，赵敏超，等．创业团队性别多样性对商业模式创新的影响研究：团队任务特性的调节作用［J］．浙江大学学报（人文社会科学版），2021，51（1）：95-110．

[79] 郑鸿，徐勇．创业团队信任的维持机制及其对团队绩效的影响研究［J］．南开管理评论，2017，20（5）：29-40．

[80] 陈烈强．高职创业教育与实践［J］．广州：华南理工大学出版社，2014．

[81] 张婕，樊耘，纪晓鹏．组织变革因素与员工对变革反应关系研究［J］．管理评论，2013，25（11）：53-64．

[82] 陈劲，戴凌燕，李良德．突破性创新及其识别［J］．科技管理研究，2002，22（5）：22-28．

[83] 周鸿祎．周鸿祎自述：我的互联网方法论［J］．中国对外贸易，2014（12）：85．

[84] 孙陶然．创业36条军规［J］．中国大学生就业，2013（03）：39．

[85] 习近平在安徽考察时强调 坚持改革开放坚持高质量发展 在加快建设美好安徽上取得新的更大进展［J］．思想政治工作研究，2020（09）：9-11．

[86] 王烽权，江积海．跨越鸿沟：新经济创业企业商业模式闭环的构建机理——价值创造和价值捕获协同演化视角的多案例研究［J/OL］．南开管理评论：1-30．

[87] 张振刚，张君秋，叶宝升，陈一华．企业数字化转型对商业模式创新的影响[J/OL]．科技进步与对策：1-9［2021-11-03］．

[88] 李长云．创新商业模式的机理与实现路径[J]．中国软科学，2012（04）：167-176．

[89] 韩炜，杨俊，胡新华，等．商业模式创新如何塑造商业生态系统属性差异？——基于两家新创企业的跨案例纵向研究与理论模型构建［J］．管理世界，2021，37（01）：88-107+7．

[90] 杜福胜．做一份漂亮的商业计划书［J］．财经界，2001（10）：83-85．

[91] 姚晓芳．一份成功的商业计划书［J］．经济管理，2000（10）：38-41．

[92] 江积海，王若瑾．新零售业态商业模式中的价值倍增动因及创造机理——永辉超级物种的案例研究［J］．管理评论，2020，32（08）：325-336．

[93] 李文莲，夏健明．基于"大数据"的商业模式创新［J］．中国工业经济，2013（05）：83-95．

[94] 李文，张珍珍，梅蕾．消费升级背景下大数据能力对商业模式创新的影响机理——基于小米和网易严选的案例研究［J］．管理案例研究与评论，2020，13（01）：102-117．

[95] 罗珉，李亮宇. 互联网时代的商业模式创新：价值创造视角［J］. 中国工业经济，2015，57（1）：95-107.

[96] 姚明明，吴晓波，石涌江，戎珂，雷李楠. 技术追赶视角下商业模式设计与技术创新战略的匹配——一个多案例研究［J］. 管理世界，2014（10）：149-162+188.

[97] 原磊. 零售企业的商业模式［J］. 经济管理，2009（3）：70-79.

[98] 郑洁如，贺筱. 市场导向、资源拼凑与商业模式创新的实证研究［J］. 商业经济研究，2019，22：122-125.

三、电子文献类

[1] 教育部关于大力推进高等学校创新创业教育和大学生自主创业工作的意见［EB/OL］. http://www.moe.gov.cn/publicfiles/business/htmlfiles/moe/s5672/201105/xxgk_120174.html，2010-05-04.

[2] European Commission Entrepreneurship education in Europe: fostering entrepreneurial mindsets through education and learning ［EB/OL］. http://ec.europa.eu/enterprise/policies/sme/promoting-entre-preneurship/education-training-entrepreneurship/policy-framework/2006-conference/.

[3] 半岛科技报. 科创板市值前20公司专利授权发明平均732件［EB/OL］. https://baijiahao.baidu.com/s?id=1705888876163021105&wfr=spider&for=pc，2021-07-21/2021-08-24.

[4] 林成华. 重塑创新创业教育理念［EB/OL］. https://epaper.gmw.cn/gmrb/html/2019-10/29/nw.D110000gmrb_20191029_1-14.htm，2019-10-29/2021-09-24.

[5] 中国科学院前沿科学与教育局. 中国科学技术大学深化创新创业教育改革实施方案［EB/OL］. http://www.bfse.cas.cn/gdjy/3/，2021-11-05/2021-11-05.

[6] 第四届大赛|冠军项目：中云智车——未来商用无人车行业定义者［EB/OL］. https://www.sohu.com/a/272220645_654808，2018-10-29/2021-09-05.

[7] 冠军|北京理工大学"星网测通"项目勇夺全国总决赛冠军！［EB/OL］. https://www.sohu.com/a/432761786_654808，2020-11-18/2021/10-11.

[8] 清华大学清源团队. 清源计划项目计划书［DB/OL］. https://max.book118.com/html/2019/0622/6055131125002041.shtm，2014-05-07/2021-08-26.

[9] 关于2020年"创青春"全国大学生创业大赛通知.［EB/OL］. https://www.sohu.com/a/311073084_99903489，2019-04-29/2021-09-08.

[10] 枭龙科技获第二届"T100"活动优秀企业奖，TechlensT2入围T50.［EB/OL］. https://zhuanlan.zhihu.com/p/29083098，2017-09-05/2021-08-23.

[11] 第四届互联网+大赛|季军项目——枭龙科技AR智能眼镜.［EB/OL］. https://www.sohu.com/a/299712230_99902025，2019-03-07/2021-08-23.

［12］北京理工大学新闻网．北京理工大学在2018年"创青春"全国大学生创业大赛中取得佳绩．［EB/OL］．https://www.bit.edu.cn/xww/zhxw/a161453.htm，2018－11－03/2021－08－25．

［13］北京理工大学新闻网．第一届北京理工大学"蓝庭"智能科技创新创意设计大赛圆满落幕．［EB/OL］．https://bit.edu.cn/xww/zhxw/a163974.htm，2018－12－21/2021－08－25．

［14］汪滔和他的大疆．［EB/OL］．https://www.sohu.com/a/352966136_99897610，2019－11－10/2021－09－16．

［15］尹太白．汪滔，俯瞰这个世界．［EB/OL］．https://baijiahao.baidu.com/s?id=1630788681063314673&wfr=spider&for=pc，2019－04－14/2021－09－11．

［16］汪滔和他的大疆．［EB/OL］．https://ishare.ifeng.com/c/s/7rVzg3WRWJk，2019－11－09/2021－09－25．

［17］大疆创始人汪滔：成功留给有梦想的人．［EB/OL］．https://tech.china.com/article/20201119/112020_654251.html，2020－11－19/2021－09－25．

四、学位论文类

［1］苗青．基于规则聚焦的公司创业机会识别与决策机制研究［D］．杭州：浙江大学，2006．

［2］胡霞．先前知识、社会网络对创业机会识别的影响：警觉性的中介作用［D］．成都：西南交通大学，2014．

［3］张朋飞．大学生创业能力培养对策研究［D］．大连：大连理工大学，2013．

［4］许正云．清华大学典型学生创业活动研究［D］．北京：清华大学，2004．

［5］曾华玲．创业者个人素质与创业成功之间的关系［D］．上海：华东理工大学，2013．

五、外文资料

［1］Christensen C，Raynor M.The innovator's solution：Creating and sustaining successful growth［M］．Harvard Business Review Press，2013.

［2］Timmons J A，Spinelli S，Tan Y.New venture creation：Entrepreneurship for the 21st century［M］．New York：McGraw-Hill/Irwin，2004.

［3］Colin Ball. Towards an "enterprising" culture：a challenge for education and training.OECD/CERI Educational Monograph（4），Paris，1989：50.

［4］Thompson J L，Scott J.Environmental entrepreneurship：Sustainability challenge［J］．2010，32（2），165－190.

［5］Timmons M.Morality without foundations：A defense of ethical contextualism［M］．Oxford University Press on Demand，1999.

[6] Shane S.Prior knowledge and the discovery of entrepreneurial opportunities [J]. Organization science, 2000, 11 (4): 448-469.

[7] Mccann P, Ortega-ArgilÉS R.Smart.Specialisation, entrepreneurship and SMEs: issues and challenges for a results-oriented EU regional policy [J]. Small business economics, 2016, 46 (4): 537-552.

[8] Lang R, Fink M, Kibler E.Understanding place-based entrepreneurship in rural Central Europe: A comparative institutional analysis [J]. International small business journal, 2014, 32 (2): 204-227.

[9] Kokfai S, Pratoom K, Muenthaisong K.A conceptual model of strategic entrepreneurial capability and service success [C] //Allied Academies International Conference. Academy of Strategic Management.Proceedings.Jordan Whitney Enterprises, Inc, 2015, 14 (2): 32.

[10] Inyang B J, Enuoh R O.Entrepreneurial competencies: The missing links to successful entrepreneurship in Nigeria [J]. International business research, 2009, 2 (2): 62-71.

[11] Bacigalupo M, Kampylis P, Punie Y, et al. EntreComp: The entrepreneurship competence framework [J]. Luxembourg: Publication Office of the European Union, 2016, 10: 593-884.

[12] Arruti A, Morales C, Benitez E.Entrepreneurship Competence in Pre-Service Teachers Training Degrees at Spanish Jesuit Universities: A Content Analysis Based on EntreComp and EntreCompEdu [J]. Sustainability, 2021, 13 (16): 874-987.

[13] Mccallum E, Weicht R, Mcmullan L, et al.EntreComp into action-Get inspired, make it happen: A user guide to the European Entrepreneurship Competence Framework [R]. Luxembourg: Publications Office of the European Union, 2018.

[14] Holcomb T R, Ireland R D, Holmes Jr R M, et al.Architecture of entrepreneurial learning: Exploring the link among heuristics, knowledge, and action [J]. Entrepreneurship theory and practice, 2009, 33 (1): 167-192.

[15] Harrison R T, Leitch C M.Entrepreneurial learning: Researching the interface between learning and the entrepreneurial context [J]. Entrepreneurship theory and practice, 2005, 29 (4): 351-371.

[16] Bruneel J, Ratinho T, Clarysse Batt, et al.The Evolution of Business Incubators: Comparing demand and supply of business incubation services across different incubator generations [J]. Technovation, 2012, 32 (2): 110-121.

[17] Da Costa A S M, Silva Saraiva L A.Hegemonic discourses on entrepreneurship as an ideological mechanism for the reproduction of capital [J]. Organization, 2012, 19 (5): 587-614.

[18] Gruber-Muecke T，Hofer K M.Market orientation，entrepreneurial orientation and performance in emerging markets[J]. International journal of emerging markets，2015，10（3）：560.

[19] Piperopoulos P，Dimov D.Burst bubbles or build steam？ Entrepreneurship education, entrepreneurial self-efficacy，and entrepreneurial intentions[J]. Journal of small business management，2015，53（4）：970-985.

[20] Kaynardağ A.Pedagogy in HE：does it matter？[J]. Studies in higher education，2019，44（1）：111-119.

[21] Abu-Jalil M M.The role of technological business incubators in supporting and developing marketing capabilities for entrepreneurship business and small projects in Jordan[J]. International business research，2017，10（2）：82-94.

[22] Malek，A H.，& NAYEK A.H.Revisiting the entrepreneurial ventures through the adoption of business incubators by higher education institutions[J]. International journal of management education，2020，6（2）：10-69.

[23] Martínez K R G，Fernández-Laviada A，Crespo Á H.Influence of business incubators performance on entrepreneurial intentions and its antecedents during the pre-incubation stage[J]. Entrepreneurship research journal，2017，8（2）．1-15.

[24] Li C，Ur Rehman H，Asim S.Induction of business incubation centers in educational institutions：An effective approach to foster entrepreneurship[J]. Journal of entrepreneurship education，2019，22（1）：1-12.

[25] St-Jean É，Mathieu C. Developing attitudes toward an entrepreneurial career through mentoring：The mediating role of entrepreneurial self-efficacy[J]. Journal of career development，2015，42（4）：325-338.

[26] Nabi G，Walmsley A，Akhtar I.Mentoring functions and entrepreneur development in the early years of university[J]. Studies in higher education，2019，28（3）：1-16.

[27] Sommarström K，Ruskovaara E，Pihkala T.Company visits as an opportunity for entrepreneurial learning[J]. Journal for international business and entrepreneurship development，2017，10（3）：298-315.

[28] Cope J.Toward a dynamic learning perspective of entrepreneurship[J]. Entrepreneurship theory and practice，2005，29（4）：373-397.

[29] Wang C L，Chugh H.Entrepreneurial learning：Past research and future challenges[J]. International journal of management reviews，2014，16（1）：24-61.

[30] Ravasi D，Turati C. Exploring entrepreneurial learning：A comparative study of technology development projects[J]. Journal of business venturing，2005，20（1）：137-164.

[31] Pittaway L, Cope J.Simulating entrepreneurial learning: Integrating experiential and collaborative approaches to learning [J]. Management learning, 2007, 38 (2): 211-233.

[32] Dimov D.From opportunity insight to opportunity intention: The importance of person-situation learning match [J]. Entrepreneurship theory and practice, 2007, 31 (4): 561-583.

[33] Smilor R W.Entrepreneurship: Reflections on a subversive activity [J]. Journal of business venturing, 1997, 12 (5): 341-346.

[34] Nab J, Pilot A, Brinkkemper S, et al. Authentic competence-based learning in university education in entrepreneurship [J]. International journal of entrepreneurship and small business, 2010, 9 (1): 20-35.

[35] Zahra S A, Nielsen A P, Bogner W C. Corporate entrepreneurship, knowledge, and competence development [J]. Entrepreneurship theory and practice, 1999, 23 (3): 169-189.

[36] Chand V S, Amin-Choudhury G.Teachers and socio-educational entrepreneurship: Competence as a consequence [J]. Journal of entrepreneurship, 2006, 15 (2): 97-114.

[37] Schmitt-Rodermund E.Pathways to successful entrepreneurship: Parenting, personality, early entrepreneurial competence, and interests [J]. Journal of vocational behavior, 2004, 65 (3): 498-51

[38] Amason A C, Shrader R C, Tompson G H.Newness and novelty: Relating top management team composition to new venture performance [J]. Journal of Business Venturing, 2006, 21 (1): 125-148.

[39] Ardichvili A, Cardozo R, Ray S.A theory of entrepreneurial opportunity identification and development [J]. Journal of Business Venturing, 2003, 18 (1): 105-123.

[40] Arild Aspelund.The role of the entrepreneurial team and the board of directors in the internationalization of academic spin-offs [J]. Journal of International Entrepreneurship, 2012: 350-377.

[41] Garrone P, Grilli L, Mrkajic B. Human capital of entrepreneurial teams in nascent high-tech sectors: a comparison between Cleantech and Internet [J]. Technology Analysis&Strategic Management. 2017: 1-14.

[42] Shane S, Nicolaou N.Creative Personality, Opportunity Recognition and the Tendency to Start Businesses: A Study of Their Genetic Predispositions [J]. Journal of Business Venturing, 2015, 30 (3): 475-485 (11).

[43] Smith R, Matthews H, Schenkel T.Differences in Entrepreneurial Opportunities: The Role of Tacitness and Codification in Opportunity Identification[J]. Journal of Small Business Management, 2009, 47 (1): 38-57.

[44] Timmons J A.New venture creation: entrepreneurship for the 21st century, —7 ed [J]. Andi, 2004.